I0427709

Célestin Bouglé

Essais sur le régime des castes

essai

Le code de la propriété intellectuelle du 1er juillet 1992 interdit en effet expressément la photocopie à usage collectif sans autorisation des ayants droit. Or, cette pratique s'est généralisée dans les établissements d'enseignement supérieur, provoquant une baisse brutale des achats de livres et de revues, au point que la possibilité même pour les auteurs de créer des oeuvres nouvelles et de les faire éditer correctement est aujourd'hui menacée. En application de la loi du 11 mars 1957, il est interdit de reproduire intégralement ou partiellement le présent ouvrage, sur quelque support que ce soir, sans autorisation de l'Editeur ou du Centre Français d'Exploitation du Droit de Copie , 20, rue Grands Augustins, 75006 Paris.

ISBN : 978-1514212530

10   9   8   7   6   5   4   3   2   1

Célestin Bouglé

Essais sur le régime des castes

essai

Table de Matières

Avant-propos de la première édition	7
Introduction	9
Première partie	37
Chapitre I	37
Chapitre II	49
Chapitre III	62
Deuxième partie	76
Chapitre I	76
Chapitre II	93
Troisième partie	109
Chapitre I	109
Chapitre II	130
Chapitre III	160
Chapitre IV	174
Chapitre V	198

À la mémoire de
LUCIEN HERR
Bibliothécaire à l'École Normale Supérieure

En témoignage de reconnaissance et d'affection
Janvier 1927.

Célestin Bouglé

Avant-propos de la première édition

Ce n'est pas sans raison que je présente comme des *Essais* les études sur la caste que je rassemble ici. Je sais tout le premier à quel degré elles sont incomplètes. Sur plus d'un point les cadres seuls sont dressés : le contenu fait défaut.

J'ai voulu, non pas imaginer *a priori*, mais rechercher dans les faits les tenants et les aboutissants du régime le plus contraire à celui que les idées égalitaires tendent à instituer en Occident. Pour cette recherche, il semble au premier abord que l'Inde soit une terre privilégiée. La caste s'y épanouit en toute liberté. Nulle part ailleurs on ne voit subsister entre groupes élémentaires une opposition plus nette ; nulle part la spécialisation héréditaire n'est plus stricte, ni la hiérarchie mieux respectée.

Malheureusement, dès que l'on veut « situer » ces phénomènes, décrire leur évolution, définir leurs rapports avec la vie de l'ensemble, on se trouve arrêté. Les efforts conspirants de tant d'indianistes illustres n'ont pas encore réussi à projeter, sur la route suivie par la civilisation hindoue, des clartés suffisantes. Trop de jalons manquent encore. On l'a souvent répété : ce peuple n'a pas d'histoire, ou du moins il n'a pas eu d'historiens. Lacune révélatrice, ajoute-t-on. Ne nous renseigne-t-elle pas, par elle-même, non seulement sur l'orientation mentale, mais sur les destinées politiques de l'Inde ? En attendant l'on reste trop souvent dans l'impossibilité de dater, de localiser, de préciser. On travaille dans les nuages. Tout le monde en tombe aujourd'hui d'accord : les monuments littéraires de l'Inde – le plus souvent façonnés, au moins dans les périodes anciennes, par et pour les Brahmanes – nous instruisent sur l'idéal sacerdotal plus que sur la réalité historique. Quant aux monuments épigraphiques – dont il est permis d'espérer des informations plus objectives – à peine commence-t-on à les déchiffrer et à les classer. Un immense travail préalable reste à accomplir, auquel mon incompétence, et en particulier mon ignorance des langues de l'Inde, m'interdit de participer. Je ne puis qu'en attendre les résultats.

Si, sans attendre, je publie ces *Essais* dès aujourd'hui, c'est, d'abord, que la pénurie des détails historiques ne rend pas absolument impossible l'établissement d'inductions sociologiques. Ce qui nous intéresse spécialement, ce n'est pas ce qui passe, mais ce qui se répète ; dans le flux des événements, ce sont les institutions qui surnagent. De ce point de vue il n'est pas impossible de noter dès à présent, entre le système dominant d'habitudes collectives qui fait durer le régime des castes, et les croyances religieuses, les conceptions juridiques, ou les pratiques économiques, un certain nombre de relations intelligibles, qui paraissent être plus que des coïncidences. Elles nous permettront peut-être, le lecteur s'en rendra compte, d'éprouver utilement telles hypothèses courantes – du matérialisme historique ou de la philosophie des races aux théories plus précises sur les phases du droit.

D'autre part, pour provisoires que doivent être nos inductions, il n'est pas sans avantage de les formuler dès à présent. Elles serviront du moins à rappeler aux spécialistes quel genre de conclusions s'appuie sur leurs travaux. Ils verront mieux ainsi sur quel point les étais manquent et de quel côté il y aurait intérêt à ce que fussent poussées leurs recherches. La perspective sociologique peut orienter l'enquête historique. Le cadre appelle le contenu. En attendant les réponses fermes – et pour en hâter l'heure – ce n'est pas une tâche inutile, sans doute, que de poser les questions.

C. B.

Célestin Bouglé

Introduction

Essence et réalité du régime des castes

Le régime des castes est-il un phénomène universel, commun à toutes les civilisations, ou un phénomène unique, particulier à l'Inde ? Et quelle parenté relie ce régime aux formes sociales analogues, à la ghilde, au clan, à la classe ?

Pour délimiter le champ de notre recherche, c'est à ces questions qu'il nous faut répondre d'abord.

I – Définition du régime des castes

L'abbé Dubois, dans ses précieuses observations sur les *Mœurs, institutions et cérémonies du peuple de l'Inde* [1], s'efforçait d'établir que la division en castes était commune à la plupart des anciennes nations. De même Max Müller, dans son article sur la caste [2], démontrait l'universalité des différences ethniques, des oppositions politiques, des spécialisations professionnelles sur lesquelles, suivant lui, repose tout le régime. « L'antipathie entre le Saxon et le Celte, entre la noblesse et la bourgeoisie, la distinction du financier et du savetier, tout cela existe encore, et semble presque indispensable au développement normal de toute société. » Des indications analogues ne manquent pas dans les ouvrages plus récents. « C'est une grave erreur, dit W. Crooke, que de croire que la caste est particulière à l'Inde et liée d'une manière intime à la religion hindoue » [3]. Il n'est pas rare que les voyageurs, en décrivant les usages hindous, les rapprochent de leurs équivalents européens : ils rappellent qu'entre la répugnance du brahmane pour le paria et la répugnance du lord pour le balayeur, il n'y a pas de différence de nature [4].

Inversement, l'auteur dont les réflexions ont le plus puissamment

---

1 Paris, Martin, 1825, pp. 26, 46.
2 *Essais de mythologie comparée*, trad. PERROT, Paris, Didier, 1873, pp. 70-373.
3 *The Tribes and Castes of the N. W. Provinces and Oudh*, Calcutta, 1896, p. XVI.
4 WILKINS, *Modern Hinduism, Religion and Life of Hindus in North India*, Londres, Unwin, 1887, pp. 163-164. De LANOYE, *L'Inde contemporaine*, Paris, Hachette, 1855, p. 32.

contribué à renouveler tout le problème, M. Senart [1], insiste sur l'idée que la caste est un phénomène essentiellement hindou ; cette idée est le pivot de son argumentation. En présentant ses recherches sur l'ethnographie du Bengale [2], M. Risley mettait de même en évidence l'originalité des subdivisions de la société hindoue.

Entre ces affirmations contraires comment opter ? Le choix dépendra naturellement de la façon dont on définira le régime en question. La Révolution est-elle socialiste ? Les sociétés primitives sont-elles égalitaires ? La réponse tient à l'idée qu'on se fait du socialisme et de l'égalitarisme. Faute de définition préalable, la discussion tournera sans fin. Force nous est donc de commencer par construire la notion du régime des castes.

Si nous consultons l'usage courant, le mot de caste semble éveiller d'abord l'idée d'une spécialisation héréditaire. Le fils du forgeron sera forgeron, comme le fils du guerrier sera guerrier. Pour la répartition des tâches il sera tenu compte, non des vœux exprimés ou des aptitudes manifestées par l'individu, mais seulement de sa filiation. Race et métier sont accouplés. Nul autre que le fils ne peut continuer la profession du père, et le fils ne peut choisir d'autre profession que celle de son père. Les professions sont pour les familles comme autant de monopoles obligatoires ; l'exercice en est pour les enfants non seulement un droit, mais un devoir de naissance. Il faut que cet esprit règne dans une société pour que nous disions qu'elle est soumise au régime des castes.

Mais cela suffit-il ? Il faut en outre, à ce qu'il nous semble, que nous distinguions dans cette société des niveaux, des étages, une hiérarchie. Le mot de caste ne fait pas seulement penser aux travaux héréditairement divisés, mais aux droits inégalement répartis. Qui dit *caste* ne dit pas seulement *monopole,* mais *privilège.* Par le fait de sa naissance, tel individu paie de lourds impôts ; tel autre y est soustrait. Devant la justice celui-ci « vaut » cent sous d'or, celui-là cinquante. L'anneau d'or, la robe rouge ou le cordon jaune que porte l'un sont rigoureusement interdits à l'autre. Leur « statut » personnel est déterminé, pour la vie, par le rang du groupe auquel ils appartiennent. On dira que ces inégalités sont l'œuvre du régime des castes.

---

1 *Les castes dans l'Inde. Les faits et le système,* Paris, Leroux, 1896, p. 257.
2 *The Tribes and Castes of Bengal,* Calcutta, 1896, p. XXI sqq.

Célestin Bouglé

Un autre élément nous paraît nécessaire à sa définition. Quand nous déclarons que l'esprit de caste règne dans une société, nous entendons que les différents groupes dont cette société est composée se repoussent au lieu de s'attirer, que chacun d'eux se replie sur lui-même, s'isole, fait effort pour empêcher ses membres de contracter alliance, ou même d'entrer en relation avec les membres des groupes voisins. Un homme refuse systématiquement de chercher femme en dehors de son cercle traditionnel ; bien plus, il repousse tout aliment préparé par d'autres que par ses congénères ; le seul contact des « étrangers », pense-t-il, est quelque chose d'impur et de dégradant. Cet homme obéit à l' « esprit de caste ». Horreur des mésalliances, crainte des contacts impurs, répulsion à l'égard de tous ceux dont on n'est pas parent, tels nous paraissent être les signes caractéristiques de cet esprit. Il nous semble fait pour émietter les sociétés qu'il pénètre ; il les partage non seulement en quelques couches superposées, mais en une multitude de fragments opposés ; il dresse leurs groupes élémentaires les uns en face des autres, séparés par une répulsion mutuelle.

Répulsion, hiérarchie, spécialisation héréditaire, l'esprit de caste réunit ces trois tendances. Il faut les retenir toutes trois si l'on veut obtenir une définition complète du régime des castes. Nous dirons qu'une société est soumise à ce régime si elle est divisée en un grand nombre de groupes héréditairement spécialisés, hiérarchiquement superposés, et mutuellement opposés – si elle ne tolère en principe ni parvenus, ni métis, ni transfuges de la profession – si elle s'oppose à la fois aux mélanges de sangs, aux conquêtes de rangs et aux changements de métiers.

Que cette définition ne fasse pas violence à l'usage courant du mot, on s'en rendra compte, si on la rapproche d'un certain nombre de définitions reçues. La plupart mettent en évidence la liaison de l'idée de caste avec l'idée de spécialisation héréditaire. « La caste est essentiellement héréditaire, dit Guizot [1] : c'est la transmission de la même situation, du même pouvoir de père en fils. Là où il n'y a pas d'hérédité, il n'y a pas de caste. » Suivant Ampère [2], trois conditions sont essentielles à l'existence d'une caste : « S'abstenir de

---

1 *La civilisation en Europe,* Paris, Didier, 1882, p. 138.
2 *Comptes rendus de l'Acad. des Inscrip.,* 1848, cités par REVILLOUT, *Droit Égyptien,* Paris, Leroux, 1884, I, p. 132 sqq.

certaines professions qui lui sont étrangères, se préserver de toute alliance en dehors de la caste, continuer la profession qu'on a reçue de ses pères. »

À la répartition héréditaire des métiers, on ajoute souvent, pour définir le régime des castes, l'inégalité des droits. Le régime des castes, d'après James Mill [1], c'est « la classification et la distribution des membres d'une communauté en un certain nombre de classes ou d'ordres pour l'accomplissement de certaines fonctions, les uns devant jouir de certains privilèges, et les autres supporter certaines charges ». « Trois éléments constituent la caste, dit Burnouf [2] ; le partage des fonctions entre les hommes, leur transmission héréditaire et la hiérarchie. »

D'autres définitions posent comme essentiel au régime des castes cet esprit de division que nous notions en troisième lieu. « La caste, d'après Senart [3], est un organisme de sa nature circonscrit et séparatiste. La classe et la caste ne se correspondent ni par l'étendue, ni par les caractères, ni par les tendances natives. Chacune, parmi les castes mêmes qui se rattachent à une seule classe, est nettement distinguée de ses congénères ; elle s'en isole avec une âpreté que ne désarme aucun souci d'une unité supérieure. La classe sert des ambitions politiques ; la caste obéit à des scrupules étroits, à des coutumes traditionnelles, tout au plus à certaines influences locales, qui n'ont d'ordinaire aucun rapport avec les intérêts de classe. Avant tout, la caste s'attache à sauvegarder une intégrité dont la préoccupation se montre ombrageuse jusque chez les plus humbles. » « Au point de vue social et politique, lit-on dans un rapport anglais [4], la caste c'est la division, l'envie, la haine, la jalousie, la défiance entre voisins. »

La plupart de ces définitions n'ont qu'un défaut, qui est leur étroitesse. Elles mettent en lumière l'un ou l'autre des aspects du régime à définir ; mais aucun d'eux ne doit être laissé dans l'ombre. C'est en tenant sous les yeux les trois éléments constitutifs de la

---

1 Voir le Ve Supplément de *l'Encyclopédie britannique*, art. « Caste ».
2 *Essai sur le Véda, ou Étude sur les religions, la littérature et la constitution sociale de l'Inde*, Paris, Dezobry, 1863, p. 218.
3 *Op. cit.*, pp. 158, 180.
4 Cité Par SCHLAGINTWEIT, *Zeitschrift der Deutschen morgenländischen Gesellschaft*, Bd. XXXIII, p. 587. SHERRING insiste sur ce même trait, *Hindu Tribes and Castes*, Calcutta, 1879, III, pp. 218, 235.

Célestin Bouglé

caste qu'il nous faut rechercher à quelles civilisations elle s'est imposée, et avec quelles formes sociales elle est apparentée.

II – Réalité du régime des castes

Si, pour retrouver le régime des castes parmi les réalités historiques, on se laisse guider par cette définition intégrale, on s'apercevra sans doute, au premier coup d'œil, qu'autant il est aisé de reconnaître, ici ou là, des éléments et comme des membres épars de ce régime, autant il est difficile de le rencontrer complet, parfait, pourvu de tous ses organes. S'il est peu de civilisations où l'une ou l'autre de ses tendances caractéristiques ne se glisse, il en est peu aussi où toutes trois réunies s'épanouissent librement.

Il est clair, par exemple, que l'on peut aisément relever, jusque dans notre civilisation occidentale contemporaine, certaines traces de l'esprit de caste. Là aussi se rencontrent l'horreur des mésalliances et la crainte des contacts impurs. La statistique des mariages montre que s'il y a des professions dont les membres s'allient volontiers, il en est beaucoup entre lesquelles les alliances sont très rares [1]. Nombre de coutumes prouvent que les différents « mondes » n'aiment pas à se mêler ; c'est ainsi que certains quartiers, certains cafés, certaines écoles sont fréquentés exclusivement par certaines catégories de la population [2]. Que ces distinctions correspondent encore, en gros, aux degrés d'une hiérarchie, il est difficile de le contester. Si les lois n'avouent plus l'existence des classes, les mœurs la manifestent clairement : elles sont loin d'attribuer aux différentes catégories de citoyens le même coefficient de « considération » ; et cette considération se traduit, sinon par des privilèges déclarés, au moins par des avantages indéniables [3]. La spécialisation hérédi-

---

1 Karl BÜCHER, *Die Entstehung der Volkswirtschaft*, Tübingue, Laupp, 2ᵉ éd., 1898, p. 338 sqq.
2 Que ces questions de classes ne soient sans doute pas étrangères à la « crise de l'enseignement secondaire », c'est ce que différents observateurs ont mis en évidence. V. par exemple LANGLOIS, La question de l'enseignement secondaire dans la *Revue de Paris* des 1ᵉʳ et 15 janvier 1900.
3 Voir GOBLOT, *Revue d'économie politique*, janvier 1899. Une bonne définition de la classe reste d'ailleurs à trouver. Le difficile, quand la hiérarchie sociale n'est plus consacrée par le système juridique, est de discerner les signes distinctifs auxquels les classes se reconnaissent. On a cherché quelquefois dans les diverses

taire, enfin, est loin d'avoir complètement disparu. Il y a toujours des villages où la même industrie s'exerce depuis des siècles [1] ; le nombre des métiers monopolisés par telle ou telle race est encore considérable [2] ; et les cas où le père transmet, avec sa fortune, sa profession à son fils, semblent de plus en plus fréquents [3].

Pour nombreux que soient ces indices, personne ne soutiendra que le régime des castes domine notre civilisation. Elle s'en éloigne à chaque pas qu'elle fait. Que l'on analyse les réformes juridiques, politiques, économiques qu'elle a opérées depuis l'ère moderne ; on ne pourra méconnaître qu'elle obéit, plus ou moins lentement, mais sûrement, aux exigences des idées égalitaires [4]. Les habitudes qui rappellent le régime des castes, alors même qu'elles subsistent en fait, n'obtiennent plus la consécration du droit. De plus en plus elles seront classées comme des survivances.

Est-ce à dire qu'il suffirait de nous retourner vers notre Moyen Âge pour retrouver le régime des castes ? Certes, à mesure que nous remontons vers le passé, les divisions de la société nous apparaissent plus tranchées. Entre ses couches superposées, les distances sont marquées non pas seulement par les mœurs, mais par les lois ; les professions sont plus fréquemment monopolisées par les familles. Toutefois, que l'organisation sociale du Moyen

professions les centres des classes. Mais si cette définition convient, partiellement, aux castes, il semble qu'elle soit pour les classes décidément trop étroite (voir dans l'*Année sociologique*, t. VI, pp. 125-129, la critique du livre de M. A. BAUER sur les *Classes sociales*, Paris, Giard & Brière, 1902). Il faut évidemment faire entrer en ligne de compte, pour la différenciation des classes, à côté des spécialisations professionnelles, les différences de niveau économique. Mais ces différences elles-mêmes demandent à être, selon les cas, estimées de différentes manières. Si dans les classes aisées c'est la dépense plus ou moins fastueuse qui marque les rangs, ailleurs les différences de salaire semblent suffire à classer les gens (voir à ce propos, dans la *Revue de métaphysique et de morale*, 1905, p. 890-905, les remarques suggestives de M. HALBWACHS sur la Position du problème sociologique des classes. L'auteur y résume et critique les théories de Schmoller, de Sombart et de Bücher).

1 Par exemple, chez nous le village de Monistrol ou celui de Villedieu-les-Poêles.
2 On en trouverait des exemples assez nombreux dans AUERBACH, *Les races et les nationalités en Autriche-Hongrie*, Paris, Alcan, 1898, pp. 75, 119, 125, 209, 266.
3 On trouvera, à ce sujet, dans la *Revue de sociologie* (année 1900) une instructive discussion. Elle montre que les cas où le père transmet son métier au fils ne sont pas rares, mais aussi combien il est difficile de classer et de dénombrer ces cas.
4 C'est ce que nous avons essayé de démontrer dans la première partie de notre étude sur les *Idées égalitaires*.

Célestin Bouglé

Âge soit loin de correspondre exactement au régime que nous avons défini, on s'en rendra aisément compte si l'on se rappelle les caractères sociologiques des deux puissances qui ont régné sur lui, le clergé catholique et la noblesse féodale.

On a souvent dit du clergé qu'il constituait une caste. Mais, ainsi que le remarque justement Guizot [1], l'expression est alors essentiellement inexacte. Si l'idée d'hérédité est inhérente à l'idée de caste, le mot de caste ne peut être appliqué à l'Église chrétienne, puisque ses magistrats ne doivent être que des célibataires. Là où les fonctions, bien loin d'être réservées par les pères à leurs fils, sont distribuées entre des hommes qui ne peuvent descendre de leurs prédécesseurs, là où la cooptation remplace l'hérédité, il peut bien y avoir esprit de corps ; mais les corps ne sont pas des castes. En fait, par son mode de recrutement, le clergé servait indirectement des idées contraires à celles sur lesquelles le régime des castes s'appuie ; une Église qui pouvait transformer des esclaves en pontifes, et élever le fils d'un pâtre au-dessus des rois, opérait ainsi des espèces de rédemptions sociales qui, plus encore que ses dogmes, étaient des leçons d'égalité [2].

De même, une grande distance sépare le régime féodal du régime des castes proprement dit. Et d'abord, dans la mesure où le régime féodal obéit à ce principe, que « la condition de la terre emporte celle de l'homme », il contrarie le principe du régime des castes. Car il cesse alors de déterminer la situation des personnes par leur naissance, il introduit des bouleversements dans la hiérarchie héréditaire. Du jour au lendemain, par cela seul qu'une conquête ou un contrat le rend maître d'une terre, un homme peut se trouver élevé d'un degré sur l'échelle sociale. Ajoutons que lorsqu'un même homme est possesseur de plusieurs fiefs, sa situation devient ambiguë ; vassal des uns, suzerain des autres, son rang social cessera d'être nettement défini. Un pareil système n'aboutit pas à une hiérarchie stricte.

D'un autre côté, « l'émiettement féodal » n'empêchait-il pas les individus de s'agglomérer pour former des castes ? Chaque seigneur vit sur ses terres et gouverne pour son propre compte un certain nombre d'hommes qui ne dépendent que de lui ; la féodalité n'est

---

1 *Civilisation en Europe*, p. 138.
2 Cf. FUSTEL DE COULANGES, *L'alleu et le domaine rural*, p. 299.

donc pas constituée par une superposition de collectivités, mais bien plutôt par une « collection de despotismes individuels » [1]. En ce sens, on a pu soutenir sans paradoxe que, comme l'Église fut, par certaines de ses tendances, une école d'égalité, la féodalité fut une école d'indépendance. Son organisation se prêtait à l'individualisme. Elle ne découpait pas la société en petits corps compacts, et se repoussant les uns les autres. Elle ne la fragmentait pas en castes.

Pas plus que notre Moyen Âge, l'Antiquité classique ne nous offrirait une image exacte du régime cherché.

Certes, une hiérarchie stricte a longtemps marqué les rangs dans la cité. Sans parler des esclaves, on sait quelles inégalités religieuses, juridiques et politiques séparent le plébéien du patricien. La spécialisation héréditaire n'est pas inconnue ; on rencontre souvent dans l'histoire grecque des familles de médecins, ou des familles de prêtres [2] ; à Athènes, les noms des quatre tribus ioniennes sont des noms de professions [3]. Il n'est pas douteux enfin que les groupes élémentaires qui devaient composer la cité font effort pour ne pas se mêler : aussi longtemps qu'il peut, fidèle au culte des ancêtres, le [mot grec] s'isole et se rétracte.

Mais c'était précisément la destinée et comme la mission de la cité antique que de surmonter toutes ces tendances. La spécialisation héréditaire – si tant est qu'elle ait jamais été de règle [4] – y est vite devenue une exception. L'organisation hiérarchique n'y devait pas aboutir à la superposition de groupes opposés. En effet, tant que la cité reste une collection de (mot grec), les inférieurs ne forment pas de groupes à part : esclaves ou clients, ils appartiennent à une famille ; ils font partie du même corps que l'eupatride [5]. Plus

1 C'est l'expression de GUIZOT dans son étude sur le *Régime féodal.*
2 Ainsi les Eumolpides à Éleusis.
3 SCHÖMANN, *Griechische Alterthümer,* Berlin, Weidmann, 1897, I, p. 327 sqq.
4 Cf. I. Von MÜLLER, *Handbuch der klassischen Altertumswissenschaft,* Nördlingen Beck, 1886, IV, I.
5 Sans doute, on rencontre à Rome des *gentes minores,* et des [mot grec : (yevn)] analogues de laboureurs et d'artisans à Athènes (Cf. WILBRANDT, *Die politische und sociale Bedeutung der attischen Geschlechter vor Solon*). Le [mot grec yèvoç] était tellement essentiel au droit de cité que la plèbe, pour entrer dans la cité, dut l'organiser en [mot grec : (yèvoç)]. Mais, à ce moment, l'infériorité collective de la plèbe n'est déjà plus absolue, et les plébéiens commencent la conquête de l'égalité des droits.

Célestin Bouglé

tard, quand une plèbe indépendante s'est constituée, elle supporte impatiemment d'être regardée comme une société inférieure. Elle impose à la cité des divisions nouvelles qui, venant chevaucher sur les divisions anciennes, forcent les citoyens à se mêler. Agglomérés ici par dèmes, et là classés suivant leur fortune ou d'après leur armement, ils ne peuvent rester groupés par clans. Progressivement et comme méthodiquement, l'isonomie, l'iségorie, l'isotimie sont conquises. Les réformateurs passent et repassent, pour les effacer, sur les sillons tracés par les divisions primitives.

Ainsi, dès l'Antiquité, la civilisation occidentale répugne au régime que nous avons défini.

Combien, d'ailleurs, il est difficile de le rencontrer parfait et comme à l'état pur, nous le prouverons, mieux que par une revue générale des civilisations, si nous examinons un « cas privilégié ». – On prend souvent la civilisation égyptienne pour le type d'une civilisation soumise au régime des castes ; essayons donc d'y retrouver la spécialisation héréditaire, la hiérarchie stricte, l'opposition tranchée des groupes.

Si l'on s'en fie au témoignage de l'Antiquité, le doute semble impossible. Les Égyptiens, nous dit Hérodote [1], sont divisés en sept [mot grec : γένη] : prêtres, guerriers, bouviers, porchers, marchands, interprètes et pilotes. Seuls les prêtres et les guerriers jouissent de marques de distinction ; des terres spéciales leur sont réservées ; ils sont exempts de toutes charges [2]. Mais, comme le reste de la population, ils sont rivés à la profession de leurs ancêtres. Si quelqu'un des prêtres meurt, il est remplacé par son fils [3]. Les guerriers n'ont le droit de pratiquer aucun autre métier que celui des armes, qu'ils exercent de père en fils [4].

Diodore n'est pas moins explicite. Il rappelle que les terres sont divisées en trois parts : celle des prêtres, celle des rois, celle des soldats [5]. Quant aux ordres [mot grec] inférieurs à ces ordres privilégiés – ceux des pasteurs, des laboureurs et des artisans – ils ne peuvent s'occuper des affaires publiques, ni pratiquer aucun

---

1 II, 164.
2 *Ibid.*, 168.
3 *Ibid.*, 37.
4 *Ibid.*, 166.
5 I, 73.

autre métier que le métier traditionnel de leur famille. Et Diodore ne nous présente pas seulement cette spécialisation comme une habitude : elle est, suivant lui, commandée par les lois [1].

Les découvertes modernes confirment-elles les renseignements des anciens ? Cela semble au premier abord indubitable. Le décret trilingue de Rosette montre les terres divisées, comme l'indiquait Hérodote, en terres sacrées, terres militaires et terres royales. D'autres documents, comme le décret de Canope, témoignent des privilèges réservés aux classes sacerdotale et guerrière [2]. D'un autre côté, nombre d'inscriptions prouvent qu'il existait, à tous les étages de la société, de véritables dynasties. On possède les cercueils d'une trentaine de générations de prêtres, attachés au Montou Thébain [3] : ils appartenaient presque tous à deux ou trois familles qui se mariaient entre elles ou prenaient femme chez les prêtres d'Ammon ! On connaît une famille d'architectes du roi qui conserva la charge pendant plusieurs siècles, sous toutes les dynasties égyptiennes. On possède, en démotique, tous les contrats et papiers d'une famille de choachytes thébains, depuis le règne de Tabraka (680 avant J.-C.) jusqu'à l'occupation romaine : comme leurs plus lointains ancêtres, les petits-fils sont de pauvres ouvriers. Ce sont des faits de ce genre qui amènent M. Revillout à conclure [4] que les anciens avaient bien vu l'Égypte et que le régime des castes y régnait.

Regardons-y cependant de plus près. La division des tâches ne semble pas avoir été toujours et partout aussi nette qu'on le croyait. Les fonctions sacerdotales et militaires ne s'excluaient pas. On possède le sarcophage d'un prêtre de la déesse Athor, lequel était, en même temps que prêtre, commandant d'infanterie [5]. La spécialisation n'était donc pas absolue ; le cumul des professions n'était pas interdit. Du moins leur transmission par l'hérédité était-elle vraiment prescrite ? En fait, nous constatons bien que le fils d'un pontife a le plus souvent sa place marquée dans le temple, que le fils d'un scribe entre à son tour dans les bureaux. Mais ces faits,

---

1 *Ibid.*, 74, § 3, 8.
2 Cf. REVILLOUT, *Cours de droit égyptien*, I, pp. 137, 138.
3 Cf. MASPERO, *Histoire ancienne des peuples de l'Orient classique*, Paris, Hachette, 1895, I, p. 305.
4 *Op. cit.*, pp. 131, 136, 147.
5 Cf. AMPÈRE, *loc. cit.*

Célestin Bouglé

pour nombreux qu'ils soient, s'ils prouvent que « le népotisme est aussi vieux que les pyramides » [1], ne suffisent pas à prouver que la transmission des métiers de père en fils était de droit [2].

On a d'ailleurs la preuve positive que l'homme n'était pas enfermé pour jamais dans la situation de son père. Non seulement, aux temps démotiques, on voit apparaître une sorte de classe bourgeoise [3] dont les membres ne semblent astreints à aucune profession particulière, mais encore, dès la haute époque, le nombre des « parvenus » est considérable. Le fameux Amten était fils d'un pauvre scribe. Placé lui-même dans un bureau des subsistances, il devient crieur et taxateur des colons, puis chef des huissiers, maître crieur, directeur de tout le lin du roi ; bientôt placé à la tête d'un village, puis d'une ville, puis d'un nome, il finit par être primat de la Porte occidentale. Il meurt comblé d'honneurs, possesseur de plusieurs fiefs, ayant doté sa famille et placé ses fils [4]. L'exemple montre que la hiérarchie sociale était loin d'être pétrifiée. Le pouvoir du roi pouvait bouleverser les situations traditionnelles. Il est à remarquer que si dans la féodalité égyptienne la transmission héréditaire des terres et des titres est de règle, il faut, pour qu'un baron soit reconnu tel, qu'à l'hérédité s'ajoute l'investiture du Pharaon. En donnant des terres ou des charges, il peut créer des nobles [5]. Il y a là des faits de mobilité sociale difficilement compatibles avec la rigidité du régime des castes.

Ajoutons que rien ne permet d'affirmer que cet esprit de division et d'opposition mutuelle, qui nous a paru être un élément constitutif du régime des castes, ait dominé dans la société égyptienne. Nous n'avons pas la preuve positive qu'un système de prohibitions ait longtemps isolé ses groupes élémentaires. Au contraire on a justement remarqué que l'Égypte est un des pays où l'organisation administrative a le plus vite effacé les divisions spontanées de la population. Les nécessités de la culture commune

---

1 C'est l'expression d'Ampère.
2 Il faut se garder de confondre l'état de fait avec le droit. C'est ainsi que chez beaucoup de peuples qui admettent pourtant, en droit, la polygamie, un grand nombre d'hommes restent de fait monogames – que ce soit à cause de leur pauvreté ou à cause de la rareté des femmes.
3 D'après M. REVILLOUT lui-même, *op. cit.*, I, p. 165.
4 Voir MASPERO, *op. cit.*, I, p. 290.
5 *Ibid.*, p. 300 sqq. Cf. REVILLOUT, *loc. cit.*, p. 145.

y devaient faire oublier les répugnances de clans : le Nil, a-t-on dit, exigeait l'unité [1]. Quelle qu'en soit la raison, il est certain que l'histoire de la civilisation égyptienne ne nous révèle pas cette invincible résistance à l'unification qui caractérise le régime des castes. Il devait se heurter, dans notre civilisation occidentale, à la puissance de la démocratie ; dans la civilisation égyptienne, c'est une monarchie forte qui entrave son développement.

III – Le régime des castes en inde

Ce régime rencontre-t-il, dans la civilisation hindoue, des obstacles analogues ? Ou au contraire y verrons-nous enfin, librement épanouies, en pleine terre, ses trois tendances essentielles ?

Nous constaterons d'abord que nulle part la spécialisation n'est poussée plus loin qu'en Inde. Certes, les métiers différenciés y sont moins nombreux que dans notre civilisation contemporaine. Pour qu'une société compte plus de dix mille professions et voie leur nombre s'accroître de plus de quatre mille en treize ans [2], il faut qu'elle possède une industrie « scientifique », seule capable de multiplier et de varier, en même temps que les besoins, les moyens de production. L'Inde, tant qu'elle est restée livrée à elle-même, n'a pas connu ces progrès.

Mais si ses procédés de production sont demeurés relativement simples, au moins a-t-elle autant que possible divisé les tâches entre des corps différents. On n'a, pour s'en rendre compte, qu'à relever le nombre des sous-groupes dont chacun des grands groupes professionnels est composé. C'est ainsi que l'on distinguera 6 castes de commerçants, 3 de scribes, 40 de paysans, 24 de journaliers, 9 de pasteurs et chasseurs, 14 de pêcheurs et mariniers, 12 d'artisans divers, charpentiers, forgerons, orfèvres, potiers, 13 de tisserands, 13 de fabricants de liqueurs, 11 de domestiques [3]. Et sans doute, ces subdivisions internes ne correspondent pas toutes à des distinctions professionnelles. Mais, dans nombre de cas, ce qui distingue une caste de ses congénères, c'est qu'elle s'abstient de

---

1 LEIST, *Grœco-italische Rechtsgeschichte*, Iéna, Fischer, 1884, p. 106.
2 Comme il arrive en Allemagne, cf. BÜCHER, *Die Entstehung der Volkswirtschaft*, p. 319.
3 SCHLAGINTWEIT, *art. cit.*, p. 578.

Célestin Bouglé

certains procédés, n'utilise pas les mêmes matériaux, ne façonne pas les mêmes produits.

Dans les légendes bouddhiques, on distingue les différentes castes de pêcheurs d'après les instruments dont elles se servent, ou d'après les poissons qu'elles pêchent [1]. Dans le groupe du vêtement, les ouvriers en turbans ne veulent avoir rien de commun avec les ouvriers en ceintures. Dans le groupe du cuir, il y a une caste pour fabriquer la chaussure, une autre pour la réparer, une autre pour façonner les outres [2]. On ne voit pas, nous dit-on, le même homme pousser la charrue et paître les bestiaux [3]. Parmi les clans Ghosis, il y en a qui gardent les vaches et ne vendent que du lait ; d'autres achètent le lait et vendent le beurre [4]. Les Kumhars d'Orissa sont divisés en Uria Kumhars, qui travaillent debout et font de grands vases, et Kattya Kumhars, qui tournent la roue assis et font de petits pots [5]. Le coolie qui porte un fardeau sur la tête refuserait de le charger sur ses épaules ; celui qui use de la perche n'use pas du havre-sac. Les différentes castes de domestiques ont chacune leur emploi propre ; et chacune refuserait énergiquement de s'acquitter de l'emploi des autres [6]. Du haut en bas de la société hindoue, le cumul des fonctions est interdit en principe.

Les changements de fonctions ne sont pas moins illicites. Les travaux sont divisés une fois pour toutes ; et chacun, par sa naissance, a sa tâche marquée. L'hérédité des professions est la règle, et l'a été dès la plus haute Antiquité. C'est ce trait qui frappe les voyageurs mahométans qui visitèrent l'Inde au IXe siècle [7]. « Dans tous ces royaumes... il y a des familles de gens de lettres, de médecins et d'ouvriers employés à la construction des maisons, et on ne trouve personne dans les autres familles qui fasse profession

1 FICK, *Die Sociale Gliederung im Nordöstlichen Indien zu Buddha's zeit, mit besonderer Berücksichtigung der Kastenfrage,* Kiel, Haeseler, 1897, P. 194.
2 Sylvain LÉVI, article « Inde », de la *Grande Encyclopédie.*
3 NESFIELD, *Brief View of the Caste System of the N. W. Provinces and Oudh,* Allahabad, 1885, p. 19.
4 RISLEY, *op. cit.,* II, p. 183.
5 *Ibid.,* I, p. XLVII. Cf. pour les Provinces centrales, le rapport de M. RUSSEL (*Census of India,* 1901, vol. XIII, p. 185).
6 On trouverait de nombreux faits de ce genre dans les *Voyages* de JACQUEMONT (Voyage dans l'Inde, pendant les années 1828 à 1832, 6 vol. in-4°, Paris, Didot, 1835-1844).
7 *Ancienne Relation des Indes et de la Chine,* éd. de 1728, p. 40.

Introduction

des mêmes arts. » Dans les Jâtakas, qui nous laissent apercevoir quelques traits de la société hindoue du VIᵉ siècle, l'expression « fils d'un conducteur de caravanes » signifie conducteur de caravanes ; « fils d'un forgeron » signifie forgeron [1], des familles de potiers, des familles de tailleurs de pierres sont désignées ; allusion est faite à des rues, à des villages où certains métiers sont localisés de père en fils [2].

Strabon notait déjà [3] que chaque classe, en Inde, a son métier spécial. Les noms mêmes des castes, dont la plupart sont des noms de professions, prouveraient suffisamment l'ancienneté de la spécialisation hindoue [4].

Et sans doute cette règle supporte bien des exceptions. Ne parlons pas des changements de profession tout récents, qui poussent nombre de gens de toutes castes vers l'administration ou vers l'agriculture [5] : ils résultent des secousses que l'invasion anglaise fait subir à la tradition hindoue. Mais de tout temps, les Brahmanes se sont ouvert toutes espèces de professions. Bien loin qu'ils se confinent dans l'étude des livres sacrés, on en voit qui sont laboureurs, soldats, commerçants, cuisiniers [6]. « Pour son ventre il faut jouer bien des rôles », disait l'un d'eux à l'abbé Dubois [7].

Leur supériorité même leur réserve plus de possibilités qu'au commun des mortels. Il est vrai que cette supériorité implique la

---

1 FICK, *op. cit.*, p. 178.

2 *Ibid.*, pp. 180, 181.

3 XV, I, 49.

4 C'est ainsi que le mot Mayara, qui désigne les pâtissiers, serait une forme altérée du sanscrit Modakakâra (pâtissier) ; Tatwa et Tanti, qui désignent les tisserands, dériveraient du sanscrit Tantuvâya (tisserand) ; le nom des Kandus (brûleurs de grains) viendrait du sanscrit Kandu (four), etc. Suivant M. NESFIELD (*Brief View of the Caste system*, p. 89), 77% des noms de castes seraient d'anciens noms de métiers. Il est vrai qu'un certain nombre des étymologies proposées par M. Nestfield sont contestées, mais il en reste assez d'incontestées pour soutenir l'argument (voy. par exemple dans LASSEN, *Indische Altertumskunde*, I, pp. 795, 820, ou plus récemment dans le livre de Jogendranâth BHATTACHARYA, *Hindu Castes and Sects,* Calcutta, Thacker, 1896, pp. 236, 238, 252).

5 Ce dernier fait contredit la prétendue loi qui veut que jamais on ne fasse retour à l'agriculture, une fois qu'on a goûté d'un autre métier ; cf. disc. cit. dans la *Revue de sociologie*, 1900.

6 SENART, *op. cit.*, p. 42 sqq. Cf. Jogendranâth BHATTACHARYA, *op. cit.*, pp. 74, 112.

7 *Op. cit.*, I, p. 410.

Célestin Bouglé

pureté, et que le souci de rester pur exclut bien des modes d'action. La doctrine de l'Ahimsa, qui défend de blesser la moindre créature vivante, n'interdit-elle pas au prêtre d'éventrer le sol avec le soc de la charrue [1] ? En fait, devant les nécessités matérielles, il fallait bien faire fléchir la rigidité de ces prohibitions. La théorie même en prit son parti : les codes brahmaniques reconnaissent au Brahmane le droit de pratiquer différents métiers en cas de détresse. Si Manou lui interdit formellement le commerce des liqueurs et des parfums, de la viande et de la laine, il lui permet le service militaire, le labour, le soin des troupeaux, un certain nombre d'entreprises commerciales.

À leur tour les membres des autres castes, que ces mêmes codes prétendaient river à l'occupation traditionnelle, devaient prendre, à l'exemple des Brahmanes, plus d'une liberté à l'égard de la règle. Nous notions tout à l'heure que les noms de castes sont d'ordinaire d'anciens noms de professions. Mais ajoutons qu'il est relativement rare que la profession exercée aujourd'hui par une caste soit celle que son nom désigne. Les Atishbaz sont bien, comme leur nom l'indique, artificiers, et les Nalbands maréchaux-ferrants [2]. Mais il n'est pas vrai que tous les Chamars soient aujourd'hui tanneurs, les Ahirs pasteurs, les Banjaras porteurs, les Luniyas fabricants de sel. Les Baidyas forment, suivant la tradition, la caste des médecins. Or, c'est à peine si le tiers d'entre eux pratiquent la médecine : beaucoup sont maîtres d'école, fermiers, intendants [3]. Parmi les Sunris, que la tradition désigne comme les fabricants de liqueurs, on trouve, dans certaines provinces, des charpentiers et des couvreurs, ailleurs des marchands de grain. Si les Doms sont pêcheurs en Assam, ils sont cultivateurs en Kachmir, et maçons en Kumaon [4]. Les Kansaris et les Sankaris sont employés comme domestiques, bien qu'ils appartiennent théoriquement aux castes commerçantes [5]. Chez les Kaibarttas du Bengale, si les Mechos sont restés pêcheurs conformément à la tradition, les Hélos sont passés

---

1 CROOKE, *The Tribes and Castes of the N. W. Provinces,* I, p. CXLIX.
2 *Ibid.*
3 RISLEY, *The Tribes and Castes of Bengal,* I, p. 49 ; GAIT, Bengal Report (*Census of India,* 1901, VI), p. 351.
4 RISLEY, *loc. cit.,* I, p. 280.
5 Jogendranâth BHATTACHARYA, *Hindu Castes and Sects,* p. 309.

à la culture [1]. On compte d'ailleurs aujourd'hui beaucoup plus de cultivateurs et beaucoup moins de pasteurs qu'il ne devrait y en avoir si les divisions consacrées étaient respectées [2]. Le système de la spécialisation héréditaire comporte donc, en Inde, beaucoup plus de mobilité qu'on pouvait le croire à première vue [3].

Mais remarquons d'abord que cette mobilité est collective bien plutôt qu'individuelle. On voit rarement un fils, pour obéir à sa vocation propre, quitter le métier de ses ancêtres et chercher seul sa voie [4]. Ce sont plutôt des groupes qui se détachent de l'ensemble pour prendre possession d'une profession nouvelle ; mais à l'intérieur du groupe détaché, la règle ne cesse pas d'être en vigueur : les fils continuent normalement l'œuvre des pères. Ajoutons que si, en fait, les changements de métiers ne sont pas

1 RISLEY, *ibid.*, I, p. LXXII.

2 Les castes proprement agricoles ne compteraient que 6 millions 1/2 de membres. On en compte 34 millions 3/4 d'agriculteurs. Inversement, les castes de pasteurs comprennent 5 millions 1/2 de personnes. Or on n'en trouve plus que 337 000 environ qui se consacrent aux occupations pastorales ; cf. CROOKE, *op. cit.*, I, p. CXLX.

3 M. ENTHOVEN, analysant la situation dans la province de Bombay (*Census of India*, 1901, IX, p. 209, 220) fait observer que 22% seulement des Brahmanes y restent attachés à leurs fonctions traditionnelles. On en trouve malgré les prohibitions classiques 47% dans l'administration et dans l'agriculture, 5% dans les services d'alimentation.
Parmi les Vanis, qui correspondent à peu près aux Vaiçyas de la tradition, 25% sont occupés dans le commerce, 39% dans les services d'alimentation, 10% fabriquent des draps et des vêtements, 3% sont agriculteurs, 2% ont trouvé une place dans l'administration.
M. Sylvain LÉVI (*Le Népal, Étude historique d'un royaume hindou*, Paris, Leroux, 1905, I, p. 246) fait remarquer que dans bien des cas la caste « réserve » plus qu'elle n'« impose » une occupation à ses membres – surtout, ajouterons-nous, si ses membres occupent une assez haute place dans la hiérarchie. C'est ainsi qu'au Népal, la caste bouddhique, créée de toutes pièces à l'imitation de la caste hindoue, a pris comme unique noyau de formation la profession. Elle s'est constituée pour l'exploitation d'une sorte de monopole légal, accessible aux seuls descendants des fondateurs. « Le monopole, il est vrai, n'est pas toujours lucratif, tel le privilège de peindre les yeux à l'image de Bhairava. Les bénéfices en seraient souvent maigres pour faire vivre un nombre croissant d'intéressés. Heureusement la liste des professions héréditaires, si longue qu'elle soit, n'épuise pas toutes les catégories de gagne-pain. » La caste laisse volontiers ses membres « s'échapper dans le terrain vague des métiers qui n'appartiennent en propre à personne ».

4 Voir cependant certains exemples cités, d'après les Jatakas, par C. RHYS DAVIDS, *Notes on early economic conditions in northern India*, p. 868.

Célestin Bouglé

rares, ils restent en droit illicites et comme scandaleux. Lorsqu'il s'agissait de l'Égypte, nous avons observé que le fait ne prouvait pas le droit. Que les fils exercent le plus souvent, en Égypte, le métier des pères, cela ne prouve pas que la spécialisation héréditaire soit une règle pour la société égyptienne. Nous pouvons faire ici un raisonnement analogue et inverse. Que les fils n'exercent pas toujours la profession des pères, cela ne prouve pas que la spécialisation héréditaire ne soit pas une règle pour la société hindoue. Nous l'induirons légitimement, si nous constatons qu'une certaine sanction est attachée aux changements de profession, et qu'ils ne vont pas sans une sorte de dégradation sociale.

On nous dira que les Brahmanes, quoique exerçant les métiers les plus différents, restent universellement respectés. Mais d'abord la situation particulière qui leur est faite dans la société hindoue explique qu'ils échappent à la sanction commune : le Brahmane est toujours, en un certain sens, au-dessus de la loi. D'ailleurs il n'est pas exact que le Brahmane conserve, dans toutes les situations, le même prestige : on respecte le pandit tout autrement que le cuisinier. Quant à la masse des castes non brahmaniques, il est entendu qu'un changement de métier avoué, étant une dérogation aux normes essentielles de l'organisation sociale, entraîne une déchéance [1]. Lorsque les membres d'une caste changent de profession, ils s'en cachent, ou ils cherchent à se justifier par quelque légende [2] – ils se sentent atteints par le blâme de l'opinion.

Elle n'aime pas les évadés, même lorsque l'évasion a été le point de départ d'une ascension dans l'ordre économique. Certains Sunris se sont élevés de la situation de fabricants de liqueurs à celle de grands commerçants. Ils s'appellent désormais Shahas et repoussent toute alliance avec ceux qui ont conservé l'occupation traditionnelle de la caste. Vains efforts : ces parvenus continuent d'être tenus en médiocre estime. Inversement, celui qui conserve pieusement la profession, même basse, même impure, de ses pères, tire honneur de sa fidélité à la tradition. Dans Sakountala, le pêcheur, à qui l'on

---

1 STEELE (*Law and Customs of Hindoo Castes*, Londres, Allen, 1868), p. XI, compte, parmi les critères de la dignité des castes, la fidélité au métier traditionnel.
2 Ou par quelque étymologie fantaisiste. C'est ainsi que les Telis du Bengale qui ont quitté la fabrication de l'huile pour le grand commerce, prétendent que leur nom dérive de Tula (balance de boutique) et non de Taila (huile). Jogendranâth BHATTACHARYA, op. cit., p. 263.

reproche sa cruauté envers les poissons, de répondre : « Seigneur, ne me blâmez pas. Nous ne devons jamais abandonner le métier de nos ancêtres, quelque bas qu'il soit. » C'est sans doute pour obéir à ce même sentiment que certaines castes se raidissent et font des efforts désespérés avant d'abandonner, sous la pression du besoin, la profession traditionnelle. Il a fallu, nous dit-on, 30% de morts pour décider les tisserands de l'ouest du Bengale, ruinés par l'importation anglaise, à chercher un nouveau gagne-pain [1] : tant il est vrai que l'attachement au métier des ancêtres se présente à la conscience hindoue comme un devoir.

En mesurant la place de la spécialisation héréditaire dans la société hindoue, nous venons de rappeler que cette société est organisée hiérarchiquement. Et en effet, nulle part on ne peut constater des distinctions aussi tranchées, nulle part il ne se fait une telle dépense de mépris et de respects.

Les voyageurs ont souvent dépeint la triste condition faite aux Parias. « Il ne leur est pas permis, dit l'abbé Dubois, de cultiver la terre pour leur propre compte. Obligés de se louer aux autres tribus, leurs maîtres peuvent les battre quand ils le veulent, sans qu'ils puissent demander de réparation. Les aliments dont ils font leur nourriture sont de qualité repoussante : ils disputent les débris aux chiens. » Sur la côte de Malabar, on ne leur permet même pas de bâtir des huttes. Si un Naïr les rencontre, il a le droit de les tuer [2]. Lisons maintenant la description de l'entrée d'un gourou [3] : il marche entouré de cavaliers, de musiciens, de bayadères : devant lui l'encens fume, les tapis s'étendent, les arcs de triomphe s'élèvent. La malédiction d'un tel homme pétrifie, et sa bénédiction sauve. Une pincée des cendres avec lesquelles il s'est barbouillé le front est un don inestimable. En retour, on verra de pauvres gens vendre leurs femmes et leurs enfants pour lui procurer les présents qu'il exige [4].

Tous les Brahmanes ne mènent pas cette existence royale, mais la plupart vivent aux dépens des autres castes. En principe, le Brahmane doit se nourrir d'aumônes. Si vous lui demandez quelque

---

1 J. BHATTACHARYA, p. 228.
2 DUBOIS, *op. cit.*, pp. 51, 59, 66.
3 *Ibid.*, p. 172.
4 *Ibid.*, pp. 167, 169.

Célestin Bouglé

chose, il vous répond : « Passez ! » Il est fait pour recevoir, non pour donner [1]. Quand on traverse un hameau, disait Jacquemont [2], on croirait que la caste des Brahmanes est la plus nombreuse ; c'est qu'ils y restent oisifs quand les autres sont dehors qui travaillent. Un autre voyageur nous montre les bateliers de Bénarès trop honorés si un Brahmane veut se faire promener dans leur barque. Un autre dit, en parlant des Brahmanes, qu'ils marchent avec un air satisfait d'eux-mêmes et conscients de leur supériorité qui est inimitable. Il n'est pas étonnant, remarque l'abbé Dubois [3], qu'on rencontre souvent chez les Brahmanes un égoïsme superbe : ne sont-ils pas élevés dans l'idée que tout leur est dû et qu'ils ne doivent rien à personne ? Leur supériorité absolue est aussi incontestée [4] que l'absolue infériorité des Parias.

Entre ces deux degrés extrêmes, la multitude des castes s'étage, chacune très occupée de tenir son rang et de ne pas laisser usurper ses prérogatives [5]. Pour la détermination des rangs, diverses considérations entrent en ligne de compte : la pureté du sang, la fidélité au métier traditionnel, l'abstention des aliments interdits [6]. Pratiquement l'élévation ou la bassesse d'une caste se définit surtout par les rapports qui l'unissent à la caste brahmanique. Les Brahmanes accepteront-ils n'importe quel don d'un homme de cette caste ? Prendront-ils sans hésitation un verre d'eau de sa main ? Feront-ils des difficultés ? Refuseront-ils avec horreur [7] ?

---

1 SONNERAT, I, p. 98.
2 *Op. cit.*, I, p. 234.
3 *Op. cit.*, p. 144.
4 On rencontre bien quelques exceptions. Cf. DUBOIS, *op. cit.*, I, p. 13. Max MÜLLER, *Essais de mythologie comparée*, p. 404. Mais, « outre qu'elles sont très rares, ces exceptions se fondent généralement sur quelque motif défini » (SÉNART, *op. cit.*, p. 101).
5 Les questions de préséances donnent parfois lieu à des batailles sanglantes (DUBOIS, *op. cit.*, I, p. 18). On a remarqué, lors du dernier recensement, l'émoi qu'éprouvèrent certaines castes, à la pensée qu'elles risquaient de n'être pas classées à leur rang. Les Khattris tinrent un meeting de protestation à Bareilly, et ils envoyèrent un mémoire aux autorités chargées du recensement, afin de maintenir leur droit à être classés parmi les Kshatriyas (*Census of India,* 1901, Rapport général, par MM. RISLEY et GAIT, I, p. 539).
6 STEELE, *Law and Customs of Hindoo Castes*, p. X.
7 Dans son énumération des castes, Jogendranâth BHATTACHARYA commence toujours par se poser ces questions (*Hindu Castes and Sects,* 1ʳᵉ partie). C'est à ces mêmes critères que reviennent le plus souvent les enquêteurs anglais. Voir *Census*

Voilà le vrai critère de la dignité des castes : l'estime du Brahmane est la mesure de leur noblesse relative.

Si nous consultions les codes sacrés, nous y trouverions les grandes distinctions sociales exprimées avec précision, en rapports mathématiques. Nous constaterions que le nombre des cérémonies pratiquées, le chiffre des amendes imposées, voire le taux de l'intérêt payé, varient avec le rang des castes, et que toujours au Brahmane est attribué le maximum des bénéfices comme le minimum des peines [1].

Et sans doute, comme nous le verrons, nous ne pouvons nous fier au détail des codes. Les distinctions réelles sont loin d'être aussi strictes que leurs distinctions idéales. Sur bien des points la hiérarchie reste incertaine [2]. La place d'une caste varie suivant les régions [3] et les préséances donnent lieu à des contestations fréquentes. Mais ces incertitudes de fait laissent le principe sauf ; ces contestations mêmes et les luttes qu'elles entraînent prouvent à quel point les différents membres de la société hindoue sont pénétrés de l'idée qu'elle doit être organisée hiérarchiquement.

Que ses éléments spécialisés non seulement se superposent,

of India, 1901, vol. VI, p. 137, vol. XVIII, p. 487, vol. XXV, p. 133.

1 Æ. WEBER, Indische Studien., X, p. 20-24; STEELE, op. cit., p. 23, 28 ; JOLLY, Recht und Sitte, dans le Gundriss der indo-arischen Philologie und Altertumskunde de BÜHLER, Strasbourg, Trübner, 1896, p. 127.

2 JACQUEMONT (Voyages, I, pp. 281-282) remarque combien il est difficile de classer sûrement les castes. Non seulement les mêmes noms ne se retrouvent pas dans les différentes provinces, mais encore il manque dans chaque province une classification des préséances universellement reconnue. « Un homme de très basse caste n'élèvera jamais sa caste au premier rang ; mais il l'élèvera de quelques rangs au-dessus de celui que les autres s'accordent à lui assigner. »

3 Quand de basses castes améliorent leur situation, elles cherchent une généalogie qui les rehausse ; elles inventent, pour leur nom ancien, une étymologie nouvelle, ou bien essaient de changer de nom. Mais leurs rivales tolèrent impatiemment cette ascension. D'où des contestations interminables. On en pourrait multiplier les exemples. Les Kshettris prétendent être des Kshatriyas et observent les rites prescrits pour les castes militaires, mais le peuple les classe parmi les Baniyas. Les Sunris enrichis luttent depuis longtemps pour obtenir d'être reconnus comme une caste pure. Mais seuls les prophètes dégradés de l'hindouisme flattent cette ambition. Ceux-là mêmes qui travaillent pour les Sunris, nous dit M. Risley, ne voudraient pas toucher leurs aliments. Un Tchandala perdrait sa caste s'il touchait le siège sur lequel un Sunri est assis. Voir RISLEY, Tribes and Castes, II, p. 279. Cf. Jogendranâth BHATTACHARYA, op. cit., pp. 79, 124, 138, 190, 255 et dans l'article cité de SCHLAGINTWEIT, pp. 557, 566, 574.

Célestin Bouglé

mais s'opposent, que la force qui anime tout le système du monde hindou soit une force de répulsion, qui maintient les corps séparés et pousse chacun d'eux à se replier sur lui-même, c'est ce qui frappe tous les observateurs.

On a souvent noté le dégoût que les Européens inspirent aux Hindous. Un voyageur remarque qu'un Brahmane avec lequel il avait lié connaissance lui rendait visite de très bon matin : c'est que le Brahmane préférait le voir avant l'heure du bain, afin de se purifier aisément des souillures qu'il aurait pu contracter. Un Hindou qui se respecte mourrait de soif plutôt que de boire dans un verre qui eût servi à un « Mleccha » [1]. Ce qui est remarquable, c'est que les Hindous semblent éprouver, à l'égard les uns des autres, quelque chose de cette même répugnance ; preuve qu'ils restent jusqu'à un certain point des étrangers les uns pour les autres. On eut beaucoup de peine à établir à Calcutta une canalisation d'eau : comment les gens de castes différentes pourraient-ils se servir du même robinet ? Le contact des Parias inspire une véritable horreur. C'est pourquoi on les obligeait, comme leur nom l'indique, à porter des clochettes révélatrices de leur présence [2]. Sur la côte de Malabar, il y a encore des gens que l'on force à aller presque nus, de peur d'être touché par leurs vêtements flottants [3]. La crainte de « l'atmosphère impure » est, de tout temps, un des traits dominants de l'âme hindoue [4]. Les Jâtakas sont pleins d'anecdotes qui témoignent du dégoût qu'ont inspiré de tout temps le contact ou même la vue des races impures. Un Brahmane s'aperçoit qu'il a fait route avec un Tchandala : « Sois damné, oiseau de malheur ; ôte-toi de mon vent ! » Deux amies, la fille d'un gahapati et d'un

1 Cf. JACQUEMONT, *op. cit.*, I, p. 157 ; SONNERAT, *op. cit.*, I, p. 110 de LANOYE, *L'Inde contemporaine*, 1855, p. 128.
2 Les missionnaires chrétiens, malgré la doctrine qu'ils cherchent à répandre, sont obligés de compter avec ces répugnances. P. SUAU (*L'Inde Tamoule*, Oudin, 1901) raconte qu'en beaucoup d'endroits la nef de droite de chaque église est réservée aux Parias : ils ne communient qu'après les autres castes. À Vadakenkoulam, village composé de Sanars et de Moudéliars, les hostilités mutuelles sont si vives qu'on a dû bâtir aux néophytes chrétiens une église à deux nefs, qui rayonnent hors d'un chœur commun.
3 SCHLAGINTWEIT, *art. cit.*, p. 581. Les rapports de l'État de Cochin classent les castes impures d'après la distance à laquelle elles souillent : celles-ci à 24 pas, celles-là à 36, d'autres à 48, d'autres à 64 (cité par VIDAL DE LA BLACHE, *Annales de géographie*, juillet 1906, p. 440).
4 R. FICK, *Die Sociale Gliederung im nord. Indien*, p. 25.

purohita jouent aux portes de la ville. Surviennent deux frères Tchandalas, qu'elles aperçoivent. Elles se sauvent aussitôt et vont se laver les yeux [1].

Et sans doute toutes les races ne provoquent pas un dégoût pareil. Cependant, toute caste autre que la sienne, quelle qu'elle soit, est en un sens impure aux yeux de l'Hindou orthodoxe. Et ce sentiment de répulsion latente se manifestera clairement en certaines circonstances.

Par exemple, tel ne craindra pas d'être touché par un homme d'une autre caste qui refusera pourtant de manger avec lui. C'est par les aliments surtout que l'on craint d'être contaminé. Ils ne peuvent être partagés qu'entre gens de même caste : ils ne doivent même pas être touchés par un étranger [2]. Son regard parfois suffit à les souiller. Si un Paria jetait les yeux dans une cuisine, tous les ustensiles devraient en être brisés [3]. Jacquemont raconte qu'à l'heure du dîner il va troubler le repas de son domestique « Le saïsse, quand il me vit approcher, cria d'un air pitoyable « Monsieur, monsieur, je vous en prie. Ah, « monsieur, prenez garde ! Je suis Hindou, monsieur, Hindou. » Il remarque que dans son escorte de cipayes il y a autant de fourneaux, de pots, de feux qu'il y a d'hommes. « J'ignore s'ils sont tous de castes différentes : il n'y en a pas deux qui mangent ensemble » [4]. Il arrive en effet que l'Hindou s'isole pour manger, afin d'être sûr de ne pas contracter de souillure. Chez les Râdjpouts, les familles différentes, alors même qu'elles appartiennent à la même caste, mangent difficilement ensemble [5]. D'où le dicton « pour douze Râdjpouts, il faut treize cuisiniers ». « Pour trois Brahmanes Kanaujas, dit-on encore, il faut trente foyers » [6]. Les scrupules de ce genre sont naturellement plus vifs dans les hautes castes. Mais du haut en bas de l'échelle sociale, on rencontre le même souci. En temps de famine, des

1 *Ibid., pp.* 26, 28.
2 Il faudrait distinguer entre les aliments. La manière dont ils sont préparés les rend, si l'on peut dire, plus ou moins « dangereux ». Les Brahmanes acceptent de certaines castes les aliments cuits avec du beurre clarifié (*pakki*) non les aliments cuits autrement (*kachchi*), voir GAIT, Bengal report (*Census of India*, 1901, VI, p. 367).
3 SONNERAT, *op. cit.*, I, p. 108.
4 *Op. cit.*, p. 266.
5 J. BHATTACHARYA, *op. cit.*, p. 135.
6 RISLEY, *op. cit.*, I, p. 157.

Célestin Bouglé

Santals se laissèrent mourir de faim plutôt que de toucher à des aliments préparés par des Brahmanes [1]. Qui mange des aliments prohibés par sa caste devient un « outcast », un « hors la loi ». C'est pourquoi on a pu dire que la caste est « affaire de repas » [2].

Il est pourtant un terrain sur lequel le protectionnisme de la caste élève des barrières encore plus hautes : plus que de repas, la caste est « affaire de mariage » [3]. Il est en effet formellement interdit de se marier hors de sa caste : la caste est rigoureusement endogame. Il faut ajouter que cette endogamie se double d'une exogamie interne. S'il y a un cercle large à l'intérieur duquel l'Hindou doit prendre femme, il y a un cercle étroit, inscrit dans le premier, où il ne peut pas prendre femme. Beaucoup de castes, à l'imitation de la caste brahmanique, se divisent en gotras : les membres d'un même gotra ne peuvent s'épouser. Tantôt, c'est aux membres d'un même groupe éponymique, composé des descendants d'un même aïeul, tantôt c'est aux membres d'un même groupe territorial, composé des habitants d'une même localité, que cette prohibition s'applique [4]. Ces règles exogamiques sont complexes et varient avec les castes. Mais ce que nous avons à retenir pour l'instant, c'est la rigueur de la règle générale qui isole les castes et tend à les fermer éternellement l'une à l'autre.

Sans doute, cette règle aussi supporte bien des exceptions. Les sentiments provoqués par l'existence d'une hiérarchie triomphent parfois des sentiments de répulsion réciproque qui séparent les castes. Beaucoup de familles recherchent pour leurs filles des maris de caste supérieure ; « l'hypergamie » [5] domine alors l'endogamie. Certains Radhyas de haut rang sont si recherchés comme fiancés qu'ils font du mariage une profession : ils tiennent des registres où ils inscrivent les femmes auxquelles ils ont fait l'honneur de

---

1 M. RISLEY remarque, à ce propos, combien il importe, lorsqu'on veut distribuer des secours en temps de famine, de connaître la hiérarchie des castes, et de savoir de quelle main elles peuvent recevoir des aliments. C'est ainsi que les Chattar-Kais, en Orissa font partie désormais des « castes-perdues » parce qu'ils ont mangé aux cuisines de secours en 1866 (*Tribes and Castes*, p. VIII).
2 ELLIOT, *Memoirs on the history, folklore and distribution of the races of the N. W. Provinces*, Londres, Trübner, éd. Beames, 1869, I, p. 67, en note.
3 RISLEY, *op. cit.*, I, P. XLII.
4 RISLEY, I, p. LI sqq.
5 C'est l'expression proposée par M. Risley pour désigner ce phénomène.

s'unir [1]. Jusque dans les hautes castes les dérogations à la règle endogamique ne sont pas rares. Suivant Carnegy [2], les Râdjpouts de l'Oudh prendraient souvent leurs femmes chez les aborigènes, sans qu'il en résulte pourtant une déchéance pour leur postérité. De même il est constant, suivant Crooke, que les Jâts recherchent souvent des filles de basse caste, les font passer pour des filles de leur sang et les épousent.

À défaut de l'observation, l'analyse anthropologique serait d'ailleurs capable de prouver que, malgré les prohibitions les plus strictes, les mélanges de toutes sortes ont été innombrables [3]. Il n'en reste pas moins que le seul mariage « pur » ne se contracte qu'entre gens de même caste, que la conscience publique manifeste, par les sanctions qu'elle distribue, son souci de maintenir cet idéal, que, plus souvent encore qu'un changement de profession, un mariage « hors caste » entraîne une déchéance ; tant il est vrai que la tendance séparatiste est inhérente à la société hindoue.

Nous pouvons d'ailleurs mesurer la force de cette tendance à ses oeuvres : la multiplicité des groupements entre lesquels la société hindoue est divisée sera la meilleure preuve de l'existence d'une répulsion réciproque entre ses éléments.

À vrai dire, si nous devions nous fier à ses livres sacrés, l'Inde ne nous apparaîtrait pas si divisée. Il y a quatre castes, suivant Manou ; et « il n'y en a pas cinq ». Cette tradition s'est généralement imposée, jusqu'ici, aux historiens et aux voyageurs. Mais c'est justement la valeur de cette tradition que les récents travaux des indologues nous invitent à suspecter. Critiquant la théorie brahmanique des castes, M. Senart en dénonce les incertitudes et les flottements : sur plus d'un point, on s'aperçoit qu'elle masque et fausse la réalité plutôt qu'elle ne la reproduit [4]. S'agit-il en particulier de la quantité des castes, les codes sacrés, aussitôt après avoir affirmé qu'il n'y en a que quatre, en reconnaissent implicitement un nombre considérable. La « théorie des castes mêlées » nous présente, en effet, un certain nombre de castes, déchues, comme résultant d'alliances illégitimes entre les castes pures. Mais cette théorie

---

1 J. BHATTACHARYA, *op. cit.*, p. 41 ; cf. RISLEY, *op. cit.*, p. LXXXII.
2 Cité Par SCHLAGINTWEIT, *art. cit.*, p. 560.
3 *The Tribes and Castes of N. W. Prov.*, III, p. 27.
4 *Les castes dans l'Inde*, chap. II.

Célestin Bouglé

est visiblement une théorie construite après coup, pour expliquer ce qu'on ne pouvait nier, elle est un aveu de la multiplicité des castes données dont les noms, géographiques ou professionnels, trahissent pour la plupart une origine très ancienne [1]. Si d'ailleurs, pour éprouver la véracité des codes brahmaniques, on consulte la littérature bouddhique, on trouvera sans doute la théorie des quatre castes mentionnée, mais à titre de système discuté, plutôt qu'à titre d'image des faits : à travers les légendes du VIe siècle, la société hindoue apparaît déjà divisée en une multiplicité de sections [2]. La littérature sanscrite elle-même ne trahissait-elle pas cette multiplicité ? Jolly, confirmant les vues de Senart, cite plus de 40 noms de « jâtis » qui ne sauraient correspondre à des subdivisions de quatre « varnas » primitifs [3].

L'observation du présent tend d'ailleurs à démontrer que la théorie des quatre castes, le « çaturvarnya » n'a jamais été qu'un idéal, mêlant, à une représentation simplifiée et comme raccourcie de la réalité, des prescriptions souvent violées. On cherche en vain à reconnaître, dans les castes actuelles, les descendantes des quatre castes traditionnelles ; les Brahmanes qui ont le monopole de la prière et du sacrifice ; les Kshatriyas, guerriers-nés, les Vaiçyas, destinés au commerce, les Çûdras, faits pour servir les autres.

La caste des Brahmanes, telle qu'on la rencontre aujourd'hui, est celle qui correspond le mieux au type décrit par les codes : encore faudra-il noter bien des différences. Non seulement les Brahmanes exercent des professions beaucoup plus nombreuses que ne le voudrait la loi brahmanique, mais encore et surtout, bien loin de constituer une seule caste comme on le croirait d'après les livres sacrés, ils sont divisés en une foule de castes fermées les unes aux autres [4]. S'il s'agit des autres castes, le manque de coïncidence entre la théorie et les faits est encore plus frappant. Ce sont les Râdjpouts qui prétendent descendre des Kshatriyas ; mais d'abord, outre

1 Cf. SENART, *op. cit.*, p. 121 ; Max MÜLLER, *Essais sur la mythologie comparée,* p. 399; JOLLY, *Zeitschrift der D. Morg. Gesell.*, Bd. 50, p. 507.
2 FICK, *Die Sociale Gliederung, passim.*
3 *Article cité*, p. 515.
4 SENART, p. 28. Dans les seules provinces du N.-W., NESFIELD distingue jusqu'à quarante castes de Brahmanes (*Brief View of the Caste system*, p. 49, 115). Les 1 500 000 Brahmanes de la province de Bombay sont divisés, selon M. ENTHOVEN, en plus de 200 groupes, entre lesquels les mariages sont interdits *Census of India*, 1901, IX, p. 278).

Introduction

que, pour beaucoup d'entre eux, ces prétentions sont évidemment mensongères [1], eux aussi forment une multitude de familles plutôt qu'une caste [2]. Les occupations assignées par la tradition aux Vaiçyas n'apparaissent pas réservées à une seule caste, mais divisées entre des castes très diverses [3].

Enfin, on cherche vainement à quelle caste pourrait correspondre la caste des Çûdras [4]. C'est pourquoi le recensement anglais a renoncé à se servir, pour distinguer les différentes catégories de la population, de ces appellations traditionnelles. Que l'on considère face à face la réalité présente, on s'aperçoit que c'est par milliers qu'il faut compter les castes [5]. La théorie brahmanique essaie en vain de voiler cette multiplicité essentielle. Le régime des castes

1 LYALL (*Études sur les mœurs religieuses et sociales de l'Extrême-Orient,* trad. fr., Paris, Thorin, 1885, p. 217 sqq.) montre comment se « fabriquent » les Râdjpouts, par la brahmanisation de chefs aborigènes. CROOKE (*Tribes and Castes of the N. W. Provinces*), cite, p. XXII, un certain nombre de « septs » Râdjpoutes dont les noms trahissent une origine aborigène. IBBETSON (*Punjab Ethnogr.,* p. 421) va jusqu'à dire, tant il croit peu à la pureté du sang des prétendus descendants des Kshatriyas : « Le terme de Râdjpout est à mon sens une expression plutôt professionnelle qu'ethnographique. »

2 On se rappelle la répugnance que les différents clans râdjpoutes éprouvent à manger ensemble. Voir plus haut, p. 21.

3 Cf. SCHRÖDER, *Indiens Literatur und Cultur,* Leipzig, Haessel, 1887, p. 419 ; JOLLY, *Z. der Deutsch. Morg. Gesell.,* Bd. 50, p. 614, prouve par les noms employés dans les Smritis, que les métiers attribués par la théorie à la seule caste des Vaiçyas étaient en fait pratiqués par des groupes très différents, cf. FICK, *op. cit.,* p. 163 sqq.

4 D'après FICK *op. cit.,* p. 202), il n'y a pas traces, dans les textes pâlis, d'une caste réelle qui corresponde à la caste théorique des Çûdras. D'un autre côté, les recenseurs de l'Inde moderne déclarent à peu près unanimement qu'ils n'y rencontrent rien qui corresponde à une caste de Vaiçyas, encore moins à une caste de Çûdras ; (cf. les résultats du recensement de 1872 résumés par SCHLAGINTWEIT, *art. cit.*) ; cf. BEAMES, *The races of the N. W. Provinces,* p. 167 et RISLEY, *Tribes and Castes of Bengal,* 1, p. 271.

5 Il est impossible d'assigner un chiffre précis, les chiffres variant suivant que les recenseurs envisagent les subdivisions ou s'en tiennent aux divisions principales. D'après Schlagintweit, on distinguerait 1 000 groupes principaux dans le Bengale, 307 dans les provinces du N.-O., 127 dans l'Oudh, 500 dans l'Inde centrale, 413 dans le Maïssur. À ne compter que les grandes castes, celles qui comprennent de 100 000 à un million de membres, on obtenait, au recensement de 1881, le chiffre de 207 ; quant aux castes comprenant plus d'un million de membres, on en comptait 39. Au recensement de 1901, on a pris le parti de compter à part tous les groupes entre lesquels les mariages sont interdits. On a dénombré ainsi plus de 2 300 castes.

Célestin Bouglé

a divisé la société hindoue en un nombre considérable de petites sociétés opposées.

En résumé, sur ces trois points – spécialisation héréditaire, organisation hiérarchique, répulsion réciproque – le régime des castes se rencontre, autant qu'une forme sociale peut se réaliser dans sa pureté, réalisé en Inde. Du moins descend-il, dans la société hindoue, à un degré de pénétration inconnu ailleurs. Il garde une place dans les autres civilisations ; ici il envahit tout. Et en ce sens, on peut soutenir que le régime des castes est un phénomène propre à l'Inde.

Est-ce à dire que l'étude de ce régime ne puisse en conséquence avoir qu'un intérêt historique, et aucun intérêt sociologique ? qu'elle doive nous confiner dans les faits particuliers, sans nous laisser entrevoir aucune conclusion générale ? Parce que la caste ne s'épanouit librement qu'en Inde, nous est-il interdit *a priori* de dégager, des circonstances contingentes, ses propriétés essentielles, et de démêler les influences qu'elle doit normalement exercer sur la vie économique et politique, religieuse et morale ? Nous ne le pensons pas.

Et d'abord, s'il est vrai que le régime des castes s'étale, pour ainsi dire, dans la civilisation hindoue, et y prend un développement « unique », par là même incomparable, n'oublions pas que ce même régime se montre, plus ou moins développé, dans toutes ou presque toutes les civilisations. Si l'on veut discerner les conséquences de la spécialisation héréditaire, on pourra, sur bien des points, rapprocher légitimement ce qui se passe en Inde de ce qui se passe en Égypte, puisque ici, sans être une règle absolue, la transmission du métier du père au fils semble avoir été du moins un usage très répandu. De même, un parallèle entre les Brahmanes hindous et les Lévites hébreux ne nous instruirait-il pas sur les causes ou les effets de la constitution d'une caste sacerdotale ? Pour l'étude des propriétés générales de la hiérarchie, même les sociétés finalement vouées à la démocratie fourniraient certes des documents assez abondants. Les plus unifiées enfin ont connu dans leurs phases premières et longtemps porté dans leurs flancs cet esprit de répulsion qui maintient à l'état de division intime toute la société hindoue. Les éléments de comparaison ne nous manqueront donc pas : la caste hindoue n'est à nos yeux que la synthèse d'éléments partout présents, le prolongement et comme l'achèvement de lignes partout ébauchées, l'épanouissement unique de tendances universelles.

Au surplus, ce qui importe pour l'établissement d'une induction, n'est-ce pas, plutôt que la faculté de rapprocher superficiellement des cas nombreux, la faculté d'analyser profondément un « cas privilégié » [1] ? Il est heureux pour la curiosité sociologique que le régime des castes ait triomphé en Inde de toutes les forces qui devaient ailleurs l'entraver ou l'étouffer, et qu'il y ait définitivement imposé sa forme à toute la vie sociale : ainsi pourront se manifester clairement ses vertus propres. Par cela même qu'il s'est réalisé dans une civilisation aussi parfait et aussi complet que possible, il nous sera permis de l'examiner, pour ainsi dire, à « l'état pur » et d'observer plus aisément ses propriétés caractéristiques. L'Inde est la terre choisie du régime des castes : c'est pourquoi l'histoire de l'Inde sera, pour qui voudra soumettre ce régime à une étude sociologique, comme une expérience cruciale.

---

1 N'est-ce pas ainsi, par l'analyse du cas privilégié des démocraties américaines, que Tocqueville a mis en lumière les principaux effets politiques, économiques, moraux, religieux et même littéraires, du progrès de l'idée de l'égalité des hommes ?

Célestin Bouglé

Première partie
Les racines du régime des castes

Chapitre I
La spécialisation des castes et la Ghilde

En cherchant où se rencontre en fait le régime des castes, nous avons essayé de ne perdre de vue aucun des caractères qui nous avaient paru nécessaires à sa définition – ni la spécialisation héréditaire, ni la hiérarchie, ni la répulsion mutuelle. Combien il importe, si l'on veut mettre au jour les racines de ce même régime, de n'oublier en effet aucun de ces trois caractères, et comment, à ne suivre que l'un d'entre eux, on aboutit fatalement à des conclusions trop étroites, c'est ce que nous prouvera un rapide examen des plus récentes théories sur les origines de la caste.

On s'est contenté longtemps, à ce sujet, d'explications faciles. Il semblait qu'on n'eût pas à chercher bien loin les racines de la caste : ne se trouvaient-elles pas dans l'âme des Brahmanes ? Leur ambition éclairait tout.

Le peuple hindou n'avait été fragmenté, spécialisé, hiérarchisé que pour permettre au brahmanisme de l'exploiter : les institutions séculaires de l'Inde passaient pour le plus bel exemple de ce que peut édifier le machiavélisme des prêtres. Aujourd'hui même cette façon de voir est loin d'être complètement abandonnée. Les profits que les Brahmanes tirent du système des castes sont si évidents ! On applique instinctivement la règle : is fecit cui prodest. On compare les Brahmanes aux Jésuites [1]. « Mauvais génies du peuple hindou » [2], ils l'ont divisé pour régner sur lui. Le brahmanisme est comme le soleil de l'Inde. C'est lui qui a donné naissance aux différents corps du système et c'est autour de lui qu'ils évoluent ; il est leur origine et leur fin.

Que nous ayons le droit aujourd'hui de nous défier *a priori* des

---

1 SCHRÖDER, *Indien's Literatur und Cultur*, pp. 152, 410.
2 OLDENBERG, *Le Bouddha, sa vie, sa doctrine, sa communauté* (trad. FOUCHER), Paris, F. Alcan, 2e éd., 1903 ; SHERRING, *Natural History of Caste*, cité par SENART, *Les castes dans l'Inde*, p. 178.

explications de ce genre, M. Senart a raison de le faire observer [1]. Légitimement elles apparaissent comme démodées. Elles sont contraires, pourrait-on dire, à l'esprit nouveau de la science sociale. Il faut laisser au XVIIIe siècle l'erreur « artificialiste », qui ne voit dans la plupart des institutions sociales que le résultat de la préméditation des prêtres. L'étude impartiale des institutions a montré que celles qui sont fondées sur le seul charlatanisme sont rares et fragiles. Quand il s'agit surtout de règles aussi complexes et aussi durables que celles du régime des castes, une invention délibérée est invraisemblable. Faire dépendre l'organisation de la société hindoue de la seule volonté des Brahmanes, c'est exagérer la part des créations volontaires dans l'histoire des sociétés humaines.

C'est exagérer d'ailleurs, observe M. Dahlmann [2], la mainmise de la religion sur la civilisation hindoue. Il est très vrai que le souci religieux est partout présent en Inde, et non pas seulement dans les spéculations théoriques, mais dans les moindres manifestations de l'activité pratique. Au regard de l'âme hindoue, rien n'est plus important que le sacrifice : c'est par lui que chaque jour la vie du monde est renouvelée, l'ordre universel restauré. Il n'en est pas moins excessif de croire que toute l'énergie de l'Inde s'est concentrée, dès l'origine et pour toujours, dans la caste des sacrificateurs, et que le peuple, endormi par leur magie, a vécu dans une sorte de passivité léthargique, maniable à merci, privé de ce sens de la réalité qui fait les races fortes, incapable de penser par lui-même et d'agir virilement [3]. En fait, le peuple hindou a donné, en dehors du cercle brahmanique, cent preuves d'une activité intellectuelle et matérielle des plus fécondes. S'il est vrai que le droit primitif auquel il se soumet est tout religieux, l'Épopée révèle la formation d'un droit nouveau, moins ritualiste et, si l'on ose dire, plus laïque : c'est le *dharma*, opposé au *rita* [4]. Dans les codes sacrés déjà, ne voit-on pas les intérêts commerciaux se tailler une large place ? L'existence d'un corps de droit commercial volumineux est

1 *Les castes dans l'Inde*, p. 177 sqq.

2 *Das Altindische Volkstum und seine Bedeutung für die Gesellschaftskunde*, Cologne, Bachem, 1889, p. 314.

3 La plupart de ces expressions sont employées par OLDENBERG, *La religion du Véda* ; cf. le Bouddha, loc. cit.

4 C'est ce que M. DAHLMANN a essayé de démontrer dans un autre livre : *Das Mahâbhârata als Epos und Rechtsbuch. Ein Problem aus Altindiens Cultur und Literaturgeschichte*, Berlin, Dames, 1895.

Célestin Bouglé

le signe d'un commerce actif, comme la largeur du lit est le signe de la puissance du fleuve [1] ; que l'on dénombre donc les règles des codes hindous qui concernent les finances, la police des marchés, les droits de douane, les prêts à intérêt, les héritages [2], et l'on aura la preuve que la vie économique n'a pas été en Inde aussi stérile que l'imaginent ceux qui croient que l'Inde n'a vécu que dans et par la religion.

C'est cette vie économique au contraire qu'il faut étudier si l'on veut découvrir quelles forces ont élaboré le squelette de l'organisme hindou. Rattachons, nous dit M. Dahlmann, le régime des castes à l'évolution industrielle, reconnaissons dans les ghildes professionnelles les mères des castes, et nous mesurerons l'impuissance de la théorie artificialiste ; nous pourrons démontrer que l'organisation du monde hindou n'est pas due à des transformations discontinues, et arbitraires [3] ; elle nous apparaîtra comme le fruit naturel d'un développement continu et spontané.

La haute Antiquité des différenciations professionnelles ne prouve-t-elle pas déjà l'influence qu'a exercée, sur toute la vie hindoue, la division du travail industriel ? Les Védas nomment des charpentiers, des charrons, des forgerons, des orfèvres, des potiers, des cordiers, des corroyeurs, etc. ; à mesure qu'on descend vers une Antiquité plus rapprochée, le nombre des métiers distingués va croissant [4]. D'après l'Épopée, c'est le principal devoir des rois que de surveiller la répartition des tâches (*karmabheda*) [5]. Les codes et les inscriptions mentionnent un nombre croissant de corporations constituées [6]. Lorsque l'industrie hindoue travaille, non plus seulement pour les princes, mais pour les étrangers, et se livre à l'exportation, on voit se former, principalement dans les villes, de véritables ghildes, avec leur président, leur conseil, leur droit propre. Elles veillent à la police des marchés, elles organisent des caravanes, elles donnent leur nom à des fondations, elles

1 JHERING, *Vorgeschichte der Indo-Europäer*, Leipzig, Duncker, 1894, page 225.
2 DAHLMANN, *Das Altind. Volkstum*, p. 45 sqq., 125 sqq. ; cf. JOLLY, *Recht und Sitte*, pp. 26-44.
3 *Das Alt. Volkstum*, p. 69 sqq.
4 DAHLMANN, p. 188 sqq.; cf. ZIMMER, *Altindisches Leben, Die Cultur der vedischen Arier nach dem Samhita dargestellt*, Berlin, Weidmann, 1879, pp. 240-250.
5 DAHLMANN, *ibid.*, p. 112.
6 *Ibid.*, p. 119 sqq.

manifestent enfin une vitalité puissante. Il faut aller jusqu'au Moyen Âge allemand pour retrouver une pareille floraison de ghildes. Le mouvement corporatif n'a jamais eu en Grèce, ni même à Rome, la même ampleur qu'en Inde. Si la ghilde n'est pas, comme le veut M. Doren [1], un phénomène purement germanique, on peut dire qu'elle est essentiellement un phénomène « indo-germanique » [2]. Les corporations hindoues répondent aux mêmes besoins que les corporations allemandes, et prennent plus d'empire encore sur la société. Ce sont elles qui imposent sa forme propre à l'organisation sociale de l'Inde ; c'est sous la pression de l'industrie que s'y sont multipliés les cloisonnements : la caste n'est que la ghilde pétrifiée [3].

La hiérarchie même des castes apporte d'ailleurs une éclatante confirmation à la thèse, en prouvant que tout le régime a reçu de l'industrie son orientation spéciale. Que l'on classe en effet, avec M. Nesfield [4], les différentes castes par ordre de dignité, et l'on constatera qu'elles s'élèvent plus ou moins haut dans l'échelle sociale suivant qu'elles se sont élevées plus ou moins haut dans l'échelle industrielle. Les plus basses sont celles qui conservent les modes d'activité seuls connus aux phases primitives de l'histoire humaine : les castes de pêcheurs et de chasseurs [5]. Les castes d'agriculteurs sont déjà plus nobles, et plus nobles encore les castes d'artisans. Celles qui pratiquent les métiers plus simples, connus avant l'âge de la métallurgie, comme les castes de vanniers, de potiers, de fabricants d'huile, occupent les rangs inférieurs ; celles qui usent des métaux travaillés ont plus de prestige [6], Il semble ainsi que la dignité d'une caste se mesure tant à l'utilité qu'à la difficulté du métier qu'elle exerce.

Les groupes qui ont monopolisé les modes d'activité les plus compliqués jouissent aussi de la plus grande considération. Moins un métier est « primitif », plus celui qui l'exerce est respecté. Chaque famille de castes correspond à l'un des stades du progrès par lequel l'humanité augmente sa puissance sur les choses, et une caste est d'autant plus estimée que les procédés qu'elle emploie ont

1 *Untersuchungen zur Geschichte der Kaufmannsgilden des Mittelalters*, p. 5.
2 DAHLMANN, pp. 113-116.
3 *Ibid.*, p. 24.
4 *Brief view of the Caste system of the N. W. Provinces and Oudh*, p. 132.
5 *Op. cit.*, pp. 8-9.
6 *Ibid.*, pp. 14, 19, 20, 27.

Célestin Bouglé

été découverts plus tard. On peut donc soutenir que les degrés de la hiérarchie hindoue répondent, d'une manière générale, aux phases de l'évolution industrielle. « L'histoire naturelle de l'industrie humaine donne la clef de la gradation, comme celle de la formation des castes » [1] ; des phénomènes économiques expliquent leur superposition comme leur spécialisation.

L'observation de l'Inde apporterait donc une confirmation inattendue aux philosophies de l'histoire à tendance « matérialiste » : en présentant la caste comme une institution naturelle [2] et séculière [3] dérivée de la ghilde, on aurait du même coup démontré que, dans la civilisation qui semble le plus profondément imprégnée de religion, c'est encore l'industrie qui façonne à son gré la forme sociale dominante.

À cette thèse on songera à opposer d'abord un certain nombre de faits. Pour que l'assimilation des castes aux ghildes fût exacte, ne faudrait-il pas qu'à toute distinction professionnelle correspondît une distinction de caste, et qu'il n'y eût pas d'autres distinctions de caste que des distinctions professionnelles ?

Or, n'avons-nous pas vu que les membres d'une même caste exercent parfois des professions très différentes [4] ? D'autre part, s'il est vrai que l'adoption d'une profession nouvelle aboutit souvent à la formation d'une nouvelle caste [5], bien d'autres causes entraînent le même effet. Si beaucoup de castes portent le nom d'une profession, beaucoup aussi portent le nom d'une localité : preuve que, dès la plus haute Antiquité, on s'opposait par « pays » autant que par « métiers » [6]. Dans certains cas, d'ailleurs, nous voyons

---

1 DAHLMAN, pp. 46, 72.
2 *Ibid.*, p 80
3 NESFIELD, p. 95.
4 Voir plus haut, p. *14.*
5 C'est ainsi que les Peshirajis, qui ont pris la profession de carriers, se détachent de leurs parents les Ahirs qui restent pasteurs : les Rajs, maçons, se distinguent des Sangtarash, tailleurs de pierre. Les Bagdis se sont divisés en Dulias, porteurs de palanquins, Machuas, pêcheurs, et Matials, puisatiers ; cf. NESFIELD, *op. cit.,* p. 31 ; RISLEY, *Tribes and Castes of Bengal,* I, p. LXXII.
6 Les Dogras sont ainsi nommés d'une vallée du Cachemire, les Sarujuparias, de la rivière Saruju, les Brahmanes Saraswats du Penjab, de la rivière Saraswati, etc. ; cf. Jogendranâth BHATTACHARYA, *op. cit.,* p. 50, 55 ; RISLEY (*op. cit.,* I, p. 47) cite le cas des Baidyas, divisés en quatre sous-castes, qui correspondent aux diverses parties du Bengale où résidaient leurs ancêtres.

une caste se constituer sous nos yeux en dehors de toute influence industrielle. Les adorateurs d'un même saint, les partisans d'un même prophète s'unissent parfois en un cercle étroit et fermé, qui ne se laisse plus couper par aucun autre cercle [1] : une caste est alors née d'une secte et non d'une corporation.

Mais, d'abord, le fait que les membres d'une même caste exercent parfois des métiers différents ne suffit pas à ébranler la thèse. Nous avons vu que les changements de métiers – fréquents surtout, d'ailleurs, dans les castes que leur situation privilégiée met au-dessus de la loi commune – n'en laissent pas moins subsister la règle, que chaque caste doit avoir son métier : les exceptions n'effacent pas l'obligation. Si donc, encore aujourd'hui, il reste vrai d'une manière générale que la profession entraîne la caste, l'hypothèse d'une liaison originelle entre ces deux termes reste licite. La corporation peut avoir été la racine de la caste.

De même que des distinctions locales ou religieuses conduisent à des oppositions de castes, cela ne prouve pas définitivement que la distinction des professions n'ait pas engendré la forme-mère du régime. Quand une forme sociale a longtemps régné sur une civilisation, il arrive que les associations les plus diverses, quelles que soient leur origine et leur fin, se modèlent sur cette même forme et imitent sa constitution. C'est ainsi que les associations religieuses, en Grèce, imitent la constitution de la cité [2] ; de même les formes féodales se retrouvent dans l'organisation des communes. Peut-être un phénomène analogue s'est-il produit en Inde ? La contiguïté territoriale ou la communauté d'une croyance auraient-elles abouti, ici ou là, à la fondation d'une caste si la spécialisation imposée par l'industrie n'avait préalablement donné l'habitude de la caste à la société hindoue, et fondu le moule typique où tous ses groupements partiels devaient se couler ?

Mais la spécialisation exigée par l'industrie avait-elle la puissance de fondre ce moule ? Trouvons-nous, dans les nécessités de l'organisation économique, la raison suffisante des caractères particuliers du régime des castes ? Voilà ce qui doit décider entre les partisans et les adversaires de la thèse.

---

1 Cf. LYALL, *Études sur les mœurs religieuses et sociales de l'Extrême-Orient* (trad. franc.), chap. VII.
2 FOUCART, *Des associations religieuses chez les Grecs*, p. 50 sqq.

Célestin Bouglé

Pour obtenir la réponse décisive, suffit-il de rechercher quels phénomènes sociaux ont déterminé, en fait, ces ghildes auxquelles on compare les castes ?

C'est, semble-t-il, l'avis de M. Senart. Il confronte les deux formes sociales, et conclut que les liens par lesquels elles unissent les individus sont de qualité très différente [1]. « Qui pourrait confondre les deux institutions ? L'une, limitée aux seuls artisans, enfermée dans des cadres réguliers, circonscrite dans son action aux fonctions économiques dont les nécessités ou l'intérêt l'ont créée ; l'autre pénétrant tout l'état social, réglant les devoirs de tous, foisonnant, agissant partout et à tous les niveaux, gouvernant la vie privée jusque dans ses rouages les plus intimes ? »

Ainsi présenté, l'argument est sujet à caution. Il limite abusivement les attributions des ghildes et rétrécit leur cercle d'action. Les associations « unilatérales », circonscrites à telle ou telle fonction, sont en histoire des phénomènes tardifs et exceptionnels. Pour qu'un groupement partiel ne demande à ses membres qu'une part de leur activité, ne prétende régler qu'un côté de leur vie et les laisse libres en tout le reste, il faut que la société ait atteint un haut degré de complication, et les esprits un haut degré d'abstraction [2]. C'est une des tendances de notre civilisation que de multiplier ces associations unilatérales aux dépens des associations globales ; mais cette tendance est toute récente [3].

En fait, les corporations de notre Moyen Âge sont loin d'être des groupements purement économiques. M. Ashley dit en parlant des premières ghildes de commerçants anglais [4] : « Cette confraternité ne ressemblait pas à une société moderne qui viserait quelque avantage matériel particulier, elle pénétrait, pour une grande partie, la vie de chaque jour. » Elle avait le plus souvent sa caisse pour l'assistance mutuelle, sa chapelle aux bas-côtés d'une église, ses fêtes, son culte, sa juridiction. Sa surveillance ne s'exerçait pas seulement sur les qualités des produits, mais sur les mœurs des

1 *Les castes dans l'Inde*, p. 196.
2 C'est ce que nous avons essayé de démontrer plus longuement au chapitre II, de notre étude sur les *Idées égalitaires*.
3 Cf. GIERKE, *Das Deutsche Genossenschaftsrecht*; PRINS, *L'organisation de la liberté*, Bruxelles, 1895, *passim*; LALANDE, *La dissolution opposée à l'évolution*, Paris, F. Alcan, 1899, chap. V.
4 *Histoire des doctrines économiques de l'Angleterre* (trad. franç.), I, p. 101.

compagnons. De même, d'après M. Gierke [1], la ghilde allemande est à la fois une société religieuse, qui fait dire des messes en l'honneur de son saint patron – une société mondaine, qui donne des fêtes et des banquets – une société de secours mutuels, qui vient en aide à ses membres malades, volés ou incendiés – une société de protection juridique, qui poursuit ceux qui ont lésé ses adhérents – une société morale enfin, avec ses censeurs chargés de faire respecter les devoirs de camaraderie ou les devoirs professionnels.

Le cercle d'action de la ghilde n'est donc pas aussi étroit que M. Senart paraît le croire. Elle n'est pas aussi envahissante que la caste, sans doute : ses prescriptions ne se ramifient pas aussi loin. Elles sont cependant assez touffues pour prouver qu'un groupement d'ordre économique est capable de commander aux mœurs mêmes, de lier les hommes, non pas seulement en vue d'une certaine fin déterminée, mais « pour la vie », et qu'en ce sens l'industrie peut engendrer un régime analogue au régime des castes.

Mais est-ce bien l'industrie qui est responsable de cette floraison de règles, qui rapproche la ghilde de la caste ? Ou la racine en est-elle ailleurs ? Si les ghildes soumettent jusqu'à la vie privée de leurs membres à une discipline commune, si elles les gardent embrassés dans un culte commun et parfois les réunissent à une même table, cela tient moins aux nécessités de l'industrie qu'aux traditions qui dominent toute organisation sociale au Moyen Âge. On n'avait pas alors l'idée qu'on pût constituer une association sans juridiction propre, sans assistance mutuelle, sans fêtes communes, sans « patron » unique [2]. Cette idée, ce n'est pas du progrès de l'industrie qu'elle a jailli. Elle s'explique plutôt par l'influence persistante des habitudes religieuses, et peut-être par le souvenir lointain des premières pratiques familiales. N'a-t-on pas pu soutenir que les ghildes du Moyen Âge s'étaient modelées sur le type des vieilles corporations romaines [3] ? et celles-ci à leur tour sur le type de la *gens* ? « Une grande famille, dit M. Waltzing [4], aucun mot n'indique mieux la nature des rapports qui unissaient les confrères », et c'est « à l'image de la famille » que la corporation professionnelle institue

1 *Op. cit.*, p. 225-230 ; cf. SCHÖNBERG, *Handbuch der politischen Œkonomie*, II, p. 484.
2 ASHLEY, *op. cit.*, I, p. 93.
3 Cf. GASQUET, *Institutions politiques de l'ancienne France*, II, pp. 240-243.
4 *Les corporations professionnelles chez les Romains*, I, p. 329.

Célestin Bouglé

son culte, ses sacrifices, ses repas communs, ses sépultures. En ce sens, jusque dans les « fraternités » professionnelles se retrouvaient des traces de l'esprit de la *gens* [1].

Non qu'il faille admettre que la tradition antique s'est réveillée toute seule, après des siècles de sommeil, pour susciter les ghildes et les créer de toutes pièces [2] ; mais quand, par les progrès de la vie économique, le besoin des ghildes s'est fait sentir, c'est peut-être cette tradition qui a déterminé la forme de l'organe demandé. Les survivances de la religion familiale, non les exigences de l'industrie, seraient alors responsables des traits qui font ressembler la ghilde à la caste.

Si déjà il est impossible de rendre compte, par les seuls phénomènes économiques, de l'empire de la ghilde sur ses membres, *a fortiori* le sera-ce pour la caste, dont les attributions restent, nous l'avons vu, singulièrement plus étendues. Cette impossibilité éclatera si l'on essaie d'expliquer un à un, par les conséquences de l'évolution industrielle, les trois caractères dont la synthèse nous a paru donner sa physionomie propre au régime des castes – la spécialisation héréditaire, la hiérarchie stricte, la répulsion mutuelle.

La spécialisation héréditaire semble le plus aisément explicable. L'intérêt de l'industrie demande visiblement non seulement que le travail soit divisé de corporation à corporation, mais que les procédés de travail soient conservés de génération en génération. Quand le métier est relativement simple et réclame certaines aptitudes générales plutôt qu'une instruction particulière, cette nécessité se fait moins vivement sentir. C'est ainsi, remarque M. Nesfield [3], que dans les métiers commerçants les règles de la spécialisation héréditaire sont ordinairement plus lâches. Mais quand il s'agit de l'industrie – et surtout d'une industrie comme l'industrie hindoue : industrie toute manuelle, et qui fait d'autant plus de place à l'habileté qu'elle en fait moins à la mécanique – rien n'est plus précieux qu'une éducation technique. Or le père seul, en Inde, peut la donner. Dans l'absence de manuels, qui resteraient d'ailleurs singulièrement insuffisants, ses conseils seuls peuvent

---

1 WALTZING, *op. cit.*, p. 75, 166, 284 ; cf. HEARN, *The Aryan Household,* pp. 308-311 ; BRENTANO, *On Gilds and Trade Unions,* p. 16.
2 ASHLEY, *op. cit.*, I, p. 104, dénonce avec raison l'exagération de cette thèse.
3 *op. cit.*, p. 34.

apprendre les secrets du métier, la façon, le tour de main. Comte [1] l'a justement observé : dans toute civilisation où la tradition orale est le seul mode de conservation des idées et des pratiques, il est inévitable et indispensable que le père transmette son métier à son fils. En fait, partout où subsiste le règne de l'industrie véritablement « manufacturière » et non « machinofacturière », partout, suivant M. Nesfield [2], au Pérou comme en Égypte, en Abyssinie comme en Grèce, on retrouverait les traces d'une organisation analogue.

Toutefois, est-il vrai que les seules nécessités de la division du travail et de la transmission des procédés expliquent la forme que cette organisation a prise en Inde ? Montrer qu'il est nécessaire, pour la continuité de la vie économique, que l'artisan fasse lui-même l'éducation de son successeur, n'est pas montrer qu'il est nécessaire que le fils succède au père. Si l'on croyait encore que les habitudes développées par l'exercice d'un métier, enregistrées dans l'organisme, se transmettent aux descendants en aptitudes innées, on pourrait soutenir que la spécialisation héréditaire sert les intérêts bien compris de l'industrie et façonne les hommes tout exprès pour la diversité des tâches. Mais rien n'est plus sujet à caution que cette croyance. Elle reçoit chaque jour des démentis nouveaux [3]. Si donc il est utile que l'artisan ait ses apprentis, il n'est pas indispensable que les apprentis de l'artisan soient de son rang.

Et sans doute il est naturel qu'il instruise dans son art les enfants qu'il a sous la main, et qu'il peut surveiller à tout instant. Et c'est pourquoi il arrive si souvent, en effet, qu'une même profession reste de père en fils dans une famille. Mais pourquoi ce qui est ailleurs tendance fréquente est-il en Inde obligation ? Voilà ce qu'il reste à expliquer. Quand bien même il serait prouvé que la spécialisation héréditaire est utile au progrès de l'industrie, pourrait-on dire que la conscience de cette utilité présente cette spécialisation comme un devoir à l'âme hindoue ? Ne serait-ce pas prêter à celle-ci des visées trop compliquées ? Les règles sociales s'expliquent rarement par de pareils calculs [4]. Peut-être, si nous voulions trouver la

1 *Cours de philosophie positive*, VI, chap. VIII, cité par NESFIELD, *op. cit.*, p. 95.
2 *Op. cit.*, p. 96 sqq.
3 Voir notre *Démocratie devant la science*, liv. I.
4 C'est ainsi qu'on s'accorde généralement aujourd'hui à repousser, comme prêtant aux peuples primitifs une trop grande capacité de réflexion utilitaire, la théorie qui explique l'origine de l'exogamie par la conscience que les hommes auraient

Célestin Bouglé

source profonde de celles qui gouvernent en Inde la répartition des tâches, serions-nous ramenés à des croyances d'ordre religieux. On sait que chez beaucoup de peuples certains objets sont « tabous », pour certaines familles : elles ne peuvent y toucher sans crime. C'est ainsi que telle ou telle tâche peut se trouver interdite aux unes, et prescrite aux autres. Peut-être la survivance et l'extension analogique d'une pareille croyance rendent-elles compte de la répartition des professions en Inde. Une idée religieuse aurait ainsi présidé à l'organisation de son industrie.

Du moins, si nous cherchons les raisons déterminantes de la hiérarchie des groupes ainsi spécialisés, l'influence des idées religieuses apparaît-elle clairement. M. Nesfield a essayé de déduire d'une loi sociologique universelle l'ordre de dignité des professions, et par suite des castes hindoues. Plus récente est la phase du progrès industriel dans laquelle une profession a pu s'instituer, plus ses procédés sont délicats et plus ses produits sont importants, plus elle est, en un mot, difficile et utile – plus aussi elle est relevée. Et certes, des considérations de ce genre ont dû peser d'un certain poids sur l'estime relative où l'opinion hindoue tient les différents métiers : les plus bas suivant elle sont en effet, souvent, les plus primitifs, les plus simples, les moins productifs. Mais combien pèsent plus lourd des considérations toutes différentes !

Et d'abord, la situation du Brahmane, qui est au sommet de l'édifice, est-ce « l'histoire naturelle de l'industrie humaine » qui peut nous l'expliquer ? Certes, nous ne dirons pas que le métier de Brahmane doit passer aux yeux des Hindous pour un métier improductif. Le Brahmane, au contraire, fait en vérité la pluie et le beau temps, produit la stérilité ou l'abondance [1]. Nul procédé n'est plus utile que ceux qu'il emploie : les prières ou le sacrifice. Mais en quoi la découverte de ces procédés correspond-elle à une phase avancée du progrès industriel ? En quoi sont-ils liés à cet avènement de la métallurgie qui marque, suivant M. Nesfield, un tournant de la civilisation ? Le prestige des Brahmanes ne se laisse

prise des mauvais résultats des mariages consanguins, cf. *Année sociologique*, I, p. 33.
1 OLDENBERG (*Le Bouddha*, trad. franç., p. 10), rappelle ce qui est dit dans le Çataphatha Brâhmana, de la terre qui est outre la rivière Sadanira : « Maintenant c'est une tout à fait bonne terre, car les Brahmanes l'ont rendue habitable à force de sacrifices. »

pas mesurer par ces critères « matérialistes ». Et s'il est vrai, comme l'observe M. Nesfield lui-même, que la noblesse d'une caste dépend principalement de ses rapports avec les Brahmanes, on comprend quelles perturbations doit apporter, dans le système opposé, l'astre du brahmanisme.

Combien d'ailleurs, parmi les faits cités, prouvent que, pour déterminer le rang d'une caste, des considérations tout à fait étrangères à l'industrie entrent en ligne de compte ! Les Tagas et les Bhuindars sont plus respectés, nous dit-on, que les autres castes agricoles [1]. Est-ce parce qu'ils emploient pour la culture des procédés plus raffinés ? C'est plutôt, sans doute, parce qu'ils obéissent avec rigueur à la loi qui interdit le remariage des veuves. Inversement, les exemples sont nombreux de castes qui déchoient, mangent des aliments prohibés [2]. On nous fait bien remarquer que les castes qui usent des métaux travaillés occupent un rang assez haut ; mais on ajoute que si les Lohars, forgerons, sont inférieurs aux Sonars, qui travaillent l'or et l'argent, c'est que le fer est un métal noir, couleur néfaste aux Hindous : l'or et l'argent passent au contraire pour composés par la combinaison des deux éléments les plus purs, l'eau et le feu [3]. De même, si les castes de pêcheurs sont supérieures aux castes de chasseurs, c'est à cause du caractère sacré de l'eau [4]. Fait plus frappant encore : les barbiers, qui font souvent office de chirurgiens, usent bien d'instruments de métal ; ils sont pourtant méprisés, à cause du sang et des cheveux que leur profession les oblige à toucher. De même sont fatalement dégradés tous ceux que leur métier expose à manier la peau des animaux morts [5]. L'estime que les Hindous accordent à telle ou telle caste dépend donc principalement de leurs idées sur ce qui est sacré, permis ou défendu, auguste ou horrible.

Les préséances sociales sont déterminées moins par l'utilité ou la difficulté des métiers exercés, que par leur pureté ou leur impureté relatives. L'ouvrage de M. Nesfield, si précieux qu'il soit, ne nous

1 NESFIELD, p. 15.
2 Par exemple les Tatwas du Bengale, cf. Jogendranâth BHATTACHARYA, *op. cit.*, p. 252.
3 NESFIELD, p. 29.
4 *Ibid.*, p. 9.
5 J. BHATTACHARYA, *op. cit.*, p. 306 ; cf. CROOKE, *Tribes and Castes of the N. W. Prov.*, IV, p. 45.

Célestin Bouglé

découvre donc pas les lois universelles qui président à la gradation des professions : il nous fait plutôt comprendre qu'il n'y a pas, pour cette gradation, de critère unique. Chaque civilisation a sa façon préférée de classer les métiers ; et c'est sans doute la façon dont elle les classe qui exprime le mieux ses tendances intimes. Dans la civilisation hindoue, ce sont surtout des vues religieuses, plutôt que des tendances économiques, qui fixent son rang à chaque groupe.

L'insuffisance de l'explication économique nous serait d'ailleurs rendue plus sensible encore si nous envisagions le troisième aspect du régime des castes tel que nous l'avons défini. Cette répulsion qui isole les groupes et les empêche de s'allier par des mariages, de manger ensemble, et parfois de se toucher se déduit-elle des nécessités de l'industrie ? Quand même celles-ci expliqueraient pourquoi le père doit transmettre son métier à son fils, elles n'expliqueraient nullement pourquoi le mari ne doit pas prendre femme en dehors de sa caste. Qu'importe, pour la tradition professionnelle, la femme dont il aura un fils ? L'origine étrangère de la mère n'empêchera pas celui-ci d'être son fils et de continuer la profession. Désespérant d'expliquer par son système les règles endogamiques, M. Nesfield semble en arriver à les considérer comme une invention des Brahmanes [1]. N'est-ce pas réintégrer, par un détour, cela même que la théorie de la caste-ghilde avait voulu éliminer ? N'est-ce pas faire trop grande la part de l'artifice et de la préméditation ?

Il ne suffit donc pas de rapprocher la caste de la ghilde pour se rendre compte des caractères constitutifs du régime des castes. Si ce rapprochement explique pourquoi les fonctions se divisent, il n'explique pas pourquoi elles se transmettent héréditairement. Il ne met pas en lumière tous les principes qui règlent la superposition des groupes. Il laisse enfin complètement dans l'ombre les raisons qui commandent leur opposition.

Chapitre II

L'opposition des castes et la famille

---

1 *Op. cit.*, p. 100 sqq.

Les groupes élémentaires de la société hindoue, non contents de se spécialiser, se repoussent en quelque sorte les uns les autres.

C'est en cherchant les origines de cette répulsion mutuelle qu'on a été amené à rapprocher la caste de la famille. M. Senart surtout a poursuivi ce rapprochement [1].

M. Senart, plus encore que MM. Nesfield et Dahlmann, est partisan d'une explication « naturelle » du régime des castes. Il condamne toute théorie qui tendrait à le présenter comme une invention récente. Pour découvrir les germes de groupements aussi nombreux, séparés par des règles aussi rigoureuses, c'est dans la nuit des temps, c'est au plus lointain passé de l'histoire hindoue qu'il nous fait remonter.

Est-ce à dire qu'il nous montre, dès les temps védiques, les castes constituées ? Les renseignements tirés des Védas nous permettent-ils d'en induire l'existence ? La question est encore controversée. Les uns persistent à croire, avec M. Zimmer, que si l'on fait abstraction de l'hymne fameux où l'on voit les quatre castes classiques naître des membres de Purusha – hymne postérieur, de l'aveu de tous, au reste des hymnes védiques – rien, dans les Védas, ne permet d'affirmer que la population hindoue ait été d'ores et déjà divisée en groupes héréditairement spécialisés. Le terme de Vaiçya désigne l'ensemble des hommes libres, non un groupe assujetti à une profession déterminée. Le métier des armes ne semble pas être le monopole des Kshatriyas. Le terme de Brahmane enfin signifie d'abord sage, puis poète ; plus tard seulement il prend le sens de prêtre [2].

D'autres font remarquer, avec M. Ludwig, que les rites sont déjà assez compliqués pour réclamer la formation d'une classe sacerdotale spéciale, qui s'arroge bientôt le monopole du sacrifice ; à côté de cette classe sacerdotale une noblesse se constitue, qui ne se mêle pas à la masse du peuple et fixe ses privilèges par l'hérédité ; ainsi non seulement la race des Aryas conquérants s'oppose à la race des Dasyus, mais encore elle est déjà intérieurement sectionnée en trois groupes superposés [3].

---

1 *Les castes dans l'Inde* ; cf. LYALL, *Études sur les mœurs religieuses et sociales de l'Extrême-Orient*, chap. VII
2 ZIMMER, *Altindisches Leben*, pp. 185-190.
3 SENART, *op. cit.*, pp. 149, 159 ; cf. J.-A. BAINES, On certain features of social

Entre ces deux thèses, M. Senart prend une position nouvelle. Pour lui les faits invoqués par M. Ludwig, fussent-ils exacts, ne suffiraient pas à démontrer l'existence de castes proprement dites. Il admettra bien, contre M. Zimmer, que des classes devaient s'être formées dès les temps védiques [1] : mais les classes ne sont pas des castes. Il lui paraît vraisemblable que la population hindoue était dès lors divisée en groupes analogues, en effet, aux pishtras de l'Iran. Mais peut-on assimiler un « vague groupement » à une « caste véritable », nécessairement plus restreinte, adonnée à une profession définie, reliée par une commune descendance, enfermée dans des règles particulières, gouvernée par des coutumes propres – organisme enfin de sa nature circonscrit, exclusif, séparatiste ? La division en classes est un phénomène commun ; la séparation en castes est un phénomène unique. Celle-là ne distingue dans une société que trois ou quatre cadres très vastes ; celle-ci la sectionne en un nombre infini de petits cercles rigoureusement fermés. On ne saurait donc chercher, dans la distinction des « varnas » védiques, l'origine du régime des castes [2].

Les vrais prototypes des castes ne sont pas les « varnas » mais les « jâtis » [3]. Les chaînes qui unissent les membres d'une même caste n'ont pas été forgées avec les débris de celles qui unissaient les représentants d'une même classe ; c'est de celles qui unissaient les descendants d'une même lignée que leur viennent leurs anneaux. Seuls les cercles formés par les familles étaient assez étroits et assez nombreux pour engendrer la multiplicité des castes. L'exclusivisme actuel des castes n'est que le souvenir lointain de l'isolement des clans.

À vrai dire, sur la constitution de ces clans et leurs rapports, les Védas nous livrent moins de renseignements encore que sur la hiérarchie des classes. Nous observons sans doute que la population hindoue était divisée en *viças* et en *janas* : nous distinguons, d'après Zimmer, des tribus, des villages, des familles, analogues aux formes sociales que l'on rencontre chez les Germains et les Slaves [4]. Mais nous ne saisissons pas avec assez de netteté la formation de ces

differentiation in India (extr. du *Journal of the Royal Asiatic Society*), p. 663.
1 *Ibid.*, p. 150.
2 SENART, pp. 154, 158, 180.
3 BARTH, Cf. JOLLY, *Zeitschrift der Deutsch. Morgenl. Gesell.*, 1896, p. 515.
4 ZIMMER, *op. cit.*, p. 159 ; Cf. SENART, *op. cit.*, p. 225.

Première partie

groupements élémentaires ; nous ne connaissons pas avec assez de précision leur organisation, leurs mœurs, les prohibitions qu'ils imposaient aux relations sociales, pour pouvoir y marquer le point de départ des règles de la caste [1].

Est-ce une raison décisive pour abandonner l'hypothèse ? Il faut bien se rendre compte que la littérature brahmanique est loin de nous procurer une image exacte et complète de la vie hindoue. On a mis au jour déjà, par d'autres voies, plus d'une institution, plus d'une croyance qui serait restée ensevelie à jamais, si l'on s'en était tenu à la tradition des Brahmanes [2]. Le silence des Védas ne suffit donc pas à nous empêcher de rechercher, dans les coutumes primitives de l'organisation familiale, la racine des règles constitutives du régime des castes.

Des analogies peuvent heureusement suppléer aux renseignements directs. Consultons, avec M. Senart, l'histoire des vieilles sociétés aryennes, sœurs par la race de la société hindoue, et moins voilées qu'elle [3]. Nous y verrons se dérouler l'évolution, variable suivant les lieux, de l'antique constitution familiale ; et nous constaterons que nombre de traits, dans cette constitution, rappellent ceux qui nous frappaient dans la constitution de la caste. À Rome comme en Grèce, il apparaît que l'antique famille aryenne est essentiellement une association religieuse, groupant pour un même culte, autour d'un même foyer, les gens de même sang. Le désir d'assurer la continuité et la pureté de ce culte inspire la plupart des prescriptions qu'elle formule pour ses membres.

Par exemple, le repas, produit du foyer sacré, est le signe extérieur de la communauté de la famille [4] : c'est pourquoi il est interdit primitivement de partager le repas d'un étranger. Alors même que cette interdiction sera oubliée, les descendants d'une même lignée

---

1 La constatation de cette absence de renseignements précis est la principale objection adressée par Oldenberg à la théorie de Senart, cf. *Zeitschrift der Deutsch. Morgenl. Gesell.*, 1897, p. 280 sqq.

2 Voir SENART, *op. cit.*, p. 160. Voir ce que dit BARTH, dans sa préface aux *Religions of India* (Londres, Trübner, 1891), p. XV ; cf. *Année sociologique*, I, p. 212 et 219, sur l'ouvrage de CROOKE, *The popular Religions and Folklore of Northern india.*

3 SENART, *op. cit.*, p. 207.

4 Les noms mêmes employée parfois pour désigner les membres de la famille le prouvent : [mots grecs] ; et. ARISTOTE, *Politique*, 1, 2, 1252 *b*, 13.

Célestin Bouglé

conserveront l'habitude de se réunir pour manger ensemble, dans certaines circonstances solennelles [1] : les repas funèbres, le *perideipnon* des Grecs, le *silicernium* des Romains garderont le sens sacré du repas de famille [2].

De même, on reconnaîtra, dans leurs lois touchant le mariage, le souci religieux qui pénètre l'antique organisation familiale. « Ce n'est pas seulement par orgueil nobiliaire, c'est au nom du droit sacré que les gentes patriciennes, de race pure, restées fidèles à l'intégrité de la religion antique, repoussaient l'alliance des plébéiens impurs, mêlés d'origine, destitués de rites de famille » [3].

Or, ces prohibitions qui tendaient, jusque dans la cité antique, à empêcher les « étrangers » de se mêler ou même de manger ensemble, ne sont-elles pas celles-là mêmes qui dressent, entre les castes de l'Inde, de si hautes barrières ? Ici ce système de prescriptions est allé se renforçant et comme s'aggravant, tandis que là il allait s'effaçant au contraire ; mais ici et là on retrouve le même système, organisé par le même esprit. En Inde, les racines restent cachées, les feuilles sont touffues ; chez les peuples de l'Antiquité classique, presque toutes les feuilles sont tombées, les racines seules sont saillantes : mais c'est toujours le même arbre, et c'est l'arbre aryen. En Inde, la communauté de nourriture, d'après M. Ibbetson, est encore employée comme le signe extérieur, la manifestation solennelle de la communauté du sang. Et c'est sur l'idée que les époux forment le couple sacrificateur attaché à l'autel familial du foyer que repose, en dernière analyse, l'endogamie de la caste hindoue [4].

Il est donc possible de reconnaître, sur l'organisation de la société hindoue, le sceau des conceptions religieuses propres aux Aryens : leur influence explique tout naturellement ce que ne pouvaient expliquer les exigences de l'industrie. Les coutumes si singulières de la caste, les règles dont elle entoure le connubium et la commensalité ne recouvrent-elles pas « exactement le domaine du

---

1 Par exemple à la fête des Apaturies ; Cf. CURTIUS, *Histoire grecque*, III, p. 494.
2 SENART, p. 213 ; cf. LEIST, *Altarisches Jus Civile*, p. 200 sqq.
3 SENART, p. 210.
4 *Report on the Census of the Punjab*, 1881. M. RISLEY reproduit une partie de ce rapport, difficile à trouver, dans les *Ethnographic Appendices* du *Census of India* de 1901 (vol. I, Calcutta, 1903).

vieux droit gentilice » [1] ? Il nous est donc permis dès maintenant de ne plus rester dans le vague : nous pouvons nommer l'ancêtre de la caste. Elle descend en ligne directe de la famille aryenne.

Que penser de cette théorie ?

On la loue [2] d'avoir attiré l'attention sur le nombre considérable des castes hindoues, que la tradition brahmanique tendait à voiler, et prouvé la nécessité de chercher, jusque dans le haut passé de l'Inde, les germes de cette multiplicité d'organismes qui frappe l'observateur de nos jours. Mais a-t-elle vraiment démontré que la caste s'est bâtie sur la charpente de la famille, et précisément sur la charpente de la famille aryenne ?

Sur ce dernier point, on ne manquera pas de faits à opposer à M. Senart. Car il semble bien que les croyances et les coutumes qu'il présente comme des monopoles des peuples aryens se retrouvent, en réalité, chez nombre d'autres peuples [3].

Que certains objets soient naturellement sacrés pour certaines personnes, qu'ils doivent donc leur inspirer un sentiment ambigu, où le respect se mêle à l'horreur, et qu'on ne puisse en conséquence les toucher qu'avec les plus grandes précautions, ces idées peuvent sembler étranges aux civilisés – elles sont communes à presque tous les peuples primitifs. M. Senart parle quelque part des « scrupules de pureté aryens » comme si ces scrupules, qui pèsent en effet si lourdement sur la caste hindoue, n'étaient pas le lot de beaucoup de races qui n'ont, avec la race hindoue, aucun rapport de parenté. Chez les Sémites comme chez les Aryens, il y a des animaux impurs, le sang contamine, tels contacts sont défendus, spécialement à qui va sacrifier [4]. Et si l'on voulait chercher l'origine de ces croyances, c'est, suivant R. Smith [5], au sentiment du tabou – sentiment familier, semble-t-il, à toutes les races connues – qu'il les faudrait rattacher.

Du moins les scrupules plus particuliers, ceux-là mêmes qui limitent le connubium et la commensalité, seraient-ils spéciaux aux Aryens ?

---

1 SENART, p. 233.
2 Cf. BARTH, JOLLY, *art. cit.*
3 OLDENBERG, *Zeitschrift der Deutsch. Morg. Gesell.*, Bd 51, p. 279 en note.
4 R. SMITH, *The Religion of the Semites, Gifford lectures*, 1890, p. 159 sqq.
5 *Ibid.*, pp. 448-452.

Célestin Bouglé

Pour démontrer que la caste hindoue descend en ligne directe de la famille aryenne, M. Senart nous rappelle que la « communion », la communauté du repas, signe essentiel de la communauté de caste est aussi, aux yeux des peuples aryens, un symbole sacré de parenté. Mais c'est précisément en étudiant la religion des peuples sémites que R. Smith a été amené à mettre en lumière l'importance du « repas sacrificiel ». Chez les Sémites, le banquet sacrificiel est essentiellement une fête de parents. Le repas sacré unit non seulement le fidèle au dieu mais les fidèles entre eux : il leur donne la même chair, il fait circuler en eux le même sang. « L'acte de manger et de boire avec un homme est le symbole et la confirmation de la parenté, la preuve qu'ils sont liés par des obligations sociales mutuelles. » Si bien qu'il suffit d'avoir partagé le repas d'un homme pour devenir en quelque sorte son frère [1]. Tant il est vrai que pour les Sémites aussi bien que pour les Aryens, il y a d'étroits rapports entre la commensalité et la fraternité. Les prescriptions de la caste touchant les repas peuvent être puisées au fonds commun des idées primitives ; elles ne prouvent nullement l'existence d'un fonds spécialement aryen.

Les prescriptions concernant le mariage seraient-elles plus significatives ? Dirons-nous par exemple que seules les tribus de race aryenne pratiquaient cette endogamie qui maintient encore aujourd'hui les castes séparées, tandis que, chez la plupart des autres races, l'exogamie prédomine ?

Et en effet c'est surtout, semble-t-il, de règles et de pratiques exogamiques que nous parlent les observateurs des sociétés primitives. Mais il importe ici de ne pas se laisser duper par l'antithèse. On aurait tort de classer les peuples en « exogamiques » et « endogamiques ». En fait, l'exogamie se montre à nous presque toujours accompagnée d'une endogamie corrélative. C'est-à-dire que les règles concernant le mariage, en même temps qu'elles tracent un cercle étroit à l'intérieur duquel l'homme ne doit pas prendre femme, tracent un cercle plus large à l'intérieur duquel il peut prendre femme. M. Durkheim, discutant les théories courantes sur l'origine de l'exogamie [2] fait remarquer que « l'exogamie ne

1 *The Religion of the Semites*, p. 269-275 ; cf. REINACH, *Cultes, Mythes et religions*, Paris, Leroux, 1905, I, pp. 96-104.
2 *Année sociologique*, I, p. 31. Mac Lennan reconnaît que l'exogamie se pratique le plus souvent à l'intérieur de la tribu. Toutefois – en raison de sa théorie – il

consiste pas à prendre une femme étrangère. Généralement c'est dans un clan de la même tribu ou de la même confédération que les hommes vont prendre femme. Les clans qui s'allient ainsi se considèrent comme parents... Si le mariage est exogame par rapport aux groupes totémiques (clans primaires ou secondaires) il est généralement endogame par rapport à la société politique (tribu) ».

Et sans doute, dans beaucoup de cas on nous signale les groupes entre lesquels l'alliance matrimoniale est interdite sans nous signaler ceux entre lesquels elle est permise. Mais il est probable que la plupart du temps des renseignements plus étendus feraient apparaître, au-delà des cercles exogamiques, un cercle endogamique plus large. Les formes mêmes du mariage qui paraissent le plus contraires aux pratiques endogamiques peuvent en réalité s'en accommoder. Le mariage « par capture » semble entraîner, pour les hommes, le droit d'épouser n'importe quelle femme étrangère, ravie à une tribu ennemie. Mais si c'est toujours chez les mêmes tribus qu'une tribu va capturer ses femmes, n'est-ce pas une pratique endogamique qui commence ? En fait, nous constatons parfois, là où nous connaissons mieux les cérémonies qui suivent le mariage par capture, que l'homme ne croit pas qu'il lui suffise d'avoir ravi une femme pour qu'il lui soit licite de l'épouser [1] : avant de contracter mariage avec elle, il la fait adopter par sa tribu : preuve que là même où se rencontre la pratique du rapt, le souci endogamique n'est pas forcément absent. L'endogamie est donc beaucoup plus générale qu'on ne le croirait au premier abord. Comme la caste hindoue, beaucoup de tribus de

---

considère cette exogamie intérieure comme une forme ultérieure et dérivée. Frazer note que les tribus australiennes dont les membres peuvent se marier avec les membres de n'importe quel autre clan semblent une exception. Le plus souvent les tribus sont divisées en phratries exogamiques. Ainsi les Tlinkits sont divisés en phratrie du Corbeau et en phratrie du Loup. Les membres de la phratrie du Corbeau doivent épouser ceux de la phratrie du Loup et réciproquement (*Le totémisme*, pp. 88, 93) ; J.-W. POWELL (*Sociology or the Science of Institutions*, pp. 703-704) remarque que les faits mieux connus depuis Mac Lennan ne permettent plus de maintenir la distinction que celui-ci proposait : « Il n'y a pas de peuple, tribal ou national, qui n'ait son *incest groupe* ; tous les peuples sont endogames en même temps qu'exogames. » C'est donc à tort que l'on suppose que l'endogamie ne s'établit définitivement que là où règne l'inégalité des groupes.

1 LYALL, *Mœurs relig. et soc. de l'Extrême-Orient*, p. 348.

Célestin Bouglé

races très diverses sont endogames pendant que leurs sections sont exogames. Les scrupules hindous concernant les mariages n'ont donc rien qui démontre nécessairement la descendance aryenne des castes.

La thèse ne serait défendable que si l'on prouvait d'une part que telle forme de l'organisation familiale est seule capable d'engendrer la caste, et qu'en même temps cette forme ne se rencontre que chez les races aryennes. Dira-t-on, par exemple, que la forme patriarcale, avec le culte des ancêtres, est par excellence la forme aryenne ? et que les peuples aryens n'ont pas connu la forme matriarcale qui se rencontre si souvent, unie au totémisme, chez les peuples sémitiques [1] ? Mais d'abord, il serait possible de trouver chez des peuples de race aryenne des traces de matriarcat. Ensuite on ne voit pas en quoi le fait d'avoir traversé la phase de l'organisation matriarcale devrait empêcher un peuple d'aboutir au régime des castes. Pour que ce régime se constitue, il faut la survivance et la prédominance de ce sentiment de parenté qui est le ciment des groupes primitifs. Mais que ces groupes aient été originellement composés de familles où les enfants appartenaient au père, ou de familles où les enfants portaient le nom de la mère, c'est ce qui importe peu.

Nous en dirions autant du totémisme. M. Senart relève, dans le monde hindou, des traces de totémisme qui « détonnent » [2]. Est-ce à dire qu'un peuple chez lequel le totémisme aurait régné n'aurait pu se constituer en groupes endogames comme les castes ? Il est constant au contraire que des peuples fidèles au totémisme, comme certaines tribus australiennes, s'ils pratiquent l'exogamie du clan,

---

1 Cf. R. SMITH, *Kinship and Marriage in Early Arabia*, Cambridge, 1884.

2 Que les pratiques totémiques soient très nombreuses chez les tribus anaryennes, c'est ce qui a été abondamment prouvé (Cf. CROOKE, *The Popular Religion and Folklore of Northern India*, Westminster, Constable, 1896, II, chap. III). Mais on a pu retrouver des traces de ces pratiques jusque chez des castes hindoues assez élevées, par exemple chez les Pallivals du Radjpoutana (Jogendranâth BHATTACHARYA, *Castes and sects*, p. 69), ou chez les Humkars d'Orissa. Cf. RISLEY, *Tribes and Castes of Bengal*, p. XLV sqq. ; LANGE, *Mythes, cultes et religions* (trad. franç.), p. 75-76. Bien plus, OLDENBFRG a pu montrer l'origine totémique de plusieurs noms de Gotras brahmaniques (*La religion du Véda* (trad. franç.), p. 71). Le totémisme ne serait donc pas aussi étranger à l'hindouisme que M. Senart paraît le croire.

pratiquent aussi l'endogamie de la tribu [1]. Rien n'empêche donc que les castes hindoues aient compté, parmi leurs ancêtres, des peuplades totémiques. Et si nous le remarquons, ce n'est pas pour essayer de démontrer l'universalité du totémisme, mais seulement pour rappeler que la division du peuple hindou en castes ne prouve nullement qu'il n'ait été nourri, à l'époque où s'ébauchait son organisation sociale, que de croyances proprement aryennes.

Les ethnographes ont donc le droit de supposer que les castes aryennes ont sans doute ressemblé beaucoup, autrefois, à ces tribus anaryennes qui vivent aujourd'hui encore sur les frontières de l'hindouisme [2]. Déjà, pour nombre d'inventions ou d'institutions, on a pu montrer que la part des conquérants aryens avait été exagérée, et que l'Inde ne les avait pas attendus, par exemple, pour composer des livres ou pour former des médecins, pas plus que pour cultiver la terre ou pour fonder des villages [3]. De même, elle ne les a pas attendus pour connaître ces scrupules de pureté ou ces règles endogamiques dont la persistance et l'exagération constituent l'originalité de ses castes. Non que nous prétendions que ses autochtones aient imposé cette organisation sociale à ses envahisseurs. Nous notons seulement qu'elle n'était le monopole ni des uns ni des autres. Lorsqu'ils se sont rencontrés, il est probable qu'Aryens et Aborigènes étaient les uns et les autres divisés en tribus ; leur choc a sans doute redoublé l'intensité de cette répulsion pour l'étranger dont chacun de ces groupes primitifs portait en lui le germe. Mais on ne peut dire que cet esprit de division et d'opposition mutuelles, qui devait pénétrer toute l'organisation de l'Inde, lui ait été apporté par une race plutôt que par une

---

1 Cf. DURKHEIM et FRAZER, *loc. cit. supra.* Frazer cite même des groupes totémiques entre les membres desquels les rapports sexuels sont obligatoires ; cf. *Année sociologique*, III, p. 218.

2 Dans l'Inde centrale, dit Sir LYALL (*op. cit.*, p. 343), nous pourrions établir grossièrement une sorte d'échelle sociale, ayant simplement pour base la horde aborigène, et pour sommet le clan pur aryen : il ne serait même pas difficile de montrer que ces diverses classes se rattachent par un lien réel, et qu'elles ont quelque point d'origine commune. – À des degrés divers, Risley, Nesfield, Ibbetson sont partisans de cette communauté d'origine. Sur les rapports entre les tribus et les castes, v. le *Census of India*, 1901, vol. I, *India*, pp. 514-523 ; vol. VI, *Bengal*, p. 362 ; vol. XVII, *Punjab*, p. 300 ; vol. XVIII, *Baroda*, pp. 434, 502 ; vol. XIX, *Central India*, p. 198, 202 ; vol. XXV, *Rajpoutana*, p. 124.

3 Cf. BADEN-POWELL, *Village communities in India*, pp. 47, 63 sqq.

Célestin Bouglé

autre. Presque toujours, lorsqu'on fait l'histoire d'une institution, on commence par la considérer comme l'apanage d'une race. Mais presque toujours aussi, à mesure que la recherche s'étend, la race se trouve dépossédée : on s'aperçoit que l'institution est plus commune qu'on ne le croyait. Ainsi on a depuis longtemps démontré que le wergeld n'était pas spécial aux Germains [1] ; on démontre aujourd'hui que la communauté domestique se retrouve chez les peuples anaryens aussi bien que chez les aryens [2]. De même s'il s'agit des castes, il faut se garder du « mirage aryen ». Pour s'expliquer les usages qui fragmentent encore aujourd'hui le peuple hindou, il n'est pas nécessaire de les considérer comme les conséquences directes d'une croyance proprement aryenne ; ils sont des survivances et comme des pétrifications extraordinaires de coutumes religieuses très générales [3].

M. Senart nous met avec raison en garde contre les théories « trop compréhensives » [4] ; avec raison, il souhaite que l'on substitue, aux filiations vagues, des enchaînements historiques, des déterminations précises. Mais il ne faut pas que le souci de la précision nous masque la généralité des coutumes. Celles qui interdisent le mariage, la communion et parfois le contact entre groupes étrangers sont trop répandues pour que nous admettions que seule une influence aryenne était capable de les imposer aux Hindous. Nous ne devons donc accepter la thèse qu'en l'élargissant : s'il est vrai que la caste dérive de la famille, rien ne prouve qu'elle n'ait pu dériver que de la famille aryenne.

Et encore, lorsque nous admettons que la caste dérive de la famille, il faut s'entendre ; il ne faut pas prendre le terme de famille au sens étroit et précis qu'on lui attribue d'ordinaire. On s'abuserait si l'on tenait dès à présent pour démontré que les membres d'une même caste descendent d'un même ancêtre et sont en réalité consanguins. Le sentiment d'une parenté a dû présider

1 Cf. DARESTE contre Haxthausen, *Études d'histoire du droit*, p. IX-XI.
2 G. COHN, *Gemeindenschaft und Hausgenossenschaft*, 1899.
3 Voir ce que dit OLDENBERG (*La religion du Véda*, p. 32) des liens de l'indianisme avec les religions primitives. CROOKE (*Tribes and Castes of the N. W. Prov.*, I, p. 58) et FRAZER (*Golden Bough*, II, p. 342 sqq.) s'efforcent de relever sur un certain nombre de cérémonies brahmaniques les traces laissées par les pratiques primitives, cf. LANG, *Mythes, cultes et religions*, chap. III, VIII, XVI, trad. franç., Paris, F. Alcan, 1896.
4 *Op. cit.*, p. 203.

à l'organisation d'une caste : cela seulement est démontré. Mais qui dit parenté ne dit pas forcément consanguinité. La parenté ne semble-t-elle pas souvent dériver, selon les idées primitives, de l'accession à un même culte, ou de la seule identité des noms, ou même de la simple cohabitation [1] ? Il se peut donc que la caste ait été originellement formée de membres appartenant, en réalité, à des lignées différentes. Et même nous devons, si nous voulons nous représenter le groupe générateur d'une caste, le chercher non pas parmi les groupements étroits et simples de consanguins, mais parmi les groupements larges et composites de parents. Il est plus aisé, de la sorte, d'éviter certaines objections auxquelles on se heurterait, si l'on voulait dériver immédiatement la caste de la famille *stricto sensu*.

Par exemple, on a depuis longtemps fait remarquer que le culte de l'ancêtre semble inconnu à la caste ; on voit les membres d'une caste adorer l'instrument de leur profession, on ne les voit pas sacrifier à un héros éponyme [2] : n'est-ce pas étrange, si la caste n'est que la famille prolongée ? – M. Senart peut répondre sans doute que, à défaut du culte d'un héros éponyme, les souvenirs ou les légendes des castes prouvent que la plupart d'entre elles ont un sentiment net de leur cohésion généalogique ; qu'au surplus, ce culte pourrait s'être graduellement éteint dans la caste après en avoir été, cependant, la flamme créatrice [3]. Mais l'absence de ce culte n'apparaît-elle pas plus naturelle, si l'on envisage la caste comme une synthèse de plusieurs lignées, plutôt que comme le prolongement d'une lignée unique ?

Une objection plus grave s'oppose d'ailleurs à cette dernière manière de concevoir les rapports de la caste et de la famille.

Discutant la théorie de M. Senart, M. Dahlmann oppose

---

1 M. DURKHEIM a souvent attiré l'attention sur ces faits dans *l'Année sociologique*, I, pp. 307-332 ; II, pp. 319-323.
2 Cf. NESFIELD, *Caste system*, p. 92 sqq.
3 P. 70 ; cf. HEARN, *The Aryan Household*, p. 121, 210. « Dans l'altération des conditions sociales, dit LYALL (*op. cit.*, p. 379), il devient impossible que les groupes apparentés continuent de se rattacher les uns aux autres par la descendance d'une souche commune. La foule s'adonne à des occupations diverses, s'installe en divers endroits, contracte des mariages étrangers, adore de nouveaux dieux ; les hauts et les bas d'une existence plus compliquée brisent la généalogie, relâchent les liens du sang, effacent le nom patronymique... »

Célestin Bouglé

radicalement la caste à la *gens* [1]. On soutient que les règles de la caste couvrent « exactement tout le domaine du vieux droit gentilice » ; mais ne trouve-t-on pas celles-là, sur un point important, exactement contraires à celui-ci ? La caste, a-t-on dit, est affaire de mariage : ce sont surtout les lois du mariage qui séparent à jamais les castes. Or la caste n'entend pas du tout ces lois comme les entendait la *gens*. La *gens* interdisait à ses membres de se marier entre eux ; la caste le leur prescrit. L'une est aussi rigoureusement exogame que l'autre est endogame. L'esprit de la caste ne saurait donc être né de l'esprit de la famille.

C'est triompher trop aisément. M. Senart n'a pas oublié l'exogamie de la *gens*. Il nous rappelle qu'au témoignage de Plutarque, les Romains n'épousaient jamais, dans la période ancienne, de femmes de leur sang [2]. Il reconnaît donc que les souvenirs de la *gens* peuvent bien expliquer l'exogamie interne de la caste, qui défend, par exemple, les mariages entre les membres d'une même *gotra* ; mais ils ne sauraient expliquer son endogamie. Force est d'accorder que la caste est la réunion de plusieurs *gentes* plutôt que la prolongation d'une *gens*. Si M. Senart maintient néanmoins que la caste s'est modelée sur l'organisation familiale, c'est qu'il admet que l'organisation familiale a donné leur forme non pas seulement aux groupes primaires qui seraient les familles proprement dites, mais aux groupes composés, secondaires ou tertiaires, formés par la réunion de plusieurs familles, qui seraient les clans et les tribus. Le clan et la tribu, quels que soient les noms qu'ils prennent dans les différents pays, ne sont que l'élargissement de la famille [3] : « ils en copient l'organisation en l'étendant ». C'est donc à l'image des larges groupes de parents – clans ou tribus –, non à l'image des groupes étroits de consanguins – familles proprement dites –, que la caste est endogame.

Ces groupes plus larges sont-ils vraiment l'élargissement de la famille, qui serait le groupe premier ? Ou au contraire faut-il croire que la famille proprement dite s'est spécifiée progressivement, en se détachant de la masse ? D'un autre côté, est-ce dans un groupe « tertiaire » ou dans un groupe « secondaire », est-ce dans la

1 *Das Altindische Volkstum*, p. 56 sqq.
2 *Op. cit.*, p. 209.
3 P. 222. C'est la thèse soutenue par M. HEARN (*The Aryan Household*), et par LEIST (*Altarisches Jus civile*).

Première partie

tribu ou dans le clan qu'il faut chercher le véritable germe de la caste ? C'est sur ces points que l'on voudrait apporter des notions plus précises. Les différents types de sociétés primitives ne nous semblent pas encore assez nettement définis et classés pour nous permettre ces déterminations. Que l'esprit commun à ces sociétés ait survécu dans la caste, que les scrupules religieux de toutes sortes qui les portent à se repousser les unes les autres nous expliquent naturellement ceux qui isolent encore aujourd'hui les castes de l'Inde, cela seulement nous paraît établi.

Chapitre III

La hiérarchie des castes et le sacerdoce

La domination de l'antique exclusivisme familial explique pourquoi les castes hindoues refusent de se pénétrer : reste à expliquer pourquoi elles nous apparaissent classées et comme étagées.

En effet, qui dit opposition ne dit pas superposition. Une société peut demeurer divisée en corps fermés sans que ces corps acceptent d'être hiérarchisés. Et sans doute, il est difficile que des corps coexistants s'en tiennent exactement au même niveau, comme il est difficile qu'ils conservent les mêmes attributions : du moment qu'une certaine vie commune les unit, ils ne peuvent manquer à la longue de se classer plus ou moins vaguement, en même temps que de se spécialiser. C'est ainsi que là même où la primitive opposition des clans subsiste, il n'est pas rare qu'une hiérarchie se dessine. Chez les Écossais, on voit certains clans se subordonner aux autres [1]. Chez les Israélites, il y a des tribus généralement méprisées ; d'autres, comme Éphraïm, jouissent d'une considération toute particulière [2]. Mais qu'il y a loin, de ces linéaments, à la savante architecture qui étage, suivant un ordre

---

1 C'est cette subordination qui a fait croire à tort que le régime féodal se rencontrait en Écosse ; Cf. CONRADY, *Geschichte der Clanverfassung in den Schottischen Hochlanden*, Leipzig, Duncker, 1898, pp. 12-21.

2 M. BUHL, qui rappelle ces faits (*Die Socialen Verhaeltnisse der Israeliten*, pp. 35-40), en conclut que l'organisation primitive des Hébreux était foncièrement aristocratique. La conclusion est contestable ; cf. *Année sociol.*, III, p. 347.

Célestin Bouglé

sacré, la multiplicité des castes hindoues !

La pierre angulaire de tout l'édifice est, nous l'avons vu, la primauté universellement reconnue de la caste brahmanique. Si diverses que soient les castes, et si fermées qu'elles restent les unes aux autres, un commun respect du Brahmane les oriente dans le même sens, et pèse sur toutes leurs coutumes. On nous a montré que la plupart de ces coutumes s'expliquent par le sentiment d'une parenté commune ; il est remarquable que, pour fort que puisse être ce sentiment, il a dû s'incliner devant le caractère auguste des Brahmanes : le cercle fermé des parents s'ouvre pour eux. Non seulement ils président à la plupart des cérémonies de la famille – les Hindous les plus pauvres ne voudraient pas marier ou élever leurs enfants sans leur assistance [1] – mais encore, dans certains cas, ils se substituent pour ainsi dire aux parents. Ainsi l'usage du repas funéraire, offert aux mânes des ancêtres, est répandu en Inde comme dans beaucoup d'autres contrées ; mais en Inde ce sont les Brahmanes qui viennent s'asseoir à la place des ancêtres. Le banquet familial est offert avec leur permission, sous leurs auspices, en leur honneur ; ils sont censés représenter les aïeux et mangent en leur nom [2]. De même, en cas de meurtre, la composition était sans doute payée primitivement, en Inde comme ailleurs, à la famille de la victime ; finalement, c'est au Brahmane qu'elle revient [3]. Sur plus d'un point, on voit donc le prestige du prêtre primer les souvenirs, pourtant si puissants, des premiers groupements familiaux. On sait d'autre part que, si ces groupements s'étagent, c'est dans la mesure où ils se rapprochent ou s'éloignent de la classe sacerdotale. La supériorité incontestée de cette classe est donc un des principes constitutifs de l'organisation sociale en Inde ; on a pu dire [4] que c'était la caractéristique la plus certaine de l'hindouisme.

Certes, la classe sacerdotale possède partout une situation privilégiée, et souvent elle garde le premier rang. Mais il est rare qu'elle règne sans conteste, et par ses seules forces. Le plus souvent, il lui faut compter avec un pouvoir séculier ; tantôt elle fait alliance avec lui ; tantôt elle lui livre combat ; mais il limite l'extension de ses prérogatives, et le plus souvent réduit graduellement son influence.

1 WEBER, *Indische Studien*, X, p. 44 sqq.; BARTH, *Les religions de l'Inde*, p. 160.
2 Cf. CALAND, *Altindischer Ahnencult*, pp. 19, 144.
3 JOLLY, *Recht und Sitte*, p. 127; SENART, *op. cit.*, pp. 215-216.
4 IBBETSON, cité par SENART, p. 101.

Parmi les [mot grec] qu'Hérodote distingue en Égypte, le corps des prêtres est nommé le premier : ses privilèges sont indiscutables, des terres lui sont réservées, les charges communes ne l'atteignent pas. Les corporations des temples forment une société religieuse juxtaposée plutôt que mêlée à la société civile. Mais le prince veille au gouvernement des temples, il place ses créatures à leur tête. Ces États dans l'État restent dominés par la souveraineté royale [1]. De même si puissant qu'il ait été au Moyen Âge, le pouvoir spirituel n'a pas réussi à se subordonner le pouvoir temporel ; tout compte fait, ce sont les rois qui ont le plus gagné au règne de la théocratie catholique.

Dans la théocratie brahmanique au contraire, les prêtres restent seuls au pinacle [2].

Non sans luttes, comme il est vraisemblable. La littérature sacerdotale a gardé le souvenir de la puissance des Kshatriyas, et des obstacles qu'ils opposèrent à la puissance des Brahmanes. La façon même dont la prééminence des Brahmanes est affirmée prouve qu'elle ne fut pas admise sans discussions [3]. L'Épopée rappelle les violences exercées sur les prêtres par les mauvais rois, comme Vena ou Nahusha. S'il faut en croire l'histoire de Paraçurâma, des guerres sanglantes auraient marqué la rivalité des deux classes [4]. Les Upanishads témoignent en tout cas que leurs fonctions ne furent pas toujours aussi strictement spécialisées que veut le faire croire la théorie brahmanique. On y voit des Kshatriyas rivaliser de science avec les Brahmanes, et même se faire leurs précepteurs [5]. Ailleurs,

1 Cf. MASPERO, *Histoire ancienne des peuples de l'Orient classique*, I, pp. 127, 304.

2 C'est ce qui fait dire à ZIMMER que les Brahmanes ont réalisé pleinement l'idéal poursuivi par l'Église pendant notre Moyen Âge, *Altindisches Leben*, p. 139 ; cf. MACDONELL, *A history of sanskrit literature*, Londres, Heinemann, 1900, pp. 159-160.

3 D'après WEBER (*Indische Studien*, X, pp. 26-32), il est aisé de voir que les rapports des deux puissances, qu'il appelle le sacerdotium et l'imperium, ne furent pas toujours très amicaux. Tantôt elles s'entraident, tantôt aussi elles se tiennent en échec. On emploie des formules subtiles pour ne donner la prééminence absolue ni à l'une ni à l'autre. Cependant, en dernière analyse, la supériorité reste au Brahmane ; il peut exister sans le Kshatriya, non le Kshatriya sans lui.

4 Cf. SENART, p. 168.

5 Cf. REGNAUD, *Matériaux pour servir à l'histoire de la philosophie de l'Inde*, Paris, Vieweg, 1876, pp. 55-60 FICK, *Die Sociale Gliederung*, p. 42. Voir plus bas, p. 201.

Célestin Bouglé

des fils de rois, comme Viçvâmitra, deviennent Brahmanes à force d'austérité. Toutes ces légendes témoignent qu'il fallut du temps pour que les rangs fussent nettement fixés en même temps que les attributions définies. Mais la balance des privilèges devait définitivement pencher en faveur des Brahmanes.

Non qu'ils aient jamais pris en main le pouvoir temporel. Né pour la fonction religieuse, le Brahmane ne peut exercer directement les fonctions politiques. De même, la caste brahmanique n'accumulera pas les richesses, comme font souvent les classes sacerdotales ; elle ne possédera rien en propre. Les instruments du sacrifice sont ses seules armes [1], mais avec ces armes elle se soumettra tout le monde hindou. Le *purohila*, le chapelain grandit aux côtés du roi et bientôt le dépasse, par cela même qu'il monopolise les offices religieux. C'est le prêtre qui sacre le roi et le présente au peuple en disant : « Voici votre roi, ô peuples ; le roi des Brahmanes est Soma » [2]. Il mesure et dispense toutes les dignités sociales. Le rajah même ne doit-il pas son prestige moins à sa puissance matérielle qu'à sa fidélité aux rites dont les Brahmanes sont les gardiens ? Leur pouvoir est d'autant plus incontesté qu'il est tout spirituel ; ils ont évité les écueils que la classe sacerdotale a le plus souvent rencontrés lorsqu'elle a voulu s'arroger, pour multiplier sa force, un pouvoir temporel [3] ; ils n'ont aucune part au gouvernement pourrait-on dire, et tous leur obéissent ; ils ne possèdent rien et tout leur appartient.

Comment s'expliquer cette puissance inouïe ?

Le développement en a sans doute été favorisé par l'absence d'une organisation politique digne de ce nom. En Inde, observe M. Senart, nul rudiment d'État [4]. L'Inde a toujours manqué, dit de son côté M. Sylvain Lévi, d'une histoire centrale. Non qu'elle n'ait pas connu, à vrai dire, les grands Empires. Mais il semble qu'ils aient passé sur la civilisation hindoue sans la pénétrer dans ses profondeurs. Les historiens mêmes qui attirent aujourd'hui notre attention sur les grands unificateurs de l'Inde ajoutent que leur

1 Cité par WEBER, *Ind. Stud.*, X, p. 30.
2 Sur l'importance croissante du purohita, voir OLDENBERG, *La religion du Véda* (trad. franç.), Paris, F. Alcan, 1903, pp. 319-326.
3 Cf. DEUSSEN, *Allgemeine Geschichte der Philosophie, mit besonderer Berücksichtigung der Religionen*, Leipzig, Brockhaus, 1894, I, p. 166.
4 *Les castes*, p. 249.

œuvre ne fut jamais qu'éphémère et superficielle [1]. La division de la société en castes empêchait la formation d'unités nationales [2] ; ainsi la classe sacerdotale avait-elle le champ libre. Sa domination pouvait s'étendre sans rencontrer d'obstacle.

On se tromperait pleinement toutefois, si l'on croyait que la caste des prêtres fût capable de faire ce que n'avaient pas fait les autres, et si on l'opposait, comme un corps dûment organisé, à une masse inorganique. En réalité, le corps des Brahmanes manque d'unité aussi bien que les autres. C'est faute d'avoir oublié ce trait qu'on a cherché des assimilations décevantes. Par exemple, nous avons vu qu'on avait comparé les Brahmanes aux Jésuites : comme si, enveloppant le monde hindou d'une conspiration permanente, tous les Brahmanes obéissaient, dans l'intérêt de « l'Ordre », à une volonté unique. Mais jamais la caste ou plutôt les castes de Brahmanes n'ont constitué rien qui ressemblât à un Ordre. On ne peut même pas dire qu'ils constituent ce que nous appelons un Clergé. Aucune des formes sociales auxquelles nous a habitués une grande religion organisée et centralisée comme le catholicisme ne se retrouve dans le brahmanisme. Il ne connaît même pas ces rudiments d'organisation qui connaissait le druidisme : la nomination d'un grand prêtre, élu ou tiré au sort, et la convocation d'un concile annuel. On ne voit pas non plus les Brahmanes s'agglomérer en « couvents », se réunir pour se soumettre à une même discipline, comme feront les moines bouddhiques. Les Brahmanes sont des prêtres sans Église ; aucun n'a de mandement à écouter, ni de pontife à vénérer ; ils sont égaux par définition, précisément parce que c'est la naissance qui leur confère leur dignité.

Imaginant la réponse d'un Brahmane à ceux qui lui parleraient d'ordination, Burnouf le faisait raisonner ainsi [3] : « C'est le principe masculin qui m'a fait ce que je suis ; mon père était Brahmane, je le suis donc aussi ; je voudrais cesser de l'être que je ne le pourrais, puisque telle est la loi de ma nature, loi qui m'a été imposée, avant ma naissance même, dans le sein d'une mère brahmane où un père brahmane avait déposé le germe d'où je suis venu. Je n'ai nul

1 LA MAZELIÈRE, *Essai sur l'évolution de la civilisation indienne*, voir plus bas, p. 73, sqq.
2 SHERRING, *Hindu Tribes and Castes*, III, pp. 218, 235.
3 *Essai sur le Véda*, pp. 283-285.

Célestin Bouglé

besoin d'un secours étranger pour être prêtre... Lorsque Manou énonça les lois qui règlent les fonctions des castes, n'établit-il pas la supériorité du Brahmane sur les trois autres ordres ? mais il ne dit pas qu'un Brahmane doit être supérieur à un autre ; car, en nous créant de sa bouche, Brahma donna à nous tous pour fonction de composer l'hymne et de célébrer le sacrifice. Nos premiers pères ont transmis à leurs descendants le pouvoir que nous tenons d'eux ; et comme la génération d'un Brahmane est en tout semblable à celle d'un autre Brahmane, nous ne saurions comprendre qu'un prêtre puisse commander à un autre prêtre et lui imposer une foi dont il n'est ni le premier auteur, ni l'unique interprète. » Le système des castes, en répartissant les hommes d'après leur naissance, pose en principe l'égalité des Brahmanes ; il est naturellement incompatible avec la constitution hiérarchique d'un clergé. Ce n'est donc pas la puissance de leur organisation qui fait la force des prêtres de l'Inde.

Leur viendrait-elle, alors, de la précision et de la rigueur des idées dont ils sont les dépositaires ? Puisqu'elle ne s'expliquerait pas par leur discipline, s'expliquerait-elle par leur dogmatisme ? La chose est peu vraisemblable, pour qui pressent quels rapports étroits unissent la dogmatique des religions à l'organisation sociale. « Là où il n'y a pas de hiérarchie, dit Zeller [1], toute dogmatique, considérée comme règle générale de foi, est d'avance impossible, car il n'y a pas d'organe pour la formuler et la soutenir. » Là où il ne s'est pas formé pour la vie religieuse une société unifiée, là où ne se rencontrent ni clergé, ni congrégations, ni conciles, il serait étonnant que les croyances fussent systématiquement coordonnées, fixées à jamais, *ne varietur*. L'indépendance des doctrines, disait encore Burnouf [2], est un résultat naturel du système des castes. En fait, c'est la souplesse du brahmanisme qui est remarquable, bien plutôt que sa rigidité. C'est une religion accueillante, et nullement intolérante. « Tout y entre et rien n'en sort. » Son panthéisme s'ouvre aisément à toutes les créations du polythéisme : les dieux les plus variés y trouvent place, en devenant les avatars des dieux traditionnels [3]. Si

---

1 *Philos. des Grecs*, trad. franç., I, p. 54.
2 *Ibid.*, p. 282.
3 Ainsi le porc adoré par certaines tribus aborigènes devient un avatar de Vishnou. On trouverait de nombreux exemples de cette a brahmanisation des cultes » dans CROOKE, RISLEY, LYALL (*op. cit.*). BARTH fait remarquer à ce propos la commodité de la théorie des Avatars : elle permet de concilier l'aspiration à

bien que, lorsqu'on veut définir en termes de dogmatique la vraie religion des Hindous, on se trouve fort embarrassé ; on remarque qu'elle ne connaît pas, à vrai dire, d'orthodoxie, qu'elle se définit par les rites plutôt que par les dogmes, par les pratiques plutôt que par les idées, et qu'en somme le respect des Brahmanes, uni à l'observance des coutumes de la caste, constitue l'essentiel de l'hindouisme. Comme une religion sans Église, on pourrait donc presque dire que le brahmanisme est une religion sans dogme.

Par là s'expliquent les discussions auxquelles on s'est livré sur le caractère « missionnaire » ou « non missionnaire » de la religion brahmanique [1]. L'idée qu'il existe une vérité religieuse bonne pour tout le monde, et qu'il faut propager aussi loin que possible, paraît étrangère au Brahmane [2]. Il admettrait plutôt que chaque race a ses dieux. Sa religion est par essence fermée au *mleccha*. Et cependant on ne saurait soutenir, remarque Lyall, que les prosélytes manquent au brahmanisme. Aucune religion contemporaine ne compte peut-être plus de conversions à son actif. Mais une conversion au brahmanisme n'est pas l'adhésion à un dogme précis. Qu'un Brahmane convertisse une tribu d'aborigènes, cela ne veut pas dire qu'il bouleverse leurs croyances, mais qu'il leur apprend à respecter les coutumes de la caste et à le respecter lui-même par-dessus tout [3]. C'est principalement en se faisant adorer

---

un certain monothéisme avec l'irrésistible penchant pour les cultes multiples (*Religions of India,* p. 101) ; Monier WILLIAMS (*Modern India and Indians,* Londres, Kegan Paul, 5ᵉ éd., 1891, p. *230)* va jusqu'à dire, en s'appuyant sur ces faits, que le panthéisme des Hindous n'est qu'une façade pour leur polythéisme ; cf. HOPKINS, *Religions of India,* Londres, Ginn, 1898, p. 361 sqq.

1 Cf. Lyall contre Max MÜLLER, *Mœurs religieuses et sociales de l'Extrême-Orient,* chap. V ; cf. SCHLAGINTWEIT, *art. cit.,* p. 568 ; RISLEY, *op. cit.,* I, p. XVI-XX.

2 Cf. ce que dit BERNIER (*Voyages,* II, p. 138) : « Quand je leur disais sur cela que dans les pays froids il serait impossible d'observer leur loi pendant l'hiver, ce qui était signe qu'elle n'était qu'une pure invention des hommes, ils me donnaient cette réponse assez plaisante : qu'ils ne prétendaient pas que leur foi fût universelle, que Dieu ne l'avait faite que pour eux, et c'était pour cela qu'ils ne pouvaient recevoir un étranger parmi leur religion, qu'au surplus ils ne prétendaient pas que la nôtre fût fausse, qu'il se pouvait faire qu'elle fût bonne pour nous. »

3 Cf. Sylvain LÉVI, *La science des religions et les religions de l'Inde,* lec. d'ouv. p. 2: « Indifférent aux dogmes comme aux rites, commodément appuyé sur l'autorité fort maniable des Védas, le Brahmane poursuit avec ténacité l'idéal tracé par ses législateurs : sa propagande lentement victorieuse rêve d'imposer à l'Inde entière la savante hiérarchie des castes, qui l'élève même au-dessus des dieux. »

Célestin Bouglé

que le Brahmane conquiert des âmes. Et le grand article de foi de la religion qu'il répand, c'est le caractère sacro-saint du prêtre-né.

Sur ce caractère de la race des Brahmanes repose donc toute la vitalité de leur religion. S'ils continuent de dominer de si haut la masse du peuple hindou, et en imposent même aux aborigènes, ce n'est pas à leur discipline sociale qu'ils le doivent, ni à leur rigueur doctrinale ; c'est au seul prestige de leur sang. Le Brahmane est d'une essence spéciale ; il apporte en naissant des vertus que nul autre ne peut acquérir ; c'est sur cette idée qu'est assise la puissance de la caste brahmanique.

À vrai dire, si nous prenions à la lettre certaines expressions de la littérature brahmanique, nous croirions que la dignité de Brahmane était le prix du savoir et de la vertu, plus que le privilège du sang [1]. « Pourquoi demander le nom de ton père et de ta mère ? La science des Védas, voilà ton père » [2]. Le vrai Brahmane « est celui qui a entendu » [3]. De fait les codes sacrés soumettent le jeune Brahmane à un long noviciat ; il doit consacrer plusieurs années à entendre, de la bouche vénérée de son gourou, la science des Védas. Mais cette initiation, si elle est nécessaire, ne saurait être suffisante ; rien ne supplée au don de la race. On naît Brahmane, on ne le devient pas. *Nascitur, non fit.* Les expressions qui pourraient nous faire croire le contraire ne sont rien « qu'un détour pour glorifier la vertu et le savoir supposés des prêtres ; elles n'emportent en aucune façon l'oubli des droits que crée seule la naissance » [4]. Le respect de ces droits, la croyance aux vertus propres du sang brahmanique est le pivot du monde hindou.

D'où vient donc que l'Inde tout entière ait été, durant tant de siècles, comme fascinée par ce prestige spécial ?

Les origines mêmes de la civilisation hindoue expliquent sans doute, pour une part, la haute idée qu'elle se fait des qualités de race. Elle se présente en effet comme l'apport d'une race supérieure, imposant à des barbares tous les raffinements qui leur manquent. Les hymnes védiques témoignent non seulement de la colère des envahisseurs contre ceux qu'ils combattent, mais encore et surtout

---

1 SENART, *op. cit.*, p. 134.
2 Cité par WEBER, *Ind. Stud.*, X, p. 71.
3 Cf. OLDENBERG, *Le Bouddha*, p. 13.
4 SENART, loc. cit.

de leur mépris pour ceux qu'ils soumettent. Entre l'Arya et le Dasyu les différences, tant morales que physiques, sont éclatantes. Quelle distance entre le noble Arya au teint clair, au nez fin, scrupuleux observateur des lois religieuses, et le Dasyu noir, au nez épaté, qui mange n'importe quoi et n'offre pas de lait aux dieux [1] ! Dans ce dernier portrait, on a voulu reconnaître l'aborigène de nos jours comme, dans le premier, l'Hindou de haute caste. Et l'on est parti de là pour élaborer une théorie suivant laquelle la hiérarchie des castes correspondrait exactement, aux Indes, à la superposition des races. M. Risley, après avoir mensuré plus de 6 000 natifs du Bengale, arrive à cette conclusion [2] : « C'est à peine une exagération d'établir comme une loi de l'organisation des castes dans l'Inde que le rang social d'un homme varie en raison inverse de la largeur de son nez. » M. Senart dénonçait déjà l'invraisemblance de ces concordances [3]. De nouvelles données anthropométriques, publiées depuis, permettraient d'ailleurs de démontrer, chiffres en main, que la thèse de M. Risley ne s'établit que sur une exagération manifeste [4]. Il n'en demeure pas moins vraisemblable que les différences sociales et morales ont dû correspondre dans l'origine à des différences physiques bien marquées ; le souvenir de cette opposition ethnique fondamentale a contribué sans doute aux préoccupations spéciales de l'opinion hindoue [5]. En fait, les croisements entre descendants des deux races ont pu se multiplier : l'idéal n'en est pas moins resté de sauver la pureté de la race supérieure. Les Brahmanes étant censés respecter le mieux cet idéal et obéir le plus strictement aux lois endogamiques, il est naturel qu'on les regarde comme les spécimens les plus fidèles du type aryen ; et ainsi le prestige particulier du sang brahmanique viendrait d'abord, en partie, du prestige général du sang aryen.

La pureté se perd d'ailleurs autrement que par les mésalliances. Il suffit, nous l'avons vu, de partager le repas de certaines personnes, d'ingérer certains aliments, de toucher même certains objets pour

1 Cf. ZIMMER, *Altind. Leben,* pp. 105-115.
2 *Tribes and Castes of Bengal,* I, p. XXXIV.
3 P. 199.
4 Voir plus bas, p. 113 sqq.
5 Cf. *Census of India,* Calcutta 1903 ; vol. I, India, par MM. RISLEY et GAIT, p. 555 ; vol. XIII, Central Provinces, par M. RUSSELL, p. 193 ; cf. BAINES, Social Differenciation in India (*Journal of the royal asiatic society,* 1894), p. 664; RISLEY, Race basis in Indian Politics (extr.), p. 751 sqq.

Célestin Bouglé

se trouver en état de souillure. Aussi n'est-ce pas seulement leur obéissance aux lois concernant le mariage qui attire le respect aux Brahmanes : c'est le soin qu'ils prennent de s'abstenir des aliments prohibés, de fuir les personnes ou les choses qui contaminent : d'une façon plus générale, c'est le souci de pureté qui remplit toute leur existence. Plus une caste s'applique à respecter les lois qui sauvegardent la pureté et plus aussi elle est estimée. Il est donc naturel que la plus estimée de toutes soit celle qui s'est fait comme une spécialité du respect rigoureux de ces lois. « Les Brahmanes étant ceux qui s'appliquent le plus à conserver la pureté intérieure et extérieure, c'est, dit l'abbé Dubois [1], à l'observation scrupuleuse de ces usages qu'ils doivent l'éclat de leur illustre caste. » Ne consacrent-ils pas toute leur vie à la réalisation pleine et entière d'un idéal que chaque caste s'efforce, avec plus ou moins de succès, de réaliser partiellement ? Il n'est donc pas étonnant qu'aux yeux de la multitude hindoue, descendants d'une race qui s'est si scrupuleusement surveillée pendant tant de siècles, ils représentent et incarnent en quelque sorte l'idéal [2].

Toutefois, si l'on veut apercevoir la raison la plus décisive du prestige de leur sang, il faut faire entrer en ligne de compte la nature de la fonction qui leur est réservée. La classe guerrière prétend, elle aussi, être de race aryenne ; elle aussi veille avec un soin jaloux sur sa pureté. Si elle a dû s'effacer pourtant devant la classe sacerdotale, c'est que celle-ci est « gardienne du sacrifice ». Là est sans doute la source profonde de ses privilèges.

Pour le comprendre, il faut se rappeler les idées primitives sur la nature du sacrifice et les qualités du sacrificateur. On sait que

---

1 Observations sur les mœurs des Hindous, p. 14. Voir dans le même livre le récit détaillé des précautions que les Brahmanes s'obligent à prendre pour ne pas se souiller et des opérations journalières par lesquelles ils se purifient ; Cf. VIDAL DE LA BLACHE. Le peuple de l'Inde d'après la série des recensements, dans les Annales de géographie, 15 nov. 1906, p. 437 : « Ce n'est pas sur la pureté de la race, comme on le dit souvent, c'est sur l'orthodoxie rituelle que se fonde l'idée de supériorité sociale. »

2 C'est ce que manifeste le zèle avec lequel on imite les Brahmanes. Dans l'espoir de s'élever d'un degré sur l'échelle de la pureté, on voit de basses castes adopter et respecter scrupuleusement tel usage « lancé » par les Brahmanes. C'est ainsi que se seraient répandues, de caste en caste, l'habitude des mariages précoces et l'interdiction de remariage des veuves, cf. JOLLY, *Recht und Sitte,* p. 75. Voir plus bas, p. 99.

le sacrifice, destiné à mettre en communication les hommes et les dieux, revêt celui qui l'accomplit d'un caractère particulier : le sacrificateur devient un être lui-même « sacré » : à la fois adorable et redoutable [1]. Ce caractère, il le possède sans doute au plus haut degré au moment où il sacrifie, mais il ne le perd pas aussitôt. Les cérémonies qui accompagnent d'ordinaire la « sortie » du sacrifice prouvent qu'il ne semble pas toujours facile de se dépouiller de la nature spéciale qu'on y a contractée. C'est sans doute le sentiment de cette difficulté qui amène les peuples à spécialiser la fonction de sacrificateur.

Avec nos idées modernes, nous sommes portés à expliquer cette spécialisation par la seule complication croissante des rites. Et en fait, il devenait sans doute de plus en plus malaisé d'accomplir sans une éducation technique toutes les opérations exigées pour agir sur la volonté des dieux [2]. Des praticiens seuls, véritables « médecins du sacrifice », surveillant la complexité infinie des manipulations et des récitations, en pouvaient réparer le mécanisme « comme on articule un membre à un autre, ou comme on rattache avec un cordon des pièces de cuir » [3].

Mais en outre de ces nécessités matérielles, des sentiments moraux, répondant à des idées primitives qu'on retrouve de tous côtés, commandaient la spécialisation des opérateurs [4]. Ceux-ci ne manient-ils pas, quand ils entrent dans le « bac » qui fait passer du monde profane au monde sacré, des forces ambiguës, fluides à la fois les plus dangereux et les plus bienfaisants de tous ? Ils en restent chargés d'une espèce d'électricité particulière [5] (c'est la

1 Voir dans l'*Année sociologique*, II : L'essai sur la nature et la fonction du sacrifice de MM. MAUSS et HUBERT.

2 D'autant que ces opérations variaient beaucoup, dans le détail, avec les demandes. Voir S. LÉVI, *La doctrine du sacrifice dans les Brâhmanas*, Paris, Leroux, 1898, p. 123. Plusieurs auteurs attribuent une influence décisive, pour la formation du métier de prêtre, à ces questions de technique. Voir par ex., MACDONELL, *A History of sanskrit Literature*, 1900, p. 160 ; DEUSSEN, *Allgmen. Gesch. der Philos.*, I, p. 169 ; DUTT, *Ancient civilization of India*, I, p. 230 ; BAINES, *art. cit.*, p. 663.

3 OLDENBERG, *Religion du Véda*, p. 337.

4 Voir à ce sujet les remarques d'OLDENBERG, *Zeitschrift der D.M.G.*, 1897, p. 274, en note.

5 C'est de ce fait que FRAZER énumère les diverses conséquences dans le *Rameau d'or, Études sur la magie et la religion*, t. I, trad. franç., Paris, Schleicher, 1903.

Célestin Bouglé

comparaison impérieusement suggérée à tous ceux qui étudient les formes élémentaires de la vie religieuse). Ils sont donc eux-mêmes plus ou moins *tabous*. Ils restent « consacrés » [1].

L'habitude du sacrifice donne donc au sacrificateur comme une seconde nature. Elle le fait participer à l'essence de ces dieux qu'il met en communication avec les hommes. Pour peu que cette compénétration de la nature divine et de la nature humaine soit assez profonde, le caractère sacré de l'officiant ne s'attachera pas seulement pendant toute sa vie à sa personne, il se transmettra après sa mort à sa descendance ; étant passé « dans son sang », il deviendra comme une propriété de race.

Ainsi s'expliquerait la vertu du sang brahmanique. Il est naturel que le peuple qui a magnifié plus que tout autre l'action du sacrifice sur l'ordre du monde [2] ait aussi regardé comme particulièrement prégnante la réaction exercée par le sacrifice sur le sacrificateur. Celui qui parle aux dieux apparaît dieu lui-même : celui qui allume le feu sacré devient *âgneya,* participe à la nature du feu. Dans ces idées sur lesquelles reposent la supériorité infinie des Brahmanes et par suite la hiérarchie même des castes hindoues, nous reconnaissons encore les idées primitives, portées seulement à leur plus haute puissance.

On refusait donc avec raison d'attribuer aux calculs intéressés, aux artifices, à la conspiration des Brahmanes, la création du système des castes : il naît et grandit en effet par le concours de tendances collectives et spontanées. Mais on craignait à tort d'exagérer la mainmise de la religion sur l'âme hindoue : ces tendances obéissent, pour la plupart, à l'influence ancienne de pratiques religieuses. En vain a-t-on essayé d'expliquer, par le perfectionnement des procédés industriels, ce qui ne pouvait être expliqué que par la survivance des rites. Déjà il était difficile de rendre compte, par les seules exigences de l'industrie, de la spécialisation héréditaire. A fortiori ne pouvait-on découvrir de ce même côté le principe de l'opposition des castes ou celui de leur superposition. C'est

1 Une preuve que cette consécration est pour le Brahmane une sorte d'état normal, c'est qu'il n'a pas besoin pour « entrer » dans le sacrifice, sauf dans des circonstances extraordinaires, de préparation spéciale (voir MAUSS et HUBERT, *Année sociologique,* II, p. 53).
2 Voir BERGAIGNE, *La religion védique d'après les hymnes du Rig Véda,* Paris, Vieweg, 1878, t. I, introduction. Voir plus bas, p. *198* et suiv.

l'habitude du culte fermé des premiers groupes familiaux qui empêche les castes de se mêler : c'est le respect des effets mystérieux du sacrifice qui finalement les subordonne à la caste des prêtres. L'examen sociologique de l'Inde, bien loin d'apporter une confirmation aux thèses de la philosophie de l'histoire « matérialiste », tendrait donc plutôt à confirmer ce que les plus récentes recherches sociologiques démontrent de toute façon [1] : le rôle prépondérant que joue la religion dans l'organisation première des sociétés.

Il importe en effet de le rappeler : si le régime des castes, tel que nous l'avons défini, ne porte tous ses fruits qu'en Inde, ce n'est pas dans le seul sol hindou qu'il plonge ses racines. Ses idées génératrices ne sont nullement spéciales au peuple hindou : on ne peut même pas soutenir, avons-nous vu, qu'elles constituent un apanage de la race aryenne ; dans leurs traits généraux, elles font partie du patrimoine commun des peuples primitifs [2]. Les sociétés les plus complexes et les plus unifiées aujourd'hui ont passé elles aussi par le régime des clans : on trouverait à leur origine de petits groupes juxtaposés dont la religion fait la cohésion intérieure, et dont cette même religion défend la fusion.

Seulement, pour la plupart des sociétés civilisées, cette phase est toute transitoire. La religion primitive se heurte à des puissances nouvelles, qui réduisent ses attributions et triomphent de ses scrupules ; des unités politiques plus vastes englobent les premiers groupes familiaux et peu à peu les absorbent ; les anciennes

1 Voir *Année sociol.*, II, préface.

2 Il faudrait donc généraliser ce que R. SMITH disait du rapport des Aryens avec les Sémites : « Les différences entre les religions sémite et aryenne ne sont ni si primitives ni si fondamentales qu'on l'a cru. Non seulement en matière de culte, mais pour l'organisation sociale en général – et nous avons vu que la religion antique n'est qu'une partie de l'ordre social qui embrasse à la fois hommes et dieux – les deux races, aryenne et sémite, commencent sur deux lignes si semblables qu'elles en sont presque indiscernables ; la divergence de leurs routes, qui devient de plus en plus manifeste avec le temps, n'est pas simple affaire de race ou de tendance innée, elle dépend dans une large mesure de l'action des causes spéciales, géographiques et historiques.

« Dans les deux races, les premières phases du développement social et religieux se déroulent dans de petites communautés, dont l'organisation politique est fondée, au seuil de l'histoire, sur le principe de la parenté dont la cohésion n'est assurée que par les liens du sang, les seuls qui aient alors une force absolue et indiscutée », *The Religion of the Semites*, p. 32.

Célestin Bouglé

barrières, abaissées d'abord sur un point, puis sur un autre, sont enfin renversées pour jamais.

C'est à ce nivellement unificateur que la civilisation hindoue a répugné, avec une force de résistance extraordinaire ; aucune unité politique n'est venue triompher, chez elle, de l'opposition mutuelle des groupes primitifs ; les exigences de la religion primitive ont continué de gouverner sans conteste toute l'organisation sociale ; elles ont imposé leur forme même à ces groupements d'origine économique que suscitait l'industrie. Une sorte d'arrêt de développement sociologique caractériserait ainsi la civilisation hindoue. Elle a prolongé indéfiniment une phase que les autres civilisations n'ont fait que traverser – ou plutôt elle a développé elle aussi les germes premiers, mais en sens inverse du sens général. Ce qui s'est dissous chez les autres s'est ossifié chez elle. Où les autres civilisations unifiaient, mobilisaient, nivelaient, elle a continué de diviser, de spécialiser, de hiérarchiser. Et c'est pourquoi nous avons pu rencontrer chez elle, nettement dessiné et comme cristallisé, le régime dont nous ne relevions plus, ailleurs, que des linéaments vagues.

Deuxième partie
La vitalité du régime

Chapitre I
La caste et la révolution bouddhique

Nous avons défini les principaux caractères du régime des castes. Nous avons constaté qu'ils se retrouvent en Inde, plus fortement marqués que partout ailleurs. Nous avons indiqué enfin les origines du régime observé. Il resterait, avant d'en mesurer l'influence sur la civilisation hindoue, à le suivre pas à pas dans ses évolutions.

L'entreprise a été tentée. Un certain nombre de chercheurs remarquent qu'à telle époque, par exemple, les contacts entre groupes sont plus rigoureusement défendus, les professions plus jalousement réservées, la hiérarchie mieux respectée : ils essaient d'établir à quel moment le système s'ossifie [1]. D'autres nous en racontent le morcellement progressif ; ils nous montrent, sous diverses influences, des blocs primitifs se désagrégeant, et retournant en poussière [2]. De diverses façons, l'on essaie ainsi de fixer les phases de la vie des castes.

Délimitations sans doute prématurées, dans l'état actuel de l'histoire de l'Inde. Que la faute en revienne à la toute puissance de ses préoccupations religieuses ou à l'impuissance de ses organisations politiques, toujours est-il que l'Inde n'a pas d'historiens. « Les Chinois ont leurs annales comme les Grecs ont Hérodote, comme les Juifs ont la Bible. L'Inde n'a rien » [3]. Elle nous livre sur son propre passé aussi peu que possible de documents précis et datés. Ce n'est qu'au prix des plus longs efforts, et par les méthodes les plus indirectes que les savants européens arrivent aujourd'hui à établir, au milieu de cette obscurité, quelques points de repère.

---

1 Voir RAI BAHADUR LALA BAJI NATH, *Hinduism : ancient and modern*, Mecrut, 1899, chap. I ; DUTT, *Ancient Civilisation of India*, I, p. 70, 104, III, pp. 81, 153, 360 ; cf. SCHRÖDER, *Indiens Literatur und Cultur*, p. 411.
2 M. de LA MAZELIÈRE, *Essai sur l'évolution indienne*, 2 vol., Paris, Plon, 1903, *passim*.
3 S. LÉVI, *Le Népal*, introd., p. 3.

Célestin Bouglé

Comment pourrions-nous, dans ces conditions, déterminer avec quelque certitude la courbe de l'évolution des castes ?

Mais heureusement, pour notre objet, ce n'est pas ce qui importe le plus. Que doit, à telle forme sociale, une civilisation ? C'est ce que nous voulons maintenant démêler. Pour légitimer cette recherche, il suffit d'établir que, dans cette civilisation, la forme sociale en question « domine » en effet. Or c'est ce qu'il n'est pas malaisé d'établir en Inde, pour le régime des castes. Si les phases de sa vie nous échappent, les preuves de sa vitalité abondent. Sur tous les points où un jet de lumière perce les ténèbres du passé hindou, nous voyons à l'œuvre ces mêmes traditions qui presque partout ailleurs ont cessé de fonctionner : elles continuent ici à diviser les masses en groupes fermés, spécialisés et superposés. De quelque côté que nous tournions les yeux, tout nous rappelle la maîtrise de la même institution, qui supplée en quelque sorte à toutes les autres. Elle n'accorde la naturalisation qu'aux puissances qui doivent la servir. Et comme elle ne permet de s'implanter qu'aux coutumes capables de se plier à sa convenance, elle ne laisse s'épanouir que les idées aptes à entretenir, en la justifiant, sa domination.

Ce n'est pas qu'il faille s'attendre à trouver, dans l'histoire de la civilisation hindoue, l'espèce de monotonie qu'annonçaient les premiers chercheurs. Au temps où Sumner Maine attirait l'attention des sociologues sur les phénomènes qu'il avait pu observer *de visu*, et signalait entre telles parties du présent de l'Inde, et telles phases de notre passé, d'instructives analogies, il était de mode d'opposer, à la mobilité progressive de l'Occident, l'immobilité hiératique de l'Orient.

Mais au fur et à mesure que s'enlèvent les voiles qui recouvraient leur histoire, les sociétés orientales ne se montrent-elles pas, elles aussi, mobiles et capables de métamorphoses ? Dans l'Inde, en particulier, si rares et si vacillantes encore que soient les lueurs projetées sur la route que la civilisation y a suivie, les plus récents historiens croient discerner une évolution dont les grandes périodes rappellent les périodes de la nôtre [1]. Ils y reconnaissent une Antiquité et un Moyen Âge, une renaissance et un âge classique. Ils y signalent l'apparition de formes sociales analogues

---

1 C'est ce que s'est efforcé de mettre en relief M. de LA MAZELIÈRE dans ce livre cité plus haut.

à celles qui se sont succédé en Occident. Le Râdjpoute dans son château-fort, avec les vassaux qui le défendent de leurs épées et les serfs dont la charrue l'entretient, n'est-il pas le frère lointain de nos barons ? Akbar recevant les hommes de sa noblesse de cour et correspondant avec ses gouverneurs de province ne nous apparaît-il pas comme un autre Louis XIV ? Ainsi l'Inde a connu les petites seigneuries féodales comme les grandes monarchies administratives.

Mais que ces formes n'aient guère fait que se poser sur la surface de l'Inde, qu'elles n'aient pas jeté de racines profondes dans l'âme même du peuple, qu'elles n'aient point changé la part de soleil et d'ombre assignée à chacun, ni modifié finalement le statut social de la majorité, c'est ce que les mêmes historiens reconnaissent. Si minutieusement organisée que pût être l'administration centrale d'un Akbar, il ne devait réussir pas plus qu'Açoka à unifier la société hindoue. Celle-ci s'est révélée incapable de résister aux grands manieurs d'hommes, elle les a supportés tous ; mais on peut dire qu'elle n'en a reconnu aucun. La seule autorité intimement respectée et toujours présente, pour en régler tout le détail, à la vie hindoue, est précisément celle qui tient les Hindous éloignés les uns des autres, et interdit qu'ils se fondent en un peuple : c'est l'autorité de la caste. Comme elle les a empêchés de s'unir contre la force des empires, elle empêche aussi qu'ils soient unis par la force des empires. Comme ils n'ont point constitué de cités dignes de ce nom, ils ne se sont point distribués en provinces vivantes.

Là où règne une telle puissance de morcellement et de dislocation, la forme féodale elle-même peut-elle s'installer ? Elle est, comme on l'a dit bien des fois, « à base territoriale ». Elle suppose que tous les habitants d'un même lieu, si différentes que soient leurs origines, se groupent autour d'un même suzerain. La caste ne devait-elle pas enrayer jusqu'à ces groupements locaux. Et l'autorité supérieure du Brahmane, fondée sur de tout autres raisons que sur la possession de la terre, ne devait-elle pas décentrer tout le système, et limiter les conséquences normales de l'autorité du baron râdjpoute ? C'est pourquoi sans doute, pas plus que le régime monarchique, le régime féodal n'a transformé la société hindoue en ses profondeurs. Le régime des castes laisse, au-dessus de lui, passer tous les régimes : lui seul ne passe point. Et comme la jungle, il a

Célestin Bouglé

vite fait de reconquérir, par sa végétation tenace, les rares parcelles défrichées ; on dirait que la terre hindoue lui appartient de toute éternité et pour jamais.

Mais peut-être, où le mouvement politique échoue, le mouvement religieux réussit-il ? Tous les observateurs l'ont conclu : la caste est en fond une institution religieuse. Elle repose sur des scrupules de pureté devenus quasi instinctifs, tant de longues traditions les ont consacrés. Que ces traditions viennent à être discutées, qu'on voie se transformer non plus seulement le système des contraintes superficielles imposées du dehors aux masses, mais le système des croyances intimes qui sont comme la charpente de leur âme, le régime des castes n'en sera-t-il pas ébranlé à son tour ?

Or, en matière religieuse non plus, il ne faut être dupe de l'apparente immobilité de l'Inde. Sir A. Lyall, en dressant l'inventaire théologique d'une province de nos jours, a pu y saisir sur le fait, en pleine activité, la plupart des espèces de croyances connues, du fétichisme au culte des héros [1]. Il se fabrique à chaque instant, sous nos yeux, des divinités nouvelles, et nous avons tout lieu de croire qu'il s'en est fabriqué ainsi de tous les temps. En ce sens, derrière la façade traditionnelle du brahmanisme, les innovations n'ont cessé de pulluler. Le panthéon hindou est comme le palais du roi qui sert de caravansérail dans la parabole persane : c'est toujours le même dôme et ce ne sont jamais les mêmes habitants.

Mais cette mobilité même des croyances était inapte à modifier profondément les assises du système social. On en découvrira aisément la raison si l'on se rappelle à quoi s'attache par-dessus tout, dans l'hindouisme, le sentiment religieux des fidèles, et sur quel point leurs maîtres-nés, les Brahmanes, les tiennent hypnotisés. Comme une religion sans église, on peut dire que le brahmanisme est une religion sans dogme. C'est sa souplesse même, sa plasticité, son caractère inorganique qui font sa force, non seulement conservatrice, mais conquérante. Prêtre de naissance, le « surhomme » de caste brahmanique s'inquiète peu, en somme, des préférences théologiques de ses ouailles. L'important à ses yeux c'est que l'on continue de le prendre comme intermédiaire attitré entre l'humanité et les puissances célestes (quelle que

---

1 La religion dans une province de l'Inde (dans les *Mœurs religieuses et sociales de l'Extrême-Orient,* chap. I).

Deuxième partie

soit d'ailleurs la forme dont l'imagination les revête) ; c'est qu'on respecte pratiquement sa supériorité de race et tout le système qui assure cette supériorité : c'est-à-dire précisément le système des castes. Par l'obéissance aux règles de la caste, plus que par la fidélité à quelque dogme précis, se définit l'hindouisme. C'est pourquoi, au milieu même du flux des croyances, les scrupules traditionnels demeurent et conservent leur maîtrise. Les innovations religieuses n'atteignent pas les coutumes consacrées. Les sectes peuvent pulluler sans étioler la caste.

Toutefois, parmi tant de sectes, ne s'en trouvera-t-il pas pour donner le signal de la désobéissance à ces coutumes tyranniques, pour lever l'étendard contre le privilège de Brahmane, pour proclamer enfin, au milieu même de la civilisation qui lui semble la plus foncièrement hostile, l'idée égalitaire ? Et en effet l'hindouisme a vu naître des protestataires, des réformateurs intransigeants. Brahmanes déchus comme Bâsâva, Musulmans inspires comme Kabir, prophètes de basse caste comme Râm-Dâss le tanneur ou Dadu le cardeur de coton, ils ont essayé, chacun à leur façon, d'émanciper ces esclaves volontaires, de réunir ces frères ennemis [1]. Celui-ci veut abolir entre les hommes toute distinction, même de costume. Cet autre traduit des livres sacrés en dialecte vulgaire et enseigne la vanité des observances extérieures. Presque tous rejettent en principe l'autorité du Brahmane et contestent qu'il soit entre les hommes et les dieux l'intermédiaire obligé.

Mais d'abord dans la plupart des cas, le prestige séculaire des sacrificateurs-nés survit aux contestations théoriques. Il n'est pas rare qu'on retrouve au bout de quelques générations, dans les sectes les plus antibrahmaniques à l'origine, le Brahmane monopolisant les offices. N'a-t-il pas su se faufiler et se faire employer jusque chez les Jaïnistes [2] ? Et puis, lors même qu'elle se passe effectivement du Brahmane, la secte n'apporte pas grand changement à l'ordre traditionnel. Les membres célibataires, les ascètes, les inspirés,

---

1 Voir BARTH, *Religions of India*, p. 238-251 ; Monier WILLIAMS, *Hinduism*, p. 136 sqq.; Jogendranâth BHATTACHARYA, *op. cit.*, p. 396 ; LYALL, *op. cit.*, p. 55.
2 BARTH, *op. cit.*, p. 143, remarque que les Jaïnistes, encore qu'ils n'admettent pas en principe l'existence d'une caste sacerdotale, recrutent de préférence leur clergé dans certaines familles, et parfois même, paraît-il, chez les Brahmanes. « Pour le reste, ajoute-t-il, ils observent les règles de la caste aussi bien entre eux que dans leurs rapports avec les dissidents. »

Célestin Bouglé

vivent en quelque sorte en marge aussi bien qu'aux frais de la société. Les membres laïques persistent à se croire obligés, non seulement de n'exercer que le métier de leurs pères, mais de ne prendre femme que dans le cercle où leurs pères ont pris femme ; la loi d'endogamie n'est pas violée.

Ailleurs la division des sectes reproduit tout simplement dans leurs grandes lignes les divisions sociales : ainsi dans la secte des Vallabhacaryas, qui n'exclut personne en théorie, se rencontrent surtout les riches commerçants ; au contraire chez les Sanyasis, *a fortiori* chez les Kharta-Bajas ou les Paltu-Dasis, le bas peuple est roi [1]. D'autres fois, ce sont bien des gens de toutes castes qui se mêlent dans la secte égalitaire; mais entre le groupe ainsi constitué et les autres groupes, les communications sont coupées, et bientôt les mélanges ne sont plus possibles ; en voulant assembler des révoltés contre le régime des castes, la secte n'a abouti qu'à ce résultat, de former une caste de plus [2]. Ainsi, tantôt le soc des réformateurs retombe dans les sillons déjà creusés ; tantôt il creuse des sillons nouveaux, mais qui restent parallèles aux premiers ; il ne réussit pas à recouper ceux-ci, à tracer, par-dessus, des sillons transversaux qui bouleverseraient les distinctions traditionnelles.

De même donc que les dominations politiques les plus diverses n'ont pu l'abattre, les innovations religieuses qui lui semblaient les plus contraires n'ont réussi à déraciner le régime des castes. Nous avons pris conscience de la diversité relative des idées comme de la mobilité relative des institutions hindoues. Mais cette diversité et cette mobilité restent des phénomènes superficiels ; elles n'atteignent en rien l'unité profonde maintenue par ce régime. La preuve est acquise de la souveraineté sans exemple qu'il fait peser sur l'Inde. Tout ce qui peut le servir y prospère. Tout ce qui pourrait lui nuire s'y flétrit.

À vrai dire, contre cette affirmation générale, il semble qu'un grand fait historique reste dressé ; c'est l'existence même du Bouddhisme. Il importe, pour légitimer notre thèse, de discuter spécialement ce fait et d'en définir la signification.

Nous venons d'affirmer que, dans l'atmosphère morale diffusée

---

1 Jogendranâth BHATTACHARYA, p. 440 sqq. Voir ce qu'il dit, p. 456, de l'exclusivisme des Ballhabites.
2 LYALL, *op. cit.*, pp. 225, 369 sqq. ; RISLEY, *Tribes and Castes,* p. LXXII.

Deuxième partie

par le régime des castes, les idées hostiles à ce régime, en particulier les idées égalitaires, sont incapables de vivre. Et cependant sous cette même atmosphère, n'a-t-on pas vu s'épanouir, et pour tout venant, le « Lotus de la bonne loi » ? N'est-ce pas, remarquait Burnouf, une sorte d'axiome d'histoire orientale, que la mission du Bouddha a été de soulever la pierre sépulcrale qui pesait sur la conscience hindoue ? Dans le mouvement qu'il a suscité, Michelet célèbre [1] une « abolition des castes qui a émancipé quatre cents millions d'hommes et fondé la plus grande église de la terre ». Comme Luther contre la papauté, le fils des Çâkyas a lutté pied à pied contre le brahmanisme. Comme Jésus il a opposé et substitué au pharisaïsme des rites, le culte intime de la pitié ; comme lui il a « préféré, disait Taine [2], les petits et les pauvres ». Max Müller ne nous montre-t-il pas, comme dans le Christ aux cent florins, voleurs et brigands, mendiants et estropiés, esclaves et prostituées, banqueroutiers, et balayeurs des rues se pressant autour du Bouddha ? Il ajoute [3] : « Le mauvais esprit de la caste semble s'être évanoui. » Il y a donc eu une Révolution bouddhique, sœur aînée des Réformes et Révolutions des occidentales. Et le sentiment que faisait vibrer son souffle sur la terre des castes, cinq ou six siècles avant l'ère chrétienne, c'était bien déjà le sentiment égalitaire.

Que penser de cette objection ?

La tournerons-nous en faisant observer que si le bouddhisme a en effet élevé, en Inde, la protestation égalitaire, il a finalement payé de sa vie, pourrait-on dire, cette audace paradoxale ? Il a voulu lutter, conclut-on quelquefois, contre le mauvais esprit de la caste : mais, en fait, ce mauvais esprit l'a terrassé. Au nombre des preuves que le régime a fournies de sa vitalité, il faudrait donc inscrire la fuite de la religion bouddhiste, qu'il aurait réussi à expulser de son royaume. Et l'on sait, en effet, que si la religion bouddhiste a conquis et conquiert encore dans tout l'Extrême-Orient des millions de fidèles, elle en a perdu le plus grand nombre, au contraire, dans son pays d'origine. Elle a vigoureusement essaimé, mais la première ruche est quasi abandonnée. Un mystère continue d'envelopper d'ailleurs cette disparition du bouddhisme hindou. Il semble bien que pour

---

1 *La Bible de l'humanité,* p. 75 en note.
2 *Nouveaux essais de critique et d'histoire,* p. 344.
3 *Mythologie comparée* (trad. franç.), p. 396.

Célestin Bouglé

en rendre compte on doive renoncer à la première explication qui s'était présentée à l'esprit : on ne trouve pas trace d'une persécution systématique par laquelle les bouddhistes auraient été chassés. Moins peut-être parce que l'âme hindoue, comme on l'a dit parfois, ne connaît pas l'intolérance dogmatique, que parce qu'il a toujours manqué, à la société hindoue, ce degré d'unité politique sans lequel une grande persécution s'organise difficilement [1]. Cela laisse le champ libre aux hypothèses ; cela permet en particulier de supposer sans invraisemblance que si, devant un retour offensif de la tyrannie brahmanique, le bouddhisme a dû céder progressivement, c'est qu'il y avait en effet, entre son esprit et les tendances intimes de la civilisation hindoue, entre les théories égalitaires de l'un et les instincts anti-égalitaires de l'autre, une incompatibilité congénitale.

Mais il faut avouer qu'il est malaisé d'obtenir de cette thèse une preuve positive. On ne voit point de fait qui permette d'assurer que si nombre d'Hindous ont abandonné le bouddhisme, c'est que des scrupules de caste les empêchaient d'y demeurer. Et puis le bouddhisme n'a-t-il pas prospéré trop longtemps en diverses régions de l'Inde, n'a-t-il pas laissé, dans celles mêmes d'où il a complètement disparu aujourd'hui, trop de monuments, trop de preuves durables de sa fécondité pour qu'on puisse supposer entre son génie et le génie hindou on ne sait quel antagonisme vital ?

Force est donc de chercher dans une tout autre direction le mot de l'énigme proposée. Et peut-être le trouverait-on plus facilement si l'on portait l'attention non plus sur ce qui oppose les tendances générales de l'Inde et la tendance particulière du bouddhisme, mais sur ce qui les rapproche et les fait converger. On présente le bouddhisme comme anti-hindou parce qu'il fut égalitaire ? Peut-être serait-il possible de montrer qu'il n'a pas été égalitaire à proprement parler, précisément parce qu'il est resté hindou. Peut-être faudrait-il résister méthodiquement aux suggestions de l'analogie, et maintenir qu'entre les révolutions sociales qui ont renouvelé l'Occident et la « révolution bouddhique » il n'y a en fait aucune espèce de parenté.

Il semble au premier abord difficile de contester, sans paradoxe, que l'égalitarisme imprègne le bouddhisme. L'histoire de l'

1 BARTH, *The religions of India*, p. 134 sqq.

« Illuminé », les pratiques de sa Communauté, les doctrines de sa Loi, tout semble confirmer l'impression des premiers commentateurs européens.

On se souvient que lorsque le Bouddha a mis à nu les racines de la douleur universelle et trouvé, dans l'anéantissement du désir par la connaissance, la voie de la délivrance finale, Mâra le tentateur se présente une dernière fois devant lui. Grâce à la puissance du Malin, le Bouddha pourra entrer aussitôt dans la paix du Nirvâna, à une seule condition : qu'il abandonne le monde à sa vie misérable et perpétuellement renaissante. Mais la pitié qui veille au cœur du Bouddha est plus forte que sa soif de l'éternel repos. Il refuse d'abandonner les hommes avant de les avoir munis de son viatique, de ce viatique qui délivre du tourment de la vie. Il redescend vers la terre pour prêcher sa loi, « loi de grâce pour tous » et que tous sans exception, quelle que soit leur condition ici-bas, pourront mettre à profit – prosélytisme égalitaire aussi éloigné qu'on peut le demander de l'exclusivisme hautain du Brahmane.

Lorsque la communauté bouddhique s'organise, elle n'oublie pas la leçon de ce prosélytisme. À la vierge tchandâla qui revenait de la fontaine et l'avertissait charitablement de sa caste impure, Ananda, le serviteur de Çâkyamouni, avait répondu : « Je ne te demande, ma sœur, ni ta caste, ni ta famille : je te demande de l'eau si tu peux m'en donner ! » Et Çâkyamouni avait reçu parmi ses fidèles la Tchandâla étonnée [1]. On fera donc profession, dans les couvents bouddhistes, de ne fermer la porte à personne pour cause d'indignité sociale, on ne tiendra compte pour la hiérarchie qui s'y établit que de l'ancienneté, du mérite personnel, ou de l'âge, ou de la science acquise. Et ainsi au sein du couvent on peut dire que les castes se perdent et se fondent. « De même, ô disciples, que les grandes rivières, toutes tant qu'elles sont, la Gangâ, la Yamounâ, l'Aciavatî, la Sarabhohî, la Maû, lorsqu'elles atteignent le grand Océan, perdent leur ancien nom et leur ancienne race, et ne portent plus qu'un seul nom, celui du grand Océan, ainsi, ô disciples, les membres de ces quatre castes, Nobles et Brahmanes, Vaiçyas et Cûdras, lorsque, conformément à la règle et à la doctrine qu'a prêchée le Parfait, ils disent adieu à leur maison pour mener une vie errante, perdent leur ancien nom et leur ancienne race et

---

1 Voir BURNOUF, *Introduction à l'histoire du bouddhisme indien*, p. 183 sqq.

Célestin Bouglé

ne portent plus qu'un seul nom, celui d'ascètes sectateurs du fils des Çâkyas » [1].

Les théories ne manquaient pas d'ailleurs, illustrées ou non par les légendes, pour justifier cette pratique et rétorquer directement les prétentions brahmaniques. Triganku, roi tchândâla, fait valoir contre elles la même sorte d'arguments qu'on retrouve en Europe dans les hymnes égalitaires des paysans soulevés.

« Il n'y a pas, entre un Brahmane et un homme qui soit d'une autre caste, la différence qui existe entre la pierre, l'or, les ténèbres et la lumière. Le Brahmane n'est sorti ni de l'éther ni du vent, et n'a pas fendu la terre pour paraître au jour, comme le feu qui s'échappe du bois de l'Aranî. Le Brahmane est né de la matrice d'une femme tout comme le Tchândâla. Pourquoi donc l'un serait-il noble et l'autre vil ? »

Mais ce n'est pas seulement le privilège du Brahmane qui est directement contesté. D'une manière plus générale on s'efforce d'atténuer les différences que la tradition brahmanique marquait entre les castes hautes et basses. Aux explications mythiques qui faisaient sortir chaque classe d'un membre de la divinité, on substitue des explications historiques et tout humaines de la division des fonctions [2].

« Nous voulons instituer un être qui, à notre place, réprimande celui qui mérite la réprimande. En récompense nous voulons lui donner une partie de notre riz. » Ainsi parlèrent les hommes lorsque les premiers vols leur firent comprendre la nécessité d'une force publique. Et ce fut l'origine de la royauté. Par des conventions analogues on expliquait l'origine du sacerdoce. C'était faire preuve sans doute d'un esprit déjà positif et critique, propre à ébranler les traditions sacrées qui sont les piliers du régime.

Qu'on y regarde toutefois de plus près : on constatera que l'esprit de la réforme bouddhiste est loin de posséder l'intransigeance combative que nous sommes portés à lui prêter lorsque nous le voyons à travers l'esprit de nos propres révolutions. On ne s'étonnera plus qu'en fait il ait laissé intactes les parties essentielles de l'édifice des castes.

---

1 Voir OLDENBERG, *Le Bouddha, sa vie, sa doctrine, sa communauté* (trad. FOUCHER, Paris, F. Alcan, 1903), p. 154.
2 OLDENBERG, *loc. cit.*, p. 152, en note.

Deuxième partie

Est-il vrai, d'abord, que le bouddhisme « alla au peuple » et mit sa fierté à parler aux humbles ? Le ton général de sa prédication suffirait à nous en avertir : il est malaisé de croire qu'elle s'adressait de préférence aux « pauvres d'esprit ». Le Bouddha parle, sans doute, la langue populaire de l'Hindoustan oriental, mais ses sermons gardent l'empreinte scolastique [1]. Lorsqu'il explique, avec force distinctions, comment de l'ignorance proviennent les formations, des formations la connaissance, de la connaissance le nom et la corporéité, du nom et de la corporéité les six domaines, le contact, la sensation, la soif, l'attachement, l'existence, la naissance, et par suite toute la douleur du monde, il faut pour le suivre un esprit assez tendu, et rompu à la dialectique traditionnelle. Au surplus il en fait lui-même la remarque : « Pour l'humanité qui s'agite dans le tourbillon du monde, qui a son séjour dans le tourbillon du monde et qui y trouve son plaisir, ce sera une chose difficile à embrasser par la pensée que la loi de causalité, l'enchaînement des causes et des effets. » – « C'est à l'homme intelligent, dira-t-on encore que s'adresse la doctrine, non au sot. »

En fait ce sont bien des gens cultivés, les fils des nobles familles (Kulaputtâ) dont parle le sermon de Bénarès, que nous voyons se grouper autour du Parfait. M. Oldenberg [2] relève parmi eux des nobles comme Rahoula, de jeunes Brahmanes comme Sariputta, des fils de chefs de la bourgeoisie comme Yasa ; mais en dépit de la légende d'Ananda, pas un Tchândâla n'est mentionné. Même parmi les fidèles laïques, princes et nobles, personnages riches et haut placés, l'emportent sur les gens de peu. Si l'on ajoute que lorsqu'elle parle des naissances antérieures du Bouddha, la tradition se garde bien de le faire apparaître au milieu d'une caste inférieure, mais toujours dans les rangs des Kshatriyas, on ne peut se défendre de l'impression que le bouddhisme fut d'abord, sans doute, une secte de nobles, une de ces écoles de Kshatriyas comme il s'en était trouvé dès la haute antiquité hindoue pour opposer leur théologie – l'Épopée et les Upanishads en font foi – à la théologie brahmanique.

Et certes, plus que toute autre secte, le bouddhisme devait être

1 *Ibid., loc. cit.*, pp. 180-200.
2 P. 154. FICK remarquera de même que, dans les ordres bouddhiques, il est rarement fait mention du bas peuple (*Die sociale Gliederung im Nordöstlichen Indien zu Buddha's Zeit*), p. 51.

Célestin Bouglé

redoutable à l'autorité des Brahmanes : il tendait à la rendre inutile par cela même qu'il restreignait la part de la théologie proprement dite en même temps que celle des rites, et, sans chercher à résoudre les derniers mystères – le blessé que le médecin vient panser en demande-t-il si long ? – offrait aux blessés de la vie le moyen de se sauver tout seuls. Il est donc évident que la communauté bouddhique travaillait à soustraire leur clientèle aux prêtres de l'hindouisme : l'opposition d'intérêts est indéniable. Mais en quoi cette lutte de deux clergés, comme dit M. Senart [1], devait-elle avoir pour résultat de ruiner tout le système des castes ? La remarque appliquée aux petites sectes réformatrices reste vraie du bouddhisme. Ceux qu'il assemble en communauté, il les soustrait en quelque sorte à la vie sociale. Par le vœu de mendicité et le vœu de chasteté qu'il leur impose, il les détourne, en même temps que de l'œuvre de la reproduction, des tâches de la production. Les règles de la spécialisation héréditaire aussi bien que celles du mariage endogamique ne portent donc plus sur eux ; mais elles continuent de peser sur les fidèles du dehors, sur les laïques dont les fils viendront grossir les rangs de la communauté, ou dont le travail l'entretient. Ceux-là continuent de gagner leur vie ou de choisir leur femme en se gardant d'outrepasser les limites consacrées : tout convertis qu'ils sont à la foi bouddhiste ils restent encadrés dans l'organisation brahmanique.

Par où l'on voit à quel point les bouddhistes sont loin d'avoir reconstruit, sur plans nouveaux, l'édifice de la société hindoue : s'ils travaillaient à en déplacer le toit, ils ne songeaient nullement à en changer les assises.

Combien ils se préoccupaient d'ailleurs de ne point troubler l'ordre reçu, et de ne point se mettre à dos les puissances de ce monde, on s'en rendra compte si l'on se souvient des restrictions auxquelles était soumise l'admission dans leurs couvents. Le lyrisme égare leurs admirateurs lorsqu'ils nous montrent tous les sans-asile, les voleurs, les esclaves se serrant sous la robe jaune des moines bouddhistes. En réalité leur couvent reste fermé par principe non seulement aux infirmes, aux incurables, non seulement aux criminels, mais aux débiteurs en fuite, aux esclaves, aux mineurs, à tous ceux que quelqu'un pourrait réclamer et dont la présence

1 *Les castes dans l'Inde*, p. 240.

Deuxième partie

risquerait d'allumer, sur quelque point que ce fût, un conflit entre la communauté et le siècle [1].

Se retirer du siècle, ne plus participer en aucune manière à l'illusion des vivants qui se laissent entraîner par la Roue de la vie, voilà en effet l'idéal secret de l'église bouddhiste ; et l'on comprend sans peine combien cet idéal est mal fait pour seconder une véritable réforme sociale [2]. Il ne lève pas l'étendard de la révolte : bien plutôt donne-t-il le signal de la fuite. Que parlions-nous de reconstruire l'édifice où sont distribuées les classes ? Ne serait-ce pas encore entasser des nuées ? La grande affaire est de s'évader du cycle des renaissances, non de s'installer dans la vie présente. Et ainsi le pessimisme essentiel du bouddhisme vient stériliser les germes de réformes égalitaires apportés, semblait-il, par son prosélytisme.

Qu'est-ce à dire, sinon que cette espèce de neurasthénie politique, cette incapacité de réagir et de réformer tient précisément à la philosophie diffuse dans l'air hindou, et dont le bouddhisme s'était laissé imprégner ? On l'a souvent répété : la pensée hindoue ne se repose que dans l'absolu. Sous la méditation de ses philosophes, les divinités qu'elle a conçues se rapprochent, se transforment les unes en les autres, finalement se dissolvent dans l'Être unique, comme les nuées mouvantes après leurs métamorphoses indéfinies retournent à l'Océan. De ce point de vue tout ce qui change et passe, tout ce qui vit et meurt apparaît comme indigne qu'on s'y attache.

Le mouvement n'est qu'un autre nom du mal. L'âtman individuel doit se réfugier et se perdre au sein de l'âtman universel et immobile qui, seul, est à l'abri de la douleur du monde : « En dehors de lui, dit la philosophie Vedânta, il n'y a qu'affliction. » La philosophie Sânkhya veut de même que l'âme ait la force de s'immobiliser, de se retirer sur les bords du fleuve, de se tenir en dehors du devenir matériel étant : « Je ne suis pas cela. » La même antithèse entre l'Être et le Devenir fera le fond du pessimisme bouddhiste. Et, à vrai dire, la doctrine, manifestant au milieu même du courant d'idées traditionnel ce que l'on peut appeler sa tendance positiviste et pratique, ne s'attardera plus à considérer en soi, à nommer, à diviniser l'Être absolu : il lui suffit, pour prononcer le verdict de

---

1 BURNOUF, *Introduction*, p. 290 sqq.
2 OLDENBERG, *loc. cit.*, p. 339.

Célestin Bouglé

l'universel détachement, de constater la mobilité universelle.

Le Bouddha n'est pas seulement un homme qui pleure sur la vieillesse, la maladie et la mort : c'est encore et surtout un philosophe qui n'a que dédain pour ce qui n'est qu'éternellement éphémère [1]. Quand pénètrent dans le ciel les rayons lumineux produits par le sourire de Sakya, ces paroles, dit un Soutra, s'y font entendre : « Cela est passager, cela est misère, cela est vide, cela est privé de substance. » – « Ô religieux, lisons-nous ailleurs, tous les composés sont périssables. Ils ne sont pas durables. On ne peut s'y reposer avec confiance. Leur condition est le changement : tellement qu'il ne convient pas de concevoir rien de ce qui est un composé et qu'il ne convient pas de s'y plaire ! »

En un mot, de la spéculation hindoue le bouddhisme retient et renforce précisément tout ce qui peut détourner de la vie. Non sans doute qu'il faille représenter la loi bouddhique, ainsi qu'on l'a fait longtemps, comme une urne funèbre, un vase inépuisable de désespoir. Il y a une joie propre au bouddhisme qui illumine les visages des fidèles comme des prêtres, et dont le rayonnement a frappé tous les pèlerins européens. Les plus récents commentateurs de la Doctrine nous font observer qu'on en fausserait le caractère en la présentant comme une philosophie du néant [2]. Peut-être le Nirvâna où elle conduit serait-il, comme le pensait Max Müller, le plus haut achèvement de l'existence bien plutôt que sa suppression, la pleine lumière et non les pleines ténèbres [3]. En tout cas la perspective de cette paix finale pacifie dès ici-bas les sages en les sauvegardant de la furie ascétique, et communique, à ceux dont les sens sont en repos, « une parfaite joie que les dieux mêmes envient » [4]. Il n'en reste pas moins que cette joie supérieure, avant-goût de la libération, on ne la trouve qu'en se détournant du monde, en refusant d'y prêter la moindre attention, d'y appliquer un seul effort : en ce sens aucune doctrine n'a mieux

1 Voir BURNOUF, *loc. cit.*, pp. 74, 328.

2 Un des reproches que M. OLDENBERG (*Aus Indien und Iran*) adresse à *l'Essai* de TAINE sur le bouddhisme, c'est que le pessimisme bouddhique y est poussé au noir.

3 Cf. OLDENBERG, *Le Bouddha*, p. 267 ; BARTH, *The religions of India*, p. 114 ; Lehmann, dans le *Manuel d'histoire des religions* de CHANTEPIE DE LA SAUSSAYE, trad. franç., p. 387.

4 Cf. KERN, *Manual of indian Buddhism*, Strasbourg, Trübner, 1896, p. 12.

Deuxième partie

justifié l'abstentionnisme social.

Dans ce renoncement à l'effort terrestre faut-il voir seulement une conséquence normale des principes autour desquels gravite la spéculation hindoue ? Le fondateur du personnalisme, Charles Renouvier, montre comment le pessimisme est le fruit éternel et toujours renaissant des philosophies de l'émanation : elles enlèvent à l'individualité, en même temps que tout motif d'agir par elle-même sur le monde, toute réalité véritable [1]. Mais il est permis de penser que si la spéculation en Inde a pris ce tour, si elle a préféré, par une sorte d'instinct qui ne s'est jamais démenti, les doctrines justificatrices du détachement et de l'inaction, la pression du milieu, non seulement naturel, mais social, y est pour quelque chose. N'a-t-on pas justement répété qu'en Inde la nature et la société conspirent pour accabler l'individu ? Représentez-vous en particulier dans quel cercle étroit d'obligations de toutes sortes la caste l'enferme et l'immobilise pour la vie, et vous comprendrez, disait Taine [2], « le désir de la délivrance finale qui, comme un cri passionné, continu, sort de ce puits de désolation ». En ce sens le régime des castes lui-même, parce qu'il a fait perdre à l'Inde le sens de l'espoir actif, serait l'auteur responsable de l'inertie dont le bouddhisme, tout égalitaires que soient ses formules, fait preuve devant les réformes sociales.

Au surplus, que l'idée même de ces réformes dût malaisément lui venir, qu'il ne dût pas en sentir le besoin, c'est ce qui s'expliquerait non plus seulement par son dégoût de la vie mais par sa croyance, qu'il partage avec toute l'Inde, aux pérégrinations de l'âme de vie en vie, à la transmigration. On pourrait soutenir en effet que ce que l'Hindou craint par-dessus tout, c'est moins de mourir que de ne pas mourir ; c'est d'être condamné à renaître sous des formes variées et qui seront comme les rétributions fatales de ses œuvres.

Manou n'édicte-t-il pas que celui qui a volé du grain renaîtra sous la forme d'un rat, celui qui a volé du linge renaîtra sous la forme d'une grenouille, celui qui a pris la femme d'un autre sous la forme d'un phtisique ? Ainsi le monde est plein d'âmes, récompensées ou punies. Sa hiérarchie est l'expression d'une justice intime. La forme où je loge aujourd'hui a été préparée par mes actes antérieurs. Ce

---

1 *Philos. analytique de l'histoire*, II, p. 143 sqq.
2 *Nouveaux Essais*, p. 331.

Célestin Bouglé

que je suis est le fruit de ce que j'ai fait. « Mes œuvres sont mon bien, mon héritage, mes œuvres sont le sein qui me porte, la race à laquelle je suis apparenté. » Telle est la théorie du Karman, à laquelle le bouddhisme aussi devait faire une large place [1].

Et à vrai dire on a observé qu'entre cette théorie et la théorie de l'âtman adoptée par un certain nombre d'écoles bouddhistes, il se révèle, au premier abord, une sorte de contradiction [2]. Le bouddhisme ne présente-t-il pas le moi comme une simple unité de composition, toute superficielle, et transitoire, analogue à l'unité d'un chariot ? Sa doctrine n'est-elle pas, encore plus qu'un athéisme, un « apersonnalisme » ? Comment donc une individualité, qui au demeurant n'est rien, peut-elle subsister à travers les changements et passer de corps en corps « comme le singe saute de branche en branche », jusqu'à ce qu'elle arrive à la libération et perde le souvenir de toute existence « comme le serpent dépouille sa peau ridée » ? Mais ne peut-on, sans postuler la persistance d'une identité proprement personnelle, admettre une sorte de transmission, de vie en vie, des effets de l'action ? Voyez la flamme qui dévore une forêt et court d'arbre en arbre : suivant l'essence de celui qu'elle vient de brûler, elle devient haute ou basse, pure ou impure, splendide ou fuligineuse. Ne serait-ce pas l'image du karman qui passe d'âtman en âtman ? Au surplus, que ces deux notions soient difficiles à concilier et que cependant la croyance à la transmigration se retrouve au cœur du bouddhisme, cela prouve simplement, sans doute, avec quelle force l'opinion traditionnelle l'imposait aux penseurs. Et ici encore ce qu'il faut admirer le plus c'est comment les obsessions de cette opinion, directement ou indirectement, servent les intérêts du régime des castes.

Michelet s'est en effet lourdement trompé lorsque, célébrant avec effusion le respect des Hindous pour nos « frères inférieurs », il en augurait que la théorie de la transmigration, par cela seul qu'elle relie et mêle en quelque sorte le monde des animaux au monde des hommes, devait être hostile à l'esprit de distinction et d'opposition qui maintient les castes. « La caste-bête est supprimée, s'écrie-t-il en commentant le baiser de Râma au singe Hanoumat ; comment subsisterait-il encore quelque chose des castes humaines ? » Bien

---

1 OLDENBERG, *Le Bouddha,* p. 234.
2 KERN, *Manual,* p. 49 ; cf. BARTH, *Relig.* of *India,* p. 113.

plus justement M. Pillon observe que d'une doctrine qui ne sait pas dégager le règne humain du règne animal, on peut craindre qu'elle estime mal le prix de la personne humaine et la valeur du mérite individuel. Ne sera-t-elle pas portée, par cela même qu'elle ignore les limites marquées par la nature et la raison, à admettre que la distinction entre le Brahmane et le Çûdra est aussi légitime, aussi naturelle que la distinction entre l'homme et la bête ? Rien de plus funeste que ces vagues rapprochements panthéistes à la notion du droit égal des êtres raisonnables.

Mais indépendamment de ces confusions dangereuses, c'est surtout par ses arguments positifs, c'est par son explication du mal présent que la théorie de la transmigration étaie le régime des castes ; si le pessimisme radical atrophiait au cœur des hommes « l'instinct de la révolte », ce fatalisme en extirpe jusqu'au sentiment que le présent peut être injuste. Les conséquences de cette espèce de stérilisation, nul ne les a mieux déduites que M. Pillon [1] : « En faussant la notion de l'immortalité, la loi de la transmigration fausse en même temps celle du mérite et du démérite, de la peine et de la récompense. Plus de distinction entre le fait et le droit, entre le réel et l'idéal, entre la fatalité physique et l'ordre moral. Le mal physique est considéré non seulement comme la conséquence nécessaire, mais comme l'expression certaine, le signe infaillible du mal moral, si bien que les deux idées, ne pouvant se séparer, finissent par n'en plus faire qu'une seule. À la suite de cette proposition : *Tout démérite entraîne nécessairement une douleur*, s'est glissée celle-ci : *Toute douleur entraîne nécessairement un démérite, un péché, et nécessairement une peine, une expiation.* Dès lors toute réalité est avouée par la conscience, tout fait devient l'expression de la justice et veut être respecté à ce titre, tout malheur, toute souffrance, sans qu'on sache comment ni pourquoi, est méritée par celui qui l'endure. Le brahmanisme est conduit à cette monstruosité de réputer légitime une expiation qui n'est pas accompagnée de la connaissance, de la mémoire du démérite expié ! Voilà la conscience devenue la complice de toutes les fatalités naturelles et sociales ; elle n'accusera plus rien, ne protestera contre rien, ne se révoltera contre rien. La loi de la transmigration consacre, immobilise, éternise l'inégalité des conditions, la division de la

---

1 *Année philosophique*, 1868.

Célestin Bouglé

société en castes ».

Quoi d'étonnant dès lors que la réforme bouddhiste, s'accommodant de la transmigration, se soit adaptée aussi au régime que cette philosophie légitime ? M. Barth fait observer qu'en fait, non seulement le bouddhisme ne détruisit pas la caste dans les pays où il fut dominant, mais probablement il l'importa dans les pays où elle n'existait pas encore et où elle a duré à ses côtés – dans le Dekhan, à Ceylan, aux îles de la Sonde. Nous comprenons maintenant les raisons profondes de cette solidarité persistante. En dépit de son opposition au privilège brahmanique, le bouddhisme n'a pas eu la force, il n'a même pas eu l'intention de renouveler les formes sociales de l'Inde, parce qu'il n'a pas cessé de s'alimenter au fonds d'idées dont elle vit. Il n'a pas fait jaillir à vrai dire une source de notions toutes nouvelles : il a bu lui aussi au fleuve puissant et trouble de l'émanatisme traditionnel, à cette espèce de Léthé de l'Orient qui verse, aux vivants qui en boivent, le dédain des injustices de la vie.

Il est donc vrai que les « dominantes » de la civilisation hindoue restent toujours en harmonie avec les exigences du régime des castes. La première impression que nous avait laissée la résistance opposée par ce régime, non seulement à la diversité des institutions politiques mais à la multiplicité des innovations religieuses, n'a pu que se confirmer au fur et à mesure que nous avons mieux connu, et analysé de plus près la nature de « l'exception bouddhique. »

Chapitre II

La caste sous l'administration anglaise

L'histoire ancienne de l'Inde se dérobe, disions-nous, et fuit dans les nuages ; mais sur son histoire récente, au contraire, la lumière est projetée à flots. L'idéalisme hindou dédaignait d'inscrire pour la postérité les faits et gestes des hommes ? Le réalisme anglais, au contraire, prête toute son attention aux moindres mouvements des masses qu'il gouverne. De dix ans en dix ans, les accroissements de la population, la manière dont elle se distribue, s'instruit, s'occupe, les gains ou les pertes des langues et des religions, les déclins ou les progrès des institutions diverses, tout est noté par les soins du civil service en une admirable collection de statistiques et de rapports [1].

Cette collection contient, en particulier, sur le mouvement actuel des castes, un grand nombre d'informations. Il ne sera pas inutile d'en rappeler ici les résultats principaux ces dernières nouvelles du régime que nous étudions, en même temps qu'elles renverront sans doute d'utiles lumières sur sa vie passée, nous fourniront une occasion de plus de mesurer sa vitalité. S'il se montre capable de résister jusqu'à un certain point même à la civilisation anglaise, il nous fournira ainsi une dernière preuve, et non la moins frappante de la mainmise qu'il exerce sur la civilisation hindoue.

Et à vrai dire, l'Anglais n'a jamais prétendu modifier, ou même il a souvent prétendu ne pas modifier la civilisation hindoue. Il ne s'est présenté ni comme un conquérant à proprement ni comme un missionnaire. Il a fait profession de respecter les us et coutumes, les croyances et les lois indigènes. Administrer en gouvernant le moins possible, c'était sa devise. Assurer aux hommes le minimum de sécurité et de justice indispensables à l'exploitation de la nature, à cela se bornait, déclarait-il, son ambition.

Mais, pour réaliser ce plan, il s'est trouvé que l'Angleterre débarquait sans bruit, sur la terre sacrée des Védas, toute une civilisation nouvelle avec armes et bagages. Peu d'armes en réalité, mais beaucoup de bagages : tout le matériel des inventions et des institutions européennes, toutes ces idées qui s'incarnent en des choses, qui revêtent la forme tangible de l'usine et de l'école, du bureau de poste et de la locomotive, et qui, par cela même qu'elles changent le décor de la vie, semblent capables, lentement, mais sûrement, de renouveler jusqu'au fond des âmes.

En fait, il est aisé de s'en rendre compte : l'introduction de la civilisation anglaise multiplie fatalement, pour les membres des diverses castes, les occasions de se coudoyer quoi qu'ils en aient, et d'utiliser les mêmes instruments au mépris des répulsions traditionnelles. Nous avons dit que lorsque le gouvernement

1 C'est le *Census of India*. Pour chaque province, il y a un volume de statistiques et un volume de rapports. Les résultats généraux, pour l'ensemble de l'Inde, sont consignés dans deux volumes spéciaux (rédigés, pour 1901, par MM. RISLEY et GAIT). Qu'il nous soit permis de remercier ici M. Risley qui, lorsqu'il sut que nous nous occupions de la caste en Inde, nous fit envoyer gracieusement toute la collection de 1901.

Célestin Bouglé

voulut établir à Bombay une canalisation pour l'eau, ce fut d'abord un grand émoi : les purs et les impurs, les deux-fois-nés et les Çûdras devraient donc s'alimenter aux mêmes robinets ? Mais un panchayat habile résolut les difficultés en déclarant que la taxe élevée, à propos de cette canalisation, par l'administration anglaise pouvait être considérée comme une amende ; elle rachèterait les péchés que la communauté des robinets exposait à commettre. Ce n'est qu'un exemple des concessions de toutes sortes, des accommodements avec le siècle auxquels l'esprit de la caste est journellement acculé. Le seul usage du « te-rain », comme dit le *Kim* de Kipling, ne doit-il pas ébranler la puissance de cet esprit ? Le chemin de fer nivelle en même temps qu'il unifie. La mobilité matérielle prépare la mobilité sociale et morale. Plus aisément désencadrés, détachés de leur milieu originaire, les individus auront moins de peine à se délivrer des traditions qui, en les maintenant séparés, les oppriment.

Au surplus, ce n'est pas seulement d'une manière indirecte et en renouvelant leurs impressions, c'est plus directement, par les changements qu'elle impose à leurs situations mêmes que l'Angleterre atteint l'âme des Hindous. Les importations croissantes d'objets fabriqués de la métropole n'ont-elles pas eu pour résultat de rendre impossible, à un certain nombre de castes, l'exercice de leur art traditionnel ? C'est ainsi que beaucoup de tisserands ont dû, après une résistance désespérée, refluer vers l'agriculture. Ailleurs, c'est pour un emploi dans l'usine nouvellement ouverte que le métier des ancêtres est délaissé. C'est enfin l'administration elle-même qui offre des débouchés inattendus : on devient agent, clerc, receveur, contrôleur : nombre de Brahmanes sont policemen et portent sans scandale – que diraient leurs ancêtres ! – des ceintures de cuir. L'ambition indigène n'est plus d'ailleurs arrêtée en principe aux degrés inférieurs du fonctionnarisme : rien n'empêche *a priori* qu'un Hindou des plus basses castes, pour peu qu'il ait subi avec succès les épreuves des concours réglementaires, s'élève dans l'échelle du *civil service* à des postes de direction.

On comprend par là que ce ne soient pas seulement les professions qui changent, mais bien les situations sociales : en même temps que la spécialisation, la hiérarchie traditionnelle en peut être bouleversée. Une espèce inconnue, semble-t-il, à l'Inde antique –

le *selfmade man,* l'homme nouveau, – va apparaître. Si le membre d'une caste inférieure se trouve, de par la loi du concours égal pour tous, investi d'une part de la puissance publique, comment le respect ne serait-il pas désorienté dans ses directions séculaires ? Les effets de ces déplacements de valeur se feront sentir jusque sur les mariages : parvenus ou diplômés commencent, dit-on, à faire prime dans certains milieux, alors même que laisserait à désirer la pureté de leur généalogie.

Les trois colonnes du régime des castes – la spécialisation héréditaire, la hiérarchie consacrée, la répulsion mutuelle – se trouveraient donc plus ou moins directement minées par le progrès silencieux de l'administration anglaise. Il faut ajouter que celle-ci semble en voie de donner aux peuples de l'Inde ce que leur a toujours refusé le régime des castes : un principe de cohésion, un motif d'unité. Faire peser sur leurs épaules un pouvoir unique et toujours présent, n'était-ce pas leur suggérer la notion qui leur manquait d'un ennemi commun ? Ils connaissent ainsi, au fur et à mesure qu'ils deviennent conscients, le sentiment d'être exploités ensemble, et le désir de se coaliser pour la résistance. Leur moi national commence à se poser en s'opposant à la domination étrangère. La patrie hindoue naît, aux pieds de l'État anglais, pour se dresser contre lui [1]. Et en ce sens, tant parce qu'elle en atténue indirectement les divisions primitives que parce qu'elle leur fournit un principe positif d'unification supérieure, on peut dire que l'Angleterre entraîne l'Inde – qu'elles le veuillent ou non l'une et l'autre – sur les chemins nivelés du progrès occidental.

Toutefois on s'abuserait étrangement si l'on tenait pour chose faite, dès à présent, l' « européanisation » de l'Inde. Avec quelle lenteur la transformation s'accomplira, si jamais elle doit totalement s'accomplir, on le mesure aisément dès qu'on descend des prévisions *a priori* aux constatations objectives. Il suffit d'ouvrir au hasard les recueils décennaux dont nous parlions pour comprendre que les ouvrières de désunion, les Parques de l'Inde, sont toujours au travail. La même passion de se distinguer, la même crainte de se mêler, et de se dégrader en se mêlant animent ces micro-organismes sociaux qui sont les castes, et les poussent à

---

1 Voir PIRIOU, *L'Inde contemporaine et le mouvement national,* Paris, F. Alcan, 1905, chap. IV et XII ; MÉTIN, *L'Inde d'aujourd'hui,* Paris, 1903, chap. VII.

Célestin Bouglé

se subdiviser à l'infini au lieu de s'agglomérer.

La civilisation anglaise, disions-nous, rompt sur plus d'un point la chaîne séculaire qui rattache le métier à la race. Mais croit-on que cette rupture ait pour résultat fatal la dissolution de la caste ? Bien plutôt aboutit-elle le plus souvent à la formation d'une caste nouvelle. Entre les familles qui abandonnent hardiment et celles qui conservent pieusement la vocation des ancêtres, les relations matrimoniales cessent bientôt : le cercle à l'intérieur duquel l'homme peut chercher femme, le cercle endogamique, n'en est que plus jalousement fermé.

Ce n'est pas à dire que les limites de la profession marquent en tout et pour tout les limites de la caste. On a cru pouvoir le soutenir naguère – nous l'avons vu [1] – et on espérait ainsi prouver que les castes ne sont que des ghildes pétrifiées : les nécessités, les traditions, les progrès de l'industrie auraient suffi à expliquer la manière dont elles se spécialisent, s'opposent et s'étagent. Cette théorie semble décidément abandonnée par les observateurs d'aujourd'hui [2]. Ne faudrait-il pas pour la conserver qu'on pût compter autant de castes que de professions ? Or il est de toute évidence que dans bien des cas les membres d'une même profession ressortissent à diverses castes, tandis que les membres d'une même caste se répartissent entre plusieurs professions. Dans la seule caste des Vanis par exemple l'enquêteur de la province de Bombay distingue 25% de commerçants, 39% d'ouvriers de l'alimentation, 10% de fabricants de drap et vêtements : 3% sont agriculteurs, 2% employés dans l'administration. Inversement, on peut compter dans les Provinces centrales 41 castes d'agriculteurs, 11 de tisserands, 7 de pêcheurs. C'est la preuve suffisante que le lien est assez lâche entre la spécialisation professionnelle et les prohibitions en matière de mariage. Il n'en reste pas moins que, malgré le démenti de ces faits, l'opinion règne suivant laquelle les membres d'une même caste *devraient* conserver la profession de leurs communs ancêtres ; c'en est assez pour nous faire comprendre que des changements de professions, tels que nous en constatons aujourd'hui, puissent en plus d'un cas servir de prétextes à des

1 Voir plus haut, Première partie, chapitre I
2 Voir les critiques adressées par M. RISLEY et par M. RUSSELL à la théorie de M. Nesfield (*Census of India*, 1901, I, p. 550, XIII, p. 151) ; cf. HOPKINS, *India old and new*, p. 180 sqq.

scissions de castes [1].

Il n'est d'ailleurs pas nécessaire, pour que ce résultat s'obtienne, qu'une partie de la caste change ses habitudes professionnelles et cherche un nouveau gagne-pain : il suffit qu'elle adopte quelque mode nouvelle, ou délaisse quelque ancien usage. L'habitude de négliger tel détail dans les cérémonies du sacrifice a pu faire descendre de quelques rangs certaines sections de Brahmanes ou de Kshatriyas. Inversement, les Awadhias Kurmis, dans le Bihar, se sont élevés au-dessus du commun des Kurmis grâce au zèle avec lequel ils ont interdit chez eux le remariage des veuves [2].

Ailleurs, c'est le changement de croyances qui détermine une subdivision : en d'autres termes, les sectes finissent par se constituer en autant de castes. Ainsi en est-il arrivé des Atiths et des Gosains au Bengale, des Bishnois dans les Provinces centrales [3]. Le phénomène est d'autant plus remarquable qu'il arrive assez souvent – nous l'avons vu – que les sectes en principe semblent égalitaires [4] ; elles commencent par protester contre les divisions que les scrupules de caste, entretenus par le brahmanisme, imposent au peuple hindou. Mais aujourd'hui comme autrefois, le génie de la caste est le plus fort : il fait accepter tout son système d'interdiction des groupes mêmes qui se sont dressés contre lui.

Au surplus, sans changement de coutumes ni de croyances, le simple déplacement suffit à entraîner des créations de castes. Entre le groupe qui a émigré et celui qui est resté au lieu d'origine, les rapports se relâchent. On ne se connaît plus : il deviendra de moins en moins facile de contracter mariage d'un groupe à l'autre. Ainsi quand les Khedawal Brahmanes du Gujarat s'établirent en Damoh, la caste-mère fit des difficultés pour leur donner ses filles [5]. C'est qu'en des cas pareils, expliquait un indigène, il devient difficile au membre d'une caste qui se présente pour prendre femme de prouver son identité, la pureté de sa généalogie. Par cela même qu'il revient de loin, il devient suspect. La crainte des mésalliances

1 M. ENTHOVEN, *Census*, 1901, vol. IX, p. 210.
2 RISLEY, *India* (*Census*, 1901, I), p. 521. – Cf. *Central Provinces* (vol. XIII, rapport de M. RUSSELL), p. 185.
3 Rapport de M. GAIT, *Census*, VI, p. 361.
4 M. RISLEY, après avoir énuméré les échecs des réformateurs égalitaires, conclut . « La race domine la religion ; la secte est plus faible que la caste » (*India, p.* 523).
5 *Central Provinces*, XIII, p. 156.

possibles finit par conduire à l'interdiction de toute alliance entre les deux segments séparés.

Il est vrai d'ailleurs que souvent les émigrants prennent femme sur place, d'une caste inférieure à la leur, sinon d'une tribu aborigène, et que ce mélange de sangs, abaissant le rang de leur descendance, entraîne normalement la formation d'un groupement nouveau. Telle est par exemple l'origine du groupe des Shagirdpeshas, nés de l'union d'immigrants Kayasths avec des servantes de l'Orissa [1].

Comme sur plus d'un autre point, nos observateurs relèvent ici une vérification des théories formulées dans les Lois de Manou. Elles prétendaient expliquer, par des unions illégitimes entre supérieurs et inférieurs, la multiplicité des castes qu'on est bien obligé de distinguer en dehors des quatre Varnas classiques. Explication forcée, et qui aboutit à des inventions puériles, si l'on veut rendre compte, par ce procédé, de la formation de toutes ces castes. Mais qu'un certain nombre d'entre elles aient dû leur origine à des mésalliances de cette sorte, c'est ce qu'il faut bien admettre pour le passé, s'il est vrai qu'encore aujourd'hui le fait se reproduit sous nos yeux.

Il faut ajouter aux groupements divers ainsi multipliés, ceux qui sont formés par les néophytes de l'hindouisme. On s'est parfois demandé, nous l'avons vu, si l'hindouisme pouvait être classé parmi les religions prosélytiques. Ses prêtres-nés, pensait-on, les Brahmanes isolés dans l'orgueil de leur sang, ont-ils rien du missionnaire ? En fait, sir A. Lyall nous a justement fait observer qu'aucune grande religion ne comptait peut-être, encore aujourd'hui, autant de conversions à son actif. Les peuplades à demi barbares qui vivent sur les frontières de l'hindouisme n'ont rien plus à cœur que de s'y faire incorporer. Elles brûlent d'échanger leur indépendance sauvage contre une dignité supérieure : et elles réclament pour cette ascension le secours du Brahmane. Peu préoccupé de bouleverser leurs croyances traditionnelles, il leur apprend par-dessus tout à respecter, en même temps que sa propre supériorité, les règles de la caste. Et c'est ainsi que les tribus converties, Doms du Bihar, Gujars du Punjab, Kolis de Bombay – plus ou moins profondément hindouisées d'ailleurs [2], les unes

---

1 *India*, I, p. 524.
2 *India*, I, pp. 519, 531 ; cf. *Central India*, XIX, p. 202 ; *Penjab*, XVII, p. 319 ;

Deuxième partie

gardant leur nom et jusqu'à leurs coutumes totémiques, les autres essayant de se rendre méconnaissables par une réforme complète – forment peu à peu sous les yeux des observateurs autant de castes nouvelles, qui s'élèvent inégalement dans la hiérarchie.

À quelle multiplicité et à quelle variété de groupements ces différents principes de division doivent donner lieu, une hypothèse imaginée par M. Risley, et appliquée aux milieux qui nous sont familiers, nous le rendra sensible. Représentons-nous la multitude des gens qui dans nos pays portent le nom de Dupuy, et imaginons qu'ils soient soumis aux règles et pénétrés de l'esprit de la civilisation hindoue. Ils se considéreraient donc comme les descendants d'un ancêtre éponyme, auquel la légende attribuerait quelque haut fait caractéristique ; et en principe, à l'intérieur de cette large famille, les mariages seraient légitimes, tout Dupuy pourrait épouser une Dupuy. En fait, cette liberté se trouverait bientôt limitée, et pour les raisons les plus diverses, ou sous les prétextes les plus bizarres. Des fossés se creuseraient non seulement entre les Du Puy en deux mots et les Dupuy en un mot, mais entre les Dupuy conservateurs et les Dupuy radicaux, entre les Dupuy du Languedoc et les Dupuy de Bretagne, entre les Dupuy brasseurs et les Dupuy viticulteurs, entre les Dupuy chasseurs et les Dupuy pêcheurs, entre les Dupuy antialcoolistes et les Dupuy buveurs d'alcool, etc. Toutes ces sections de Dupuy finiraient par se repousser les unes et les autres : elles se refuseraient la connuptialité, ou même la commensalité. Et sans doute il y aurait des degrés dans la répulsion qu'elles s'inspireraient, et ces degrés se traduiraient à leur tour par des pratiques diverses. Tels Dupuy se laisseraient mourir de faim plutôt que de manger « au même pot ». Tels autres s'y résigneraient aisément pourvu que les aliments fussent préparés sans eau. C'est ainsi qu'ils pourraient par exemple boire ensemble du chocolat au lait, non du thé, surtout du thé servi dans de la porcelaine... Si l'idée qui nous est fournie par ces analogies est exacte, si telle est l'infinie variété des principes diviseurs et des pratiques caractéristiques des castes, on comprend qu'un de nos observateurs puisse s'écrier avec dépit : « Le régime des castes est une collection amorphe d'anomalies et d'anachronismes, calculée pour embarrasser l'enquêteur le plus expert, pour décourager le chercheur le plus enthousiaste. »

Rajputana, XXV, p. 124 ; *Baroda*, XVIII, p. 502.

Célestin Bouglé

Et, à vrai dire, c'est déjà une question de savoir si les groupements qui se constituent ainsi sous nos yeux méritent proprement le nom de castes. La majorité des enquêteurs les appelle sous-castes : alors même que tel des prétextes que nous venons de rappeler détermine une scission, ces sections qui ont une même origine et qui conservent un même nom continuent d'être unies par un vague sentiment de parenté. Un lien idéal indéfinissable subsiste entre elles. Mais il reste vrai que ce lien de plus en plus se relâche, tandis que les groupes séparés grandissent, chacun de leur côté, en importance sociale en même temps qu'en indépendance. Les sous-castes d'aujourd'hui sont les castes de demain [1]. Ce sont elles en tout cas qui définissent directement, en même temps qu'elles déterminent immédiatement les obligations de l'individu. Si nous voulons par exemple être renseignés sur le *statut* de tel Brahmane, il ne nous suffira pas d'apprendre qu'il est de la catégorie des Panch Gaurs, ni même que parmi les Panch Gaurs il est un Kanaujiya et parmi les Kanaujiyas un Jijhotia. Il importe de savoir qu'il est un Bundelkhandi Jijhotia. Il ne peut prendre femme qu'à l'intérieur de cette section locale. C'est d'elle qu'il doit respecter avant tous les us et coutumes dans leurs particularités. C'est elle qui mesure son prestige et marque sa place dans la hiérarchie sociale.

Combien il est difficile, au milieu d'une telle multiplicité en mouvement, de retrouver le dessin de cette hiérarchie, on s'en rend compte. Les groupements en face desquels on se trouve ne sont pas de même nature : si les uns sont des espèces de ghildes cristallisées, d'autres, nous l'avons vu, sont des sectes pétrifiées, ceux-ci doivent leur origine à des mélanges de sang, ceux-là à des conversions de tribus. Comment fixer, sur une même échelle de dignité, les places respectives d'éléments aussi hétérogènes ? Ajoutons que si la seule distance matérielle suffit à diviser les castes, les changements de lieu marqueront aussi, le plus souvent, des changements de situation, des ascensions ou des déchéances : les Minas sont singulièrement plus estimés au pays d'Alwar par exemple qu'au pays de Marwar [2]. On observe fréquemment enfin pour une même caste, lorsqu'on passe du nord au sud ou de l'est à l'ouest, de brusques sautes de prestige. En cette matière aussi ce défaut d'unité se fait sentir,

1 Voir par exemple : LUARD, *Central India,* XIX, p. 193 ; RUSSELL, *Central Provinces,* XIII, p. 142 ; GAIT, *Bengal,* VI, p. 351.
2 *Census*, vol. XXV (Rajputana), p. 130.

qu'on a si souvent reproché à la civilisation hindoue. Tout ce qui constitue les nations a manqué aux masses qu'elle rassemble sans les unifier ; elles n'ont même pas une opinion publique à laquelle on puisse s'adresser pour vider les questions de préséances.

Toutefois, s'il est un point sur lequel les populations de l'Inde semblent bien préparées à s'entendre, n'est-ce pas précisément sur ce régime qui les maintient divisées ? On a souvent répété que le patriotisme manque totalement à l'Inde ; mais le sentiment qu'il y a et qu'il doit y avoir des castes, et qu'un homme commet un péché s'il essaie, en bouleversant tout l'ordre traditionnel, de sortir du sillon où ses pères ont marché, n'est-il pas pour l'Inde entière comme un succédané du sentiment patriotique ? Et sans doute chaque homme, en principe, est fier de sa caste et fait profession de ne la vouloir troquer contre aucune autre. Réunissez cependant des Hindous de castes diverses ; il faudra bien qu'ils avouent ce que proclament un certain nombre de pratiques traditionnelles contre lesquelles personne n'aurait la force de réagir : à savoir qu'il y a des castes supérieures, universellement révérées ou enviées, et des castes inférieures, méprisées universellement. En ce sens, au moins à l'intérieur d'une même province, il est possible d'établir, en consultant l'opinion commune, une sorte d'échelle officielle de la dignité des castes. C'est précisément ce qu'ont tenté, lors du dernier recensement, les enquêteurs anglais. Et leur tentative n'a pas été sans soulever quelques protestations, voire sans déchaîner quelques querelles. Les Rathors ont télégraphié pour obtenir qu'on cessât de les classer parmi les Telis. Les Khatris ont rédigé un long mémoire pour prouver leur droit au titre de Kshatriyas [1]. Pour l'ensemble, on peut dire que l'opinion s'est reconnue dans les résultats de l'enquête et a souscrit aux gradations proposées.

Ce qui est remarquable c'est que, dans les grandes lignes, les hiérarchies ainsi obtenues coïncident avec la hiérarchie consacrée par la tradition brahmanique. Le prestige du Brahmane continue d'être le centre d'aimantation du système. De là partent les lignes de force qui ordonnent la poussière des castes. C'est l'estime où la tient le Brahmane qui mesure la dignité d'une caste. Et lorsqu'on est indécis sur sa situation, on cherche à savoir de quelle façon elle est traitée par le prêtre-né. Au plus bas degré, on placera de l'aveu

---

1 *India*, I, p. 539.

Célestin Bouglé

commun et sans contestation, les castes impures, celles qui n'ont point droit d'entrer dans les temples, dont le moindre contact salit, dont le seul regard contamine tout aliment. Mais lorsqu'il s'agira de classer les castes dont la situation est intermédiaire entre cet excès d'indignité et l'excès d'honneur dont jouissent les Brahmanes, on sera le plus souvent réduit, aujourd'hui encore, à se demander si le Brahmane accepterait ou n'accepterait pas des aliments de la main de leurs membres – s'il en accepterait des aliments cuits avec de l'eau ou seulement des aliments cuits sans eau. Ce sont des critères de cette sorte qui décident toujours des préséances ; et l'usage qu'on en fait jusque sous nos yeux est la preuve de la puissance avec laquelle s'imposent, à l'opinion générale, les traditions classiques du brahmanisme.

Non que la société hindoue soit figée – les enquêteurs nous en avertissent – dans une sorte d'immobilité sacrée. On y découvre aisément les traces d'un mouvement incessant qui aboutit non seulement à des divisions nouvelles, mais ici à des ascensions et là à des déchéances. Et parfois c'est un accroissement de sa puissance sociale, soit économique, soit politique, qui, finalement, élève le niveau d'une caste. Telle autre gagnera des rangs sur le terrain religieux, à force de se montrer plus austère, plus exacte en matière de cérémonies, plus stricte en matière de prohibitions. Mais ce qui est frappant, c'est que dans un cas comme dans l'autre tout groupe qui s'élève cherche à se justifier par un appel à la tradition mieux connue. En Inde, l'ambition même apparaît toujours penchée sur le passé, occupée qu'elle est à y chercher des titres, les seuls qui imposent le respect. De là le foisonnement des légendes justificatives [1]. Les Khatris, par exemple, prétendent descendre d'une femme Kshatriya, la seule survivante d'un massacre, qui fut cachée par un Brahmane et avec laquelle il fut forcé de manger. Les Purads se donnent pour ancêtre un certain Brahmane qui aurait perdu son cordon sacré à la traversée d'une rivière [2]. Preuves de la vitalité des formules des Codes : si elles n'ont pas réussi à arrêter le mouvement social, elles le forcent du moins à compter avec elles. L'opinion ne vous permet de transgresser l'ordre traditionnel qu'à la condition de démontrer que cet ordre avait été faussé : et dès lors

---

1 Voir par exemple le rapport de M. GAIT (*Bengal,* VI, p. 366 sqq.).
2 *Central Provinces,* XIII, p. 164.

vous ne violez la loi que pour la respecter mieux.

En ce sens encore on peut soutenir que les théories de Manou, si elles ont inexactement exprimé la réalité hindoue, ont réussi dans une large mesure à lui imprimer leur forme [1]. Elles triomphent à titre d' « idées-forces ». Elles fournissent à l'opinion les cadres où elle est désormais instinctivement portée à classer les groupes quels qu'ils soient. Un bel exemple de cette sorte d'obsession est fourni par la secte des Lingayats – secte antibrahmanique en principe et qui partait en guerre pour l'abolition des castes : ses membres protestent aujourd'hui lorsque la statistique officielle les réunit en un même groupe. Ils demandent à être distingués, suivant la formule classique, en Brahmanes, Kshatriyas, Vaiçyas et Çûdras [2]. Bien plus, chez les « convicts » hindous, dans les îles où se mêlent des criminels de toutes castes, une préoccupation analogue se fait jour ; une classification du même ordre est en train de se reconstituer. Tant il est vrai que les populations de l'Inde restent attachées de nos jours encore, comme aux prohibitions qui séparent leurs éléments, à la hiérarchie qui les étage.

Et, à vrai dire, on se trouve ici en présence de deux forces, capables de tirer les âmes en des sens différents. Si les groupes constitutifs, chacun s'isolant dans son orgueil, tendent toujours à se repousser les uns les autres, ils n'en sont pas moins comme attirés, les uns et les autres, vers un même sommet. Cette attraction peut se composer avec cette répulsion pour produire des phénomènes complexes. Le sentiment qu'il y a des supérieurs et des inférieurs réagira jusque sur le protectionnisme matrimonial qui est la règle des moindres castes ; et au lieu de l'endogamie pure et simple, c'est « l'hypergamie » qui se développera.

Un groupe obéit à la loi d'endogamie, disions-nous, lorsque ses fils s'interdisent de prendre femme à l'extérieur de ce groupe. Il y a non plus endogamie proprement dite, mais hypergamie lorsque deux groupes étant donnés, l'un supérieur, l'autre inférieur, le supérieur consent à épouser les filles de l'inférieur, non à lui donner ses propres filles en mariage. C'est sur la fréquence de ce phénomène et sur ses conséquences sociales que les nouvelles recherches ont attiré l'attention.

---

1 Voir les conclusions de M. RISLEY, *India*, I, pp. 555-556.
2 *Bombay*, IV, p. 183.

Célestin Bouglé

Il ne s'agit plus seulement, en effet, de ces épouseurs professionnels qu'on rencontre dans toute l'Inde, Brahmanes cyniques qui exploitent le prestige de leur sang en accordant leur main, successivement, à toutes les filles de caste inférieure qui désirent s'anoblir. Mais rien n'est moins rare, entre les sous-castes dont nous parlions, que l'établissement d'une hypergamie régulière. C'est ainsi que chez les Rárhi-Brahmanes du Bengale, distingués hiérarchiquement en Kulins, Siddha-Srotriyas, Sádhya-Srotriyas et Kashta-Srotriyas, le Kulin peut prendre femme dans son propre groupe et dans les deux plus hauts groupes de Srotriyas ; le Siddha-Srotriya dans son groupe et dans le groupe des Sádhya-Srotriya mais le choix des Sádhya-Srotriyas et des Kashta-Srotriyas ne peut s'exercer qu'à l'intérieur de leurs groupes respectifs [1]. Les Maráthas qui appartiennent aux familles Kadam, Bánde, ou Powar, ou Nimbalker, familles régnantes au beau temps de la puissance marathique, refusent leurs filles à leurs congénères inférieurs. Ceux des Pods qui ont reçu l'éducation anglaise, et sont devenus clercs ou docteurs, consentent encore à épouser les filles des Pods qui restent cultivateurs et pêcheurs ; mais la réciproque n'est plus permise. On prévoit d'ailleurs le moment où cette classe de Pods distingués repoussera pour ses fils aussi bien que pour ses filles l'alliance des Pods demeurés rustres. Devenue plus nombreuse, elle se suffira à elle-même. On aura passé de l'hypergamie à l'endogamie.

Peut-être des passages de ce genre ont-ils été la règle dans l'histoire de l'Inde antique ? On peut supposer que les Aryens qui venaient coloniser l'Inde n'emmenaient pas toujours avec eux un nombre suffisant de femmes de leur race. Comme presque tous les conquérants-colons ils ont dû prendre les filles des races aborigènes, sans accorder leurs filles en échange. Ainsi se formaient des groupes distincts, plus ou moins élevés dans la hiérarchie, suivant la plus ou moins grande proportion de sang aryen dont ils pouvaient se vanter. Imaginons maintenant, nous dit M. Risley, que dans leur désir de se distinguer, de conserver ou d'accroître leur prestige, de résister aux dégradations entraînées par la continuation des mélanges, les groupes supérieurs, devenus d'ailleurs assez riches en femmes, se soient définitivement fermés ;

1 *India*, I, p. 425 ; cf. XIX, *Central India*, p. 193 sqq.

Deuxième partie

représentons-nous cet exemple descendant, comme il arrive, de proche en proche, jusqu'aux castes inférieures elles-mêmes. Nous comprenons dès lors la genèse des prohibitions endogamiques. Le présent de l'Inde nous donne, une fois de plus, la clef de son passé[1].

Quoi qu'il en soit de ces hypothèses, il y a un certain nombre d'institutions et d'habitudes caractéristiques de la société hindoue, qui continuent de se développer sous nos yeux, et dont le développement s'explique sans doute par les conséquences de l'hypergamie ; nous voulons parler de l'interdiction faite aux veuves de se remarier, et des précautions prises pour marier les enfants de très bonne heure.

Pourquoi s'oppose-t-on si souvent, et de plus en plus, au remariage des veuves ? Les Brahmanes en tiennent des explications toutes prêtes. Ne faut-il pas que la veuve reste veuve pour accomplir le çraddha annuel, la cérémonie qui assure le repos aux mânes de son mari défunt ? D'autre part, lorsqu'elle s'est mariée pour la première fois, le mari a reçu du père, par une sorte de *manumissio* spéciale, la propriété de la femme : comment un second mariage pourrait-il s'accomplir conformément aux rites, puisque le propriétaire n'est plus là qui seul aurait droit de « transmettre » sa propriété ? Mais il est vraisemblable que derrière ces raisons religieuses des raisons utilitaires se cachent[2]. On comprend que les familles ne soient pas pressées de remarier une veuve ; il leur faudrait d'abord payer une dot nouvelle ; et puis le nouveau mari n'élèverait-il pas sur les biens dont la femme jouissait avec son premier mari des prétentions contraires à l'intérêt du groupe ? Enfin et surtout, d'une manière plus générale, toutes les familles qui composent une caste ont un avantage commun à ce que le remariage des veuves soit interdit : c'est que, comme le disait un Hindou, ces femmes expérimentées pourraient faire ainsi une concurrence déloyale aux jeunes filles, qu'on a déjà assez de peine à marier.

C'est ici qu'intervient l'influence comprimante de l'hypergamie ; on ne saurait douter en effet qu'elle risque d'augmenter, dans les groupes supérieurs, le nombre des « vieilles filles ». Si les jeunes Brahmanes Kulins peuvent prendre femme indifféremment dans les sections inférieures ou dans leur propre section, il est

---

1 *India*, I, p. 425 sqq.
2 *Ibid.*, p. 429.

Célestin Bouglé

clair que les jeunes filles de cette section trouveront moins de prétendants : au fur et à mesure que les possibilités de choix s'étendent pour les membres masculins d'un groupe, les chances d'être choisi diminuent d'autant pour les membres féminins de ce même groupe. Ainsi s'expliquerait la facilité avec laquelle l'instinct collectif accepte toutes les raisons qui tendent à exclure les veuves d'un marché matrimonial déjà encombré.

Les mêmes préoccupations rendraient peut-être compte de l'habitude des mariages précoces. Habitude agréable aux parents, a-t-on dit : elle leur évite des difficultés domestiques, les scandales auxquels pourrait donner lieu l'inconduite de leurs filles, ou les contestations de toutes sortes dans lesquelles il faudrait entrer, si elles se mêlaient de choisir elles-mêmes leurs maris ! Mais surtout n'est-ce pas l'inquiétude qu'ils ressentent, en voyant diminuer autour d'eux le nombre des prétendants, qui incite les pères à fiancer leurs enfants aussitôt que possible ? C'est une honte, c'est presque un péché de garder dans sa famille une vierge de vingt ans : le plus sûr moyen d'éviter cet opprobre est de marier ses filles, fût-ce en bas âge, dès que l'occasion s'en présente [1].

Et il est clair que l'hypergamie toute seule ne saurait être rendue responsable de l'extension de ces pratiques. C'est seulement au sein des groupes supérieurs, chez ceux qui peuvent se permettre ou qui se croient obligés de refuser leurs filles aux autres, qu'elle restreint le nombre des fiancés possibles. Des mesures restrictives ou préventives comme l'interdiction du remariage des veuves ou les mariages d'enfants ne se présentent donc plus comme des nécessités vitales pour les groupes inférieurs, ceux dont les filles peuvent être recherchées par les jeunes hommes d'un rang plus élevé aussi bien que par ceux de leur rang. Mais l'instinct d'imitation n'est-il pas aussi puissant que l'instinct de conservation des groupes ? N'est-ce pas une loi que l'inférieur, alors même qu'elles ne lui seraient pas directement utiles, endosse en quelque sorte les modes du supérieur ? Le prestige des castes deux-fois-nées, le désir de se rapprocher d'elles en les imitant expliqueraient donc qu'on voie chaque jour, sur le fleuve de la vie hindoue, les pratiques en question multiplier et élargir leurs cercles d'influences. En fait, on pourrait citer plus d'une caste assez bas placée qui gagna des rangs

---

1 *Rajputana*, XXV, p. 129.

dans l'opinion grâce à son empressement à marier ses enfants, ou surtout grâce à sa sévérité à interdire le remariage de ses veuves. De toutes les ascensions sociales qui s'opèrent sous nos yeux, il n'en est pas de moins contestées que celles qui prennent ainsi pour échelons le respect des traditions, le souci de la pureté, l'orthodoxie.

De pareils « progrès » prouvent suffisamment que le progrès à l'occidentale est loin d'avoir d'ores et déjà triomphé de la tradition hindoue. Contrairement aux prévisions ordinaires, celle-ci pourrait bien à son tour utiliser, pour la sauvegarde de ses tendances natives, les instruments mêmes que l'administration étrangère met à sa disposition. Eût-on soupçonné que le chemin de fer pourrait servir à la consolidation en même temps qu'à l'expansion de l'hindouisme ? C'est pourtant ce que M. Risley nous fait pressentir. Il remarque que plus que jamais les basses castes tiennent à adopter les us et coutumes des hautes castes, où l'idéal du brahmanisme s'est comme incarné. Dans ces dernières années, nous assure-t-il, on peut soutenir que cet idéal, bien loin de perdre, a gagné du terrain grâce au développement même des voies et moyens de communication. La population voyage davantage, les pèlerinages s'organisent plus facilement, l'influence de l'élite orthodoxe de la société se répand de plus en plus. « Les chemins de fer, qu'on a quelquefois représentés comme les destructeurs des préjugés de caste, ont en fait énormément étendu l'aire où ces préjugés règnent en souverains » [1]. Le *te-rain* au service de la caste : que deviennent nos prédictions sur les vertus égalitaires de la locomotive ?

L'Inde nous rappelle ainsi, à sa manière, ce dont le Japon nous avait brutalement avertis [2]. De tout l'appareil de la civilisation européenne, les vieilles civilisations orientales apprennent à se servir, mais pour se défendre : elles ne changent de corps que pour mieux sauvegarder leur âme.

---

1 *India*, I, p. 430.
2 Voir dans la *Revue de Paris,* du 1er février 1904, les réflexions de M. F. CHALLAYE sur L'européanisation du Japon, et nos articles de la *Revue Bleue* (Orientation et sociologie. – Les conséquences sociologiques de la victoire japonaise, 26 janvier et 13 avril 1907).

Célestin Bouglé

Troisième partie
Les effets

Chapitre I
Les races

Quelle influence le régime des castes exerce-t-il sur la distribution des races dans la société hindoue ?

C'est à cette question qu'il importe de répondre d'abord. Et en effet, selon certaines théories, il *suffirait* de répondre à cette question : on tiendrait du coup le secret des destinées de l'Inde. Point ne serait besoin de chercher plus loin. Les tendances des sociétés ne font qu'exprimer les aptitudes ethniques, et la manière dont elles y sont utilisées. L'anthropologie en ce sens rendrait inutile la sociologie.

Et, à vrai dire, la thèse maîtresse de la philosophie des races – celle-là même dont l'histoire a tant usé et abusé au XIXᵉ siècle – paraît décidément abandonnée. On ne représente plus guère les civilisations diverses comme les produits spécifiques d'autant de races distinctes. Il a bien fallu se rendre compte que dans toutes les sociétés, creusets des civilisations, trop d'éléments divers s'amalgament. Il n'y a pas de nation qui ne révèle bientôt à l'analyse anthropologique une hétérogénéité essentielle.

Mais où la « philosophie des races » perd ses droits, l' « anthroposociologie » fait valoir des prétentions nouvelles. Loin de méconnaître le fait de l'hétérogénéité ethnique, elle y prend son point de départ. Par des mesures précises elle s'efforce de discerner les diverses couches de races qui se superposent dans les sociétés. Elle entend mettre au jour des différences physiques dont la diversité mentale et l'inégalité sociale ne sont que les conséquences logiques.

Le malheur est qu'ici encore l'histoire brouille les cartes. Elle brasse et mêle des éléments qui, pour permettre à l'anthroposociologie de vérifier ses thèses, devraient rester isolés.

Ce qu'on appelle le progrès ne se définit-il pas par la diminution des distances, tant matérielles que morales ? Par là, non seulement il rassemble en un même lieu, souvent loin de leur pays d'origine, les individus de races différentes, mais encore il les incite à des mélanges incessants. Comme les barrières des provinces, les barrières des classes s'abaissent progressivement au sein des nations. On n'a plus la même horreur des mésalliances. Avec la démocratie, l'âge est venu, comme disait Gobineau, de la « panmixie », du métissage universel, de l'impureté générale. C'est ainsi que nos sociétés, au lieu de nous présenter deux ou trois types nettement définis, faciles à distinguer et à classer, dont nous aurions pu aisément suivre les destinées et comparer les qualités propres, ne nous offrent plus que des collections de types hybrides, presque indiscernables, et littéralement « insignifiants ». Toutes les proclamations de l'anthroposociologie se terminent par le même cri d'alarme. « Les types intéressants disparaissent à vue d'œil : les mélanges et croisements augmentent dans des proportions désastreuses » [1].

Mais peut-être, précisément, les champs d'expériences que nos sociétés refusent à l'anthroposociologie, la société hindoue les lui réserve-t-elle ? L'égalitarisme ici n'a pas intoxiqué la civilisation. Elle se nourrit au contraire d'idées antiégalitaires. Parce que l'Inde est la patrie des castes, elle sera sans doute le paradis des anthroposociologues.

En fait, ils ont souvent loué, comme dociles aux saines exigences de la « culture des races », les prescriptions de la sagesse brahmanique.

En matière d'alimentation, les habitudes quasi végétariennes qu'elle impose prouvent qu'elle avait conscience des conséquences physiologiques du climat, qui ne permet pas en effet une nourriture trop forte. Ses prohibitions en matière de mariage sont encore plus avisées. Elle prend la précaution d'éliminer les infirmes de leur caste, de peur que les dégénérescences individuelles ne se propagent et n'altèrent la pureté des types. Bien plus, elle avait compris sans doute que si, pour maintenir les types purs, il ne faut tolérer d'union qu'entre gens du même sang, cependant les unions de parents trop proches risquent aussi de faire dégénérer la race. C'est pourquoi des règles exogamiques vinrent sagement compléter et corriger les règles endogamiques. Deux cercles limitent le choix

---

1 TOPINARD, L'anthropologie du Bengale, dans l'*Anthropologie*, mai-juin 1892, n° 3, p. 282.

Célestin Bouglé

de l'individu : il ne peut prendre femme en dehors du plus large, mais non plus à l'intérieur du plus étroit ; il doit se marier dans sa caste, mais non dans sa famille. Ainsi sont conservés les avantages des mariages consanguins, et leurs inconvénients évités. En vérité, tout le système n'est-il pas combiné admirablement ? Et ne dirait-on pas que Manou avait pressenti Darwin ? L'anthropologie peut proclamer que les Hindous sont « le peuple modèle » [1]. En bons sélectionnistes, ils se sont gardés de mêler leurs races.

Et certes, en bien d'autres lieux, on a vu les races s'affronter. L'histoire n'est-elle pas, en son fond, une incessante « lutte des races » ? Mais, presque partout, les oppositions cèdent à la longue. L'amour est le plus fort. Dans les histoires sanglantes comme dans les comédies, tout finit par des mariages. C'est ainsi que les peuples conquérants sont le plus souvent comme résorbés par les peuples conquis, les Lombards par les Italiens, les Grecs d'Alexandrie par les Égyptiens, les Normands par les Français. En Inde, les antipathies originelles, réchauffées sans doute par la différence de couleur des races en présence, ont eu la vie plus dure. Elles se sont créé des organes indestructibles. Elles ont sécrété ces formes sociales qui dominent l'Inde encore aujourd'hui. Né de ces répulsions premières, le système des castes les a entretenues pendant trente siècles, pour le bonheur des anthropologistes [2].

Nulle part ailleurs la population n'est aussi nettement divisée, en groupes plus exclusifs, plus fermés, plus hostiles aux for-mariages. C'est donc en Inde surtout que les types ethniques primitifs ont les plus grandes chances de se maintenir distincts, et chacun à son rang. Nulle part ailleurs, d'un autre côté, les métiers n'ont été plus rigoureusement séparés, les spécialisations héréditaires plus soigneusement entretenues. C'est donc en Inde surtout que doit se rencontrer l'accord des fonctions sociales avec les facultés naturelles. Ici du moins nous sommes à l'abri de l'esprit qui bouleverse tout pour tout niveler : les sangs ne se mêlent pas plus que les fonctions ne s'échangent.

Ici par conséquent se révéleront les secrètes harmonies qui, unissant aux diverses formes du corps diverses dispositions de

---

1 V. REIBMAYR, *Inzucht und Vermischung beim Menschen*, Leipzig, Deuticke, 1897, p. 94 sqq.
2 Cf. RISLEY, *The Tribes and Castes of Bengal*, t. I, p. 26.

Troisième partie

l'esprit, prédestinent les hommes qui ont le corps fait de telle ou telle façon à jouer tel ou tel rôle dans la société. Parce que l'Inde s'est laissé cloisonner dès la plus haute Antiquité par le régime des castes, parce qu'elle a réparti ses races en sections non seulement hiérarchisées, mais strictement fermées et spécialisées, elle nous permettra sans doute de vérifier les thèses maîtresses de l'anthroposociologie ; entre les différences physiques, les différences sociales et les différences mentales, elle nous révélera des rapports constants.

En fait, dès leur première impression, les voyageurs sont frappés, en Inde plus que partout ailleurs, de la grande diversité des types rencontrés. S'ils s'en fiaient aux physionomies qui se succèdent devant leurs yeux, ils pourraient se croire transportés, tantôt en Grèce, tantôt en Afrique, tantôt en Extrême-Orient. Jacquemont raconte son étonnement lorsqu'il visita le collège anglo-indien de Calcutta [1]. Quarante jeunes indigènes y étaient réunis : « Plus de la moitié avaient de belles figures, presque tous de très belles mains. Drapés plutôt que couverts d'une mousseline grossière, mais moelleuse, beaucoup d'entre eux, par l'élégance naturelle de leurs poses et de leurs gestes, me rappelaient les statues grecques. » Le colonel Dalton [2] dit avec quelle surprise il découvrit chez les Kurmis et chez les Goalas des garçons et des filles qui, par la finesse des traits, l'harmonie des formes, la clarté du teint ne le cédaient en rien, sans doute, à la race des bergers d'Arcadie. Souvent ainsi, d'une manière inattendue, sous les haillons d'un fakir ou sous l'uniforme d'un cipaye, il vous semble reconnaître un homme de votre sang, un « frère aryen ». Mais regardez maintenant ces cultivateurs Oraons du Chota Nagpour [3] : le nez n'est plus droit ni fin, mais large et plat ; le front n'est pas développé, mais bas et étroit, caché sous des cheveux à demi frisés ; la mâchoire est avancée, les lèvres épaisses. Vous vous sentez terriblement éloigné de ces êtres mal faits et malpropres. Montez chez les Murmis du Népal [4], vous ne serez pas moins désorienté : têtes étroites, larges faces, nez court, pommettes bombées, yeux obliques, c'est encore une humanité

1 *Voyage dans l'Inde*, I, 153.
2 Cité par SCHLAGINTWEIT, *Zeitschrift der Deutschen Morgenländischen Gesellschaft*, Bd. XXXIII, p. 307.
3 RISLEY, *ouv. cit.*, I, 39.
4 *Ibid.*, II, p. 110.

Célestin Bouglé

nouvelle. Vous obtiendrez ainsi l'impression que l'Inde est bien, comme on l'a dit, un musée de races, où les échantillons les plus variés coexistent sans se mêler.

Une plus longue fréquentation du monde hindou vous ferait d'ailleurs entrer par les yeux, sans doute, l'idée que ces échantillons variés non seulement se juxtaposent, mais se superposent, et que ces distinctions ethniques correspondent à autant de distinctions sociales. Vous remarquerez sans peine que les mêmes métiers sont exercés par des hommes de même type, et les différents métiers par des hommes de type différent ; et ainsi, non pas seulement à l'habit et aux manières, mais à la taille, à la conformation, à la physionomie, vous reconnaîtrez le tisserand, le marchand de grains, le banquier, le guerrier, le prêtre. Dans certaines contrées d'Europe, il vous arrive encore de deviner la profession à la race ; mais ce qui est l'exception chez nous est la règle là-bas. On nous assure que pour un œil un peu exercé, le physique de la plupart des Hindous indique clairement leur caste [1] : elle est, si l'on peut dire, écrite sur leur figure.

Mais est-il possible de vérifier et de préciser ces impressions ? Il suffirait, suivant M. Johnston [2], de classer les individus par couleurs. On verrait alors que la différence des couleurs correspond à la différence des situations. Il fallait donc prendre à la lettre le vieux mot sanscrit *varna* qui désigne la caste et qui signifie couleur. La société hindoue est essentiellement polychrome, et les distinctions sociales s'y notent par autant de différences de teintes. Une légende du Mahâbhârata classe les hommes en blancs, rouges, jaunes et noirs, suivant leurs qualités et leurs occupations. L'observation confirmerait, nous dit-on, la légende. Les Brahmanes sont remarquables par la blancheur de leur teint, tandis que la couleur des guerriers Radjpoutes tire sur le rouge. Chez les agriculteurs, chez les Kochs du Bengale par exemple, ou les Savaras de Madras, on rencontre plutôt le type mongol, à la peau jaune, tandis que, dans les classes d'artisans, le type noir dravidien l'emporte. La comparaison méthodique des teintes dominantes des diverses classes hindoues confirmerait ainsi nos intuitions premières.

Mais il était réservé aux statistiques « monumentales » de M. Risley

1 I, p. 30.
2 Races et Castes de l'Inde, dans *l'Anthropologie* de 1895, t. VI, pp. 176-181.

Troisième partie

d'en apporter une vérification éclatante [1]. Les questions de couleurs ont toujours été matière à discussion : il entre, dans l'appréciation des teintes, un coefficient personnel difficile à éliminer. Mais si nous savons user de la « boîte anthropométrique », si, avec le compas ou l'équerre, nous mesurons de l'homme tout ce qui peut en être mesuré, si nous établissons ses indices céphalique, nasal, naso-molaire, vertico-zygomatique, vertico-molaire, vertico-céphalique, vertico-frontal, peut-être aboutirons-nous, enfin, à des résultats « objectifs ».

En soumettant à ces mensurations 5 505 sujets du Bengale, M. Risley a été amené à reconnaître, dans la société hindoue contemporaine, deux types dominants. Et ce sont précisément les deux types dont l'opposition est le trait original de la société hindoue primitive. Rappelons-nous les insultes que les Aryas des Védas lancent aux Dasyus. La race des conquérants, fière de sa peau blanche, de son nez droit, de sa figure symétrique, raille les tribus indigènes de « peaux-noires », de « sans-nez », de « faces camuses », qu'elle chasse devant elle. On ne saurait souhaiter, dit M. Risley, un signalement anthropométrique plus précieux. Nos mensurations, prises sur le vivant, nous permettent encore de désigner, à n'en pas douter, ici le petit-fils des indigènes, et là le petit-fils des conquérants. Pendant tant de siècles, le type aryen et le type dravidien ont suffisamment maintenu leur distinction, gardé leurs distances. Ils continuent d'exercer des fonctions différentes ; et il est possible de prouver par des chiffres que plus un homme est haut placé sur l'échelle sociale, plus il approche du premier type – plus il est bas au contraire, et plus il se rapproche du second.

À vrai dire, la comparaison des indices céphaliques nous réservait ici des déceptions. Il eût été agréable de démontrer que partout et toujours les supérieurs se distinguent des inférieurs par leur plus grande dolichocéphalie. L'Inde nous refuse ce plaisir. Cela tient-il à ce que la race inférieure, en Inde, est proche parente des nègres, qui sont malheureusement, comme l'on sait, très dolichocéphales ? Toujours est-il que, suivant les observations de M. Flower, les proportions crâniennes sont à peu près constantes dans toute l'Inde. La présence de l'élément mongolique, qui est

---

1 Publiées dans l'*Ethnographical Glossary* qui accompagne les deux volumes cités plus haut, sur les tribus et les castes du Bengale.

Célestin Bouglé

brachycéphale, fait sans doute, par endroits – en diminuant la proportion des dolichocéphales recensés – monter la moyenne de l'indice. Mais, suivant M. Risley, l'intervention de cet élément serait négligeable dans la constitution des castes. Puisque les deux éléments constituants de la société hindoue, le Dravidien et l'Aryen, quoique appartenant à des variétés biologiques toutes différentes, sont à peu près également dolichocéphales, il n'est pas étonnant que notre butin céphalométrique soit mince.

Les révélations de l'indice nasal nous assuraient, heureusement, d'amples compensations. Non seulement elles nous permettent de distinguer radicalement Dravidiens et Aryens, en nous prouvant que les premiers ont le nez aussi large que les nègres, et les seconds le nez aussi fin que les Parisiens, mais encore elles marquent, d'une manière inattendue, les degrés de la hiérarchie hindoue. M. Risley ne nous affirme-t-il pas que la supériorité sociale est, dans la société hindoue, proportionnelle à la finesse du nez ? Il le prouve de deux façons.

Les petites sociétés qui composent la société hindoue sont pour la plupart exogamiques en même temps qu'endogamiques ; c'est-à-dire qu'elles interdisent à leurs membres de prendre femme à l'intérieur de certains cercles définis. Mais elles définissent ces cercles de différentes façons. L'homme reconnaît la femme qu'il ne doit pas épouser tantôt au fait qu'elle porte le même totem que lui, tantôt au fait qu'elle habite le même lieu, tantôt au fait qu'elle descend, ou est censée descendre du même ancêtre : l'exogamie peut être « totémique », « territoriale », ou « éponymique ». Or, il est constant que ces différents modes d'exogamie ne correspondent pas au même niveau moral. Les uns sont, si l'on peut dire, plus distingués que les autres : l'exogamie manifeste un état de civilisation inférieur, l'éponymique un état supérieur. Qu'on mensure maintenant des sujets appartenant à ces diverses sociétés ; c'est parmi ceux qui pratiquent l'exogamie éponymique qu'on rencontrera le moins grand nombre de platyrhiniens, comme le plus grand nombre parmi ceux qui pratiquent l'exogamie totémique. Ce qui prouve déjà que la finesse du nez est un indice de supériorité.

Mais on peut faire une expérience plus décisive. Prenons, au hasard, dans la province du Bihar, un certain nombre de sujets, et classons-les d'après leurs valeurs sociales traditionnelles. Au-dessus des Kols, des Korwas, des Mundas, qui constituent non pas des castes mais des tribus encore à demi sauvages, nous placerons les Musahars et les Chamars, de la caste des tanneurs ; au-dessus de ceux-ci les Bauris, les Binds, les Kervas, qui sont des pêcheurs ; puis les Goalas, pasteurs, et les Kurmis, cultivateurs ; et enfin, les Khatris et les Babhans, commerçants et propriétaires appartenant aux plus hautes classes. Mesurons maintenant les proportions nasales des sujets ainsi rangés. Nous constaterons que les Khatris ont incontestablement le nez moins large que les Kurmis, les Kurmis que les Bauris, les Bauris que les Chamars, les Chamars que les Kols ou les Mundas. En un mot, il nous apparaîtra que la hiérarchie anthropométrique est parallèle à la hiérarchie sociale, et nous pourrons conclure « presque sans paradoxe, que, dans l'Inde orientale, le rang social d'un homme varie en raison inverse de la largeur de son nez » [1].

Que demander de plus ? Nos anthroposociologues peuvent être satisfaits. Ce que l'Europe, bouleversée par la démocratie, leur refusait, l'Inde, comme pétrifiée par le régime des castes, le leur accorde généreusement. À défaut de l'indice céphalique, l'indice nasal leur a permis de noter, entre les différences physiques et les différences sociales, des correspondances étrangement précises.

Que vaut cependant toute cette démonstration ?

Si elle ne s'appuyait que sur les « impressions » des voyageurs, ou même des habitants de l'Inde, il serait trop aisé de l'ébranler. D'abord, lorsqu'il s'agit de prouver que des différences proprement biologiques se cachent sous les différences sociales, on ne peut qu'à moitié se fier à l'apparence, à l'aspect général, à la physionomie des individus. C'est leur « air » qui nous frappe surtout ; or, leur air ne traduit-il pas l'idée qu'ils se font de leur situation bien plutôt que la constitution de leur race ? Remarquons que c'est surtout par des traits moraux que les observateurs décrivent l'aspect extérieur des Brahmanes. C'est à « je ne sais quoi de plus dégagé et de plus libre dans l'air et le maintien » qu'il est aisé, nous dit l'abbé Dubois [2],

---

[1] *The Tribes and Castes of Bengal*, t. I, p. 34.
[2] *Mœurs, institutions et cérémonies des peuples de l'Inde*, t. I, p. 451.

Célestin Bouglé

de les reconnaître. « Ils marchent, nous dit Sherring [1] parlant des Brahmanes de Bénarès, avec un air que je n'ai vu à aucune autre espèce d'hommes : ils respirent à la fois le contentement d'eux-mêmes, le sentiment de leur supériorité, la conviction de leur pureté et de leur sainteté essentielle. » Nous recevons ici l'impression directe des âmes, plutôt que celle des corps ; ce sont les traditions, plutôt que les races, qui sont écrites sur les figures. L'apparence martiale des Radjpoutes ne s'explique-t-elle pas par un phénomène analogue ? Par mille plis inaperçus, les esprits façonnent les corps à leur image : et ainsi des différences toutes morales peuvent, dans bien des cas, nous donner l'illusion de différences physiques.

Combien d'ailleurs les impressions générales sont sujettes à caution, il suffira, pour le prouver, de rappeler qu'elles sont contradictoires. M. Risley, qui a longtemps habité l'Inde, nous dit qu'un œil exercé reconnaît la caste d'un homme à sa figure. Mais M. Nesfield n'a pas habité l'Inde moins longtemps. Or, son opinion est toute différente. Il ne croit pas à l'hétérogénéité essentielle des races hindoues ; il nous déclare que la plupart des Brahmanes ne sont ni plus clairs de teint ni plus finement taillés que les membres des autres castes ; il nous met au défi de distinguer, des balayeurs rencontrés dans les rues, les étudiants rassemblés dans le collège sanscrit de Bénarès [2].

Pour décider entre ces affirmations contraires, suffit-il vraiment de comparer attentivement les teints ? – Rien ne nous autorise à adopter sur ce point les conclusions hardies de M. Johnston. Où prend-il que le rouge soit la couleur distinctive des Kshatriyas ? Aussi bien que les Brahmanes, ils prétendent descendre de la race blanche des conquérants, et on a parfois voulu retrouver en effet, chez les guerriers hindous, de très beaux échantillons du type aryen. Les Banyas d'aujourd'hui correspondent, d'une manière générale, aux Vaiçyas primitifs : le commerce est entre leurs mains ; or, ils ne semblent avoir aucun trait de ce type mongol jaune auquel M. Johnston assigne la fonction du commerce. D'un autre côté peut-on dire que la couleur noire du type dravidien ne se rencontre que chez les castes d'artisans, correspondant aux

1 Sacred City of the Hindus, p. 17, cité par CROOKE, Tribes and Castes of the North-Western Provinces and Oudh, vol. II, p. 160.
2 Brief View of the Caste System, p. 75.

Troisième partie

Çûdras ? Elle s'étend, au contraire, en teintes dégradées, il est vrai, mais continues, sur tout le monde hindou. Et même il n'est pas rare aujourd'hui, malgré le vieux proverbe qui dit : « Défiez-vous d'un Paria blanc et d'un Brahmane noir », de rencontrer des Brahmanes d'un noir franc, du moins dans le Bas-Bengale et dans toute la presqu'île. En tout cas, même dans les hautes classes du Nord-Est, les couleurs les plus répandues sont celles du pain d'épice, du grain de café, ou mieux du grain de blé [3]. La polychromie du monde hindou est faite de nuances infinies, et non, comme le voudrait M. Johnston, de quatre couleurs tranchées. Sa théorie est une légende nouvelle, bien plutôt qu'une confirmation des légendes anciennes par l'observation.

Les statistiques de M. Risley sont autrement imposantes. Que répondre à des chiffres qui viennent de si loin ? Sans doute, cette coïncidence des deux hiérarchies, sociale et ethnique, tient du prodige. « Qui ne resterait un peu sceptique » ? demandait M. Senart [4]. Mais comment justifier notre scepticisme, si nous n'avons pas de documents à opposer à ceux de M. Risley ?

Heureusement M. Risley a fait école. L'enquête anthropométrique s'est poursuivie. Des statistiques nouvelles nous permettent de limiter la valeur des formules générales qu'on aurait cru pouvoir tirer des premières mensurations.

On fait observer d'abord que le Bengale, où ces premières mesures ont été prises, offre sans doute un milieu exceptionnel. « L'immigration aryenne n'y a jamais été bien dense, comme le montre la langue, qui n'est sanscrite que par le vocabulaire » [5]. Peut-être, en effet, les races s'y sont-elles moins longtemps mêlées, et les types y subsistent-ils moins brouillés. Mais si l'on étendait ces recherches vers le Sud, on constaterait que le mélange est depuis longtemps un fait accompli. Les plaines de l'Inde, remarque le Dr Cornish [6], n'ont jamais pu porter un peuple purement aryen. Ou bien il a disparu, ou bien il s'est fondu avec les aborigènes. Sans descendre si bas, nous trouvons, dans les provinces du Nord-

3 Voir les observations des fonctionnaires chargés des recensements, résumées dans l'article cité de SCHLAGINTWEIT, pp. 572-599.
4 *Les castes dans l'Inde*, p. 200.
5 BARTH, Bulletin des religions de l'Inde, dans la *Revue de l'histoire des religions*, t. XXIX, p. 58.
6 *Madras Census Report*, I, pp. 116-175.

Célestin Bouglé

Ouest et de l'Oudh, nombre de données anthropométriques contraires aux thèses anthroposociologiques. C'est M. Crooke qui les a rassemblées, avec la même méthode que M. Risley, dans une œuvre non moins « monumentale » [1]. Il a mensuré 4 906 sujets. Ses mesures lui permettent-elles d'énoncer des lois analogues à celle qui nous étonnait ? En aucune façon. L'indice céphalique des « deux-fois-nés » ne diffère pas sensiblement de l'indice céphalique des aborigènes – ce qui va de soi – ; mais ce qui est pire – leur indice nasal n'est pas sensiblement plus bas. Sur une liste où les sujets sont rangés par ordre de largeur nasale croissante, si les Brahmanes occupent le second rang (indice nasal, 59) après les Jâts (55), les Dhânuks, gens de caste indubitablement dravidienne, les suivent de très près (61) ; tandis que les Radjpoutes (64) se laissent honteusement dépasser par les Banyas (63) qui ne sont que des commerçants, et les Gûjars (62) qui ne sont que des laboureurs. D'autres mesures ne sont pas plus flatteuses pour l'orgueil des hautes castes : sur une liste où les sujets sont rangés dans l'ordre des angles faciaux décroissants, les Brahmanes et les Radjpoutes n'arrivent qu'au sixième rang avec la même moyenne que les Chamars (65), à cinq degrés au-dessous des Maujhis (70). Si l'on ajoute que sur d'autres listes de moyennes, les Kshatriyas et les Khatris, qui prétendent également descendre de la race guerrière, se trouvent les uns au haut, les autres au bas de l'échelle, séparés par des laboureurs, des danseurs, des marchands de liqueurs aussi bien que par des prêtres, et qu'enfin, quelques mesures qu'on ait prises, toutes les listes de moyennes constituées ont présenté les mêmes désordres, on comprendra que la confusion est complète : les renseignements du Nord-Ouest contredisent les renseignements de l'Est.

Ceux-ci ont-ils, d'ailleurs, en dernière analyse, toute la netteté que M. Risley leur suppose ? Que l'on examine d'abord sa fameuse table des indices nasaux, on s'étonnera que les Kayasths, qui seraient, suivant la théorie brahmanique, de race Çûdra, y prennent rang avant les Brahmanes, et surtout que les Tchândâlas, caste impure, y soient placés avant les Rajbansis, de sang royal. L'étude des mesures individuelles apporterait d'ailleurs d'autres surprises. Elle révélerait que nombre de Brahmanes tendent, plus que les Goalas

---

1 *The Tribes and Castes of the North-Western Provinces and Oudh*, 4 vol.

ou les Chamars, vers un profil de nègre.

Sur d'autres tables, sur celles des indices céphaliques par exemple, vous constateriez que le Brahmane se rapproche du Bind [1], comme le Bâbhan du Bhar : sur celles des angles faciaux, vous verriez voisiner le prêtre et le pêcheur, le valet de ferme et le propriétaire – si bien que vous pourriez conclure avec M. CA. O'Donnel que, même dans cette région privilégiée, la fusion des types est avancée : l'anthropométrie elle-même prouve qu'il est désormais impossible de reconnaître la fonction à la race, les castes aux crânes.

La conclusion mélancolique à laquelle aboutissait déjà M. Topinard, après avoir analysé les documents anthropométriques du Bengale [2] est donc indiscutablement confirmée : « Un premier point nous est acquis : c'est que l'Inde est loin d'être cette terre, rêvée par les anthropologistes, dans laquelle les types se dégagent d'eux-mêmes, simples et classiques, reproduisant ceux que les légendes et une histoire remontant à 4 000 ans et plus nous font entrevoir. C'est que les populations y sont très mélangées, très confuses, et souvent contradictoires, malgré l'endogamie qui n'a pu que condenser leurs caractères. »

Le résultat n'a rien d'ailleurs qui doive nous surprendre, si nous nous rappelons que ces fameux codes sacrés, dont la réglementation sélectionniste fait l'admiration des anthropologistes, expriment un idéal bien plutôt que la réalité.

Les prescriptions n'en sont-elles pas dictées par les vœux de la caste dominante, qui les a rédigées, bien plutôt qu'elles ne sont calquées sur des coutumes respectées universellement ? Il serait étrange que les observations anthropométriques vinssent confirmer la théorie brahmanique des castes, puisque tout concourt à prouver – on nous l'a montré [3] – que la théorie brahmanique a le plus souvent masqué et faussé la réalité historique. Comme les castes sont infiniment plus nombreuses, elles sont infiniment plus mêlées qu'on n'était porté à le croire, lorsqu'on ne voyait l'Inde que par les yeux des Brahmanes. Les prohibitions qui remplissent leurs codes énoncent les prétentions des hautes castes à la pureté ; elles n'apportent « aucunement la preuve de cette pureté même. Il y a eu

---

1 CROOKE, *ouvr. cit.*, p. 137.
2 *Anthropologie, art. cit.*, p. 310.
3 Voir plus haut.

Célestin Bouglé

des mésalliances de toute Antiquité – la littérature sacrée elle-même en témoigne cent fois – et, malgré la rigueur sans doute croissante du protectionnisme endogamique, on en contracte encore sous nos yeux [1]. Comment l'anthropométrie pourrait-elle démontrer, dès lors, qu'à la différence et à l'inégalité des castes correspondent une différence et une inégalité de races ? « Une concordance si parfaite, étant donnés les mélanges profonds et très accidentels de tant d'éléments, tiendrait véritablement du prodige » [2].

On exagérait donc la force de répulsion qui séparait les races primitives, lorsqu'on les croyait capables de sectionner pour l'éternité la société hindoue. Ici comme ailleurs, conquérants et conquis ont fini par s'embrasser. L'anthroposociologie cherche en vain sa terre idéale. Que l'esprit le plus contraire à l'esprit égalitaire règne sur toute une civilisation ; que les prohibitions les plus sacrées conspirent pour parquer les races ; que le souci de la pureté prime tous les autres, et cloisonne à son gré toute la société : c'est en vain. Tôt ou tard, les plus hautes barrières sont franchies, les éléments les plus divers se mêlent, et vous ne pouvez plus constater, entre les différences physiques et les différences sociales, de corrélations précises.

Mais si l'anthropométrie a exagéré la valeur de ses mesures, il ne nous faudrait pas exagérer, en sens inverse, la valeur de nos critiques. Elles prouvent que, même en Inde, les types ethniques ne sont pas restés assez nettement séparés pour qu'on puisse, aujourd'hui encore, constater objectivement et évaluer mathématiquement leurs différences. Il n'en reste pas moins que l'Inde, de l'aveu commun, est le pays du monde où l'on a dépensé le plus d'efforts pour maintenir les divers groupes d'hommes séparés ; et, que ces efforts n'aient pas réussi à empêcher tout mélange, cela ne veut pas dire qu'ils soient restés absolument sans effets.

Peut-être par exemple, si l'Inde ne nous permet plus de prouver par des chiffres le parallélisme des différences physiques avec les différences sociales, nous laissera-t-elle du moins apercevoir, entre ces différences sociales et les différences mentales, une certaine harmonie. Souvenons-nous qu'elle est la terre classique, non pas seulement du mariage endogamique, mais de la spécialisation

---

1 Cf. SCHLAGINTWEIT, *art. cit.*, pp. 560-575.
2 SENART, *ouvr. cit.*, p. 200.

héréditaire. Depuis des siècles, les fils y héritent nécessairement du métier de leurs pères : cette transmission du métier, accompagnant la transmission du sang, n'a-t-elle pas dû graduellement adapter, aux qualités que le métier exige, les qualités que le sang transmet ? Cette coïncidence de l'hérédité sociale avec l'hérédité physique n'a-t-elle pas dû constituer peu à peu des types qui se distinguent, sinon par des formes tout extérieures, visibles à l'œil nu ou mesurables au compas, du moins par des dispositions intimes, appréciables à l'expérience ? Comment des habitudes tant de fois séculaires ne se déposeraient-elles pas dans les cerveaux sous la forme de facultés innées ? Les enfants de castes différentes auront donc, comme l'on dit, « dans le sang », l'un l'aptitude à la méditation, l'autre le goût de la guerre, celui-ci le don du commerce, et celui-là, enfin, l'instinct des métiers serviles. L'immobilité du monde hindou nous conserve ces échantillons que l'anthroposociologie recherche en vain dans notre monde trop agité : le régime des castes est la fabrique désignée des spécialisations constitutionnelles.

Mais comment constater nettement leur existence ? Nous nous heurtons ici à des difficultés nouvelles. Le régime des castes a un caractère fâcheux. Il cache ses meilleurs effets et dérobe son excellence à la vérification : il est comme un armurier fameux dont on ne pourrait essayer les armes : ces qualités héréditaires qu'il forge dans l'ombre, il les empêche de luire au soleil, de se manifester clairement, de faire leurs preuves. Il spécialise *a priori* les enfants des diverses castes : il nous empêche ainsi de prendre la mesure de leurs facultés personnelles. De quel droit prétendre que l'enfant des castes serviles est congénitalement incapable de guerroyer ou d'interpréter les Védas, puisque, en fait, il n'est jamais mis « au pied du mur » ? Qui sait combien le régime des castes laisse ainsi, dans ses basses classes, de talents inutilisés, et inversement, dans ses hautes classes, combien de non-valeurs respectées ? La répartition héréditaire des fonctions nous cache la répartition naturelle des facultés.

Mais peut-être, pour prouver que les deux systèmes de répartition se correspondent exactement, pourrons-nous employer une méthode indirecte. Supposons, par exemple, que la société où règne cette spécialisation héréditaire ait donné des preuves irrécusables de fécondité : sa vie a été bien remplie, ses œuvres sont

Célestin Bouglé

nombreuses et variées, elle a engendré une civilisation admirable. Ne serions-nous pas en droit de dire, dès lors, que les travaux ont dû être, dans cette société, convenablement divisés, les fonctions justement réparties ? La vitalité de l'ensemble aurait prouvé sans doute que chacun des groupes spécialisés était à la hauteur de sa tâche, et que le régime des castes forme, par le jeu naturel de l'hérédité, l'homme qu'il faut pour la situation qu'il faut : *the right man in the right place* ?

Mais qui ne voit que, si l'on s'en tient à cette méthode, on ne fera guère qu'opposer des prédilections arbitraires ? – Le partisan de la spécialisation héréditaire mettra en relief tous les beaux côtés de la civilisation hindoue. N'a-t-elle pas, de tout temps, émerveillé et comme fasciné l'Occident ? Sa richesse a attiré tous les peuples, et tous les peuples se sont disputé les chefs-d'œuvre de ses tisserands et de ses orfèvres. Ses découvertes astronomiques et mathématiques ont longtemps alimenté notre science. L'exubérance de ses arts étonne notre imagination. Et nous retrouvons avec stupeur, dans sa philosophie tant de fois séculaire, ce que nos philosophes modernes ont pu rêver de plus profond ! – Défiez-vous, répondra l'adversaire du régime des castes, des pensées volontairement obscures, ou des formules simplement creuses. On a pu prouver que l'apport scientifique de l'Inde ancienne se réduisait, en somme, à peu de chose. L'exubérance de son imagination témoigne sans doute de l'impuissance de ses facultés organisatrices et unificatrices. Elle a pu constituer quelques industries de luxe, non l'industrie véritable qui fait vivre les peuples. Il lui a manqué la puissance intellectuelle qui les émancipe, comme la puissance matérielle qui les défend. En tout cas, s'il est vrai que son passé lointain nous étonne, il faut constater que depuis longtemps sa force créatrice semble épuisée. Dans l'époque moderne qu'a-t-elle produit d'original ? Sa civilisation piétine, ou plutôt recule. Y a-t-il là de quoi faire l'éloge de cette « sélection systématique » dont la caste est l'instrument ? – On pourrait échanger longtemps, sans résultat, des considérations de cet ordre ; elles impliquent des jugements d'ensemble sur le prix des civilisations ; elles ne se prêtent guère à des démonstrations précises.

D'ailleurs, fût-on arrivé à dresser le bilan exact de la civilisation hindoue, et à mesurer sa juste valeur, qu'aurait-on prouvé pour ou

Troisième partie

contre les thèses de l'anthroposociologie ? Combien de causes, en effet, différentes des qualités congénitales des individus, n'ont pas poussé à la même roue ? N'a-t-on pas montré bien des fois comment les formes de la nature en Inde devaient modeler l'imagination et la volonté du peuple hindou ? Et si l'on croit que les formes sociales sont plus puissantes encore que les formes naturelles, et qu'en ce sens le régime des castes est bien « l'âme de la civilisation hindoue », rappelons-nous du moins que les effets moraux de ce régime sont singulièrement plus clairs que ses effets physiques. Pour comprendre l'orientation qu'il a dû imprimer à la civilisation de l'Inde, qu'avons-nous besoin de rechercher les traces obscures de ses opérations matérielles ? Les dispositions cérébrales que le père transmet au fils portent-elles vraiment l'empreinte et comme la marque de fabrique de la caste ? Ces hypothèses équivoques sont inutiles. Les modes opératoires proprement sociaux de la caste – le tour qu'elle donne à l'éducation, le cercle qu'elle trace à l'imitation, les crans d'arrêt qu'elle impose à l'ambition – suffisent à expliquer sa puissance.

On nous montre les Banyas [1], membres des castes commerçantes, très soucieux de l'avenir de leurs fils ; ils s'en font accompagner le plus souvent possible, leur apprennent avec soin les éléments du calcul, les mettent, dès qu'ils peuvent, au courant des affaires. Après cela, si un jeune Banya se montre bon commerçant, aurons-nous besoin de supposer quelque aptitude innée qui le prédestinait au commerce ? Tous les voyageurs ont noté l'adresse étonnante de l'artisan hindou. Dirons-nous que, de par le régime des castes, cette adresse lui est naturelle ? Vivant auprès de son père, familiarisé dès l'enfance avec les instruments du métier, il acquiert son art inconsciemment, par l'habitude, sans qu'il soit besoin de supposer qu'il le reçoive mystérieusement de l'hérédité. Le fils du Radjpoute grandit avec l'idée qu'il est né pour la guerre : n'est-ce pas cette idée, plus encore que son tempérament, qui est responsable de ses goûts guerriers ? De même, la notion que les jeunes Brahmanes se font des devoirs et des droits de leur caste détermine toute leur activité. Où l'action des forces psychiques apparaît si claire, on n'a plus besoin d'invoquer la vertu des races. Par ses seules influences morales, le régime des castes rendrait suffisamment compte du degré de

---

1 CROOKE, *ouvr. cit.*, I, p. 174.

Célestin Bouglé

perfection auquel l'Inde a porté sa civilisation ; comme il rendrait compte aussi de l'espèce de pétrification dont cette civilisation a donné le spectacle. Un Hindou en fait justement la remarque [1] : « Il est de l'essence du régime des castes, par les habitudes d'esprit qu'il impose aux hommes, de les élever au-dessus de la barbarie, mais de les arrêter à mi-chemin sur la route du progrès. » Cet arrêt, comme cet élan, peut s'expliquer sans l'intervention des spécialisations constitutionnelles. Le mouvement général de la civilisation hindoue ne manifeste nullement, même de manière indirecte, les correspondances recherchées par l'anthroposociologie.

Mais peut-être l'intervention de la civilisation anglaise va-t-elle nous rendre ici un service inattendu ?

Sans doute elle n'empêche pas, nous l'avons vu [2], le mécanisme des castes de fonctionner. Il résiste victorieusement, sur plus d'un point, aux pressions directes ou indirectes qu'elle lui fait subir. Toutefois, la seule influence de l'industrie et de l'administration européennes ne pouvait manquer de multiplier, du moins, les exceptions à la loi des spécialisations héréditaires. Certains débouchés se ferment, d'autres s'ouvrent.

Dans beaucoup de castes, ainsi, tandis que certains membres reviennent aux professions primitives et refluent vers l'agriculture, d'autres se disputent les métiers inédits dont la civilisation anglaise entraîne la création. Un bon nombre aspire à devenir fonctionnaires. C'est un des espoirs qui contribuent à remplir, d'une foule chaque jour plus pressée et plus bigarrée, les écoles chaque jour plus nombreuses. Si le gouvernement anglo-indien n'ouvre pas aux Hindous, aussi largement qu'ils le voudraient, les hauts emplois du *civil service,* du moins ne tient-il aucun compte, pour la distribution des fonctions qu'il leur offre, de leurs distinctions originelles. Il prétend oublier les différences de races comme les différences de religions. Dans cette même société dont le régime des castes immobilisait naguère tous les éléments, un régime de concours, qui en mobilise une grande partie, est brusquement ouvert [3]. Considérons donc, après cette espère de mobilisation, les

---

1 PRAMATHA NATH BOSE, *A History of Hindu civilisation during British Rule*, vol. 1, p. 30 sqq.
2 Voir plus haut, p. 89 sqq.
3 Voir l'ouvrage cité de PRAMATHA NATH BOSE, *passim.*

Troisième partie

fonctions que s'approprient et les rangs qu'atteignent les membres des différentes castes ; nous obtiendrons peut-être ainsi une démonstration de leurs qualités spécifiques.

Pour les qualités militaires, ceux qui prétendent descendre de la caste des Kshatriyas les possèdent sans aucun doute : mais en ont-ils le monopole ? Il y a longtemps qu'on a remarqué, au contraire, que l'armée anglo-indienne était un rendez-vous pour toutes les castes, et que les plus basses, suivant l'expression de Jacquemont « s'élèvent en prenant le mousquet ». Du moins, si on leur interdit d'abord de prendre rang dans l'armée du Bengale, elles firent librement partie de l'armée de Madras et de celle de Bombay. Aujourd'hui elles reçoivent toutes dans leurs cadres non seulement des membres des basses castes, mais des membres des tribus « sans castes » ; et leurs chefs s'en déclarent fort satisfaits. Ainsi le Brahmane ne fait pas moins bonne figure sous les armes que le Kshatriya, le Vaiçya que le Brahmane, l'aborigène que l'aryen. Revêtus d'un même uniforme, soumis à une même discipline, pénétrés d'un même esprit, les types ethniques variés se fondent en un seul type social, le cipaye.

Mais ce qu'il importerait sans doute d'analyser par-dessous tout, pour comparer les capacités des diverses castes, c'est la répartition des fonctions intellectuelles. Cette analyse nous fournira-t-elle, dans un sens ou dans l'autre, des résultats probants ?

Il est clair que le poids des traditions va troubler ici le libre jeu des vocations individuelles. Quelles que soient leurs facultés propres, tels individus se trouveront spontanément portés, par exemple, vers les professions libérales : tels autres en seront fatalement détournés. Les enquêteurs anglais, en traçant la courbe du mouvement de l'instruction publique en Inde, nous rappellent quels obstacles opposent, à son extension, l'organisation traditionnelle des castes. Le nombre des illettrés ne diminue pas aussi rapidement qu'on l'espérait. Seules un certain nombre de castes paraissent profiter assez largement des écoles. C'est que, de mémoire d'homme, certains groupes seuls avaient l'habitude, et éprouvaient le besoin de l'instruction, ceux-là mêmes pour qui un minimum de culture constituait une manière d'obligation professionnelle. L'instruction sert aux enfants des prêtres pour lire les livres saints, aux enfants des commerçants pour tenir les comptes. Mais la majorité des castes,

Célestin Bouglé

enfermée dans les diverses professions manuelles, n'acquérait pas le sentiment que le savoir est chose nécessaire : bien plutôt gardait-elle le sentiment que c'est chose réservée. Il semble que ce ne soit pas seulement la pauvreté, mais une sorte de respect qui retient les gens d'envoyer leurs enfants à l'école. En fait, lorsque l'idée en vient aux basses castes, ne voit-on pas les hautes castes protester ? Dans certains pays, les fils des races impures, ou ceux dont les pères exercent des métiers dégradants ne sont admis qu'au seuil de l'école publique : ils ne doivent pas dépasser la véranda [1].

Est-il étonnant, après tant d'obstacles matériels ou moraux, que les membres des basses castes ne s'élèvent pas dans l'échelle des fonctions aussi rapidement qu'on aurait pu l'espérer ? Très peu obtiennent, nous dit-on, les places que le gouvernement ouvre au concours de tous. Dans les fonctions d'employés des postes ou d'instituteurs, *a fortiori* dans celles de juges, on rencontre en immense majorité les représentants de quelques castes favorisées, toujours les mêmes. Au Bengale par exemple, sur 1 235 postes appointés par le gouvernement anglais, 1 104 sont accaparés par trois castes : Brahmanes, Baidyas, et Kayasths. Dans la plupart des provinces, des proportions analogues se retrouveraient [2].

Il reste donc vrai que les descendants des « philosophes » occupent encore aujourd'hui, dans les carrières libérales, une place privilégiée. Les jeunes Brahmanes en quête d'un métier se souviennent que l'étude fut le privilège de leur caste. Ils se portent de préférence vers les fonctions intellectuelles, et beaucoup y réussissent. Mais ces succès sont-ils la preuve de supériorités intellectuelles héréditaires ? On en doute légitimement, si l'on constate que des succès analogues ne sont nullement refusés aux membres des autres castes. Pendant longtemps, les Radjpoutes n'ont pas brillé dans les situations qui demandent de la culture ; c'est que beaucoup d'entre eux mettaient en quelque sorte leur point d'honneur à ne pas s'instruire. Mais le jour où ils se sont décidés à sortir de leurs tentes, on n'a pas vu que les descendants de la race guerrière fussent fatalement moins aptes à l'étude. Deux des « Babous » les plus fameux de la haute cour du Bengale, Prasanna Chandra Roy et Saligram Sing sont de caste radjpoute. Dans le

---

1 *Census of India,* 1901 ; *India,* vol. I, p. 162 sqq.
2 *Ibid.,* pp. 217, 220.

service judiciaire de la même province, les petits-fils de Kasava Roy de Nakesipara, qui fut naguère la terreur du pays, brillent au premier rang. Dans les provinces unies se sont des Khatris qui détiennent le plus grand nombre de hautes charges.

D'ailleurs ceux qui, dans nombre de provinces, disputent ces charges aux Brahmanes, n'appartiennent-ils pas, souvent, à des castes que la tradition plaçait assez bas ? Les Kayasths ne sont pas admis parmi les « deux-fois-nés » : le port du cordon sacré leur est défendu. On les rencontre cependant aujourd'hui dans les plus hautes couches de la société. Ils ont autant de succès aux Universités que les Brahmanes ; ils les surpassent même, nous dit-on, comme auteurs, comme journalistes, comme orateurs. Des deux aigles du barreau bengalais, l'un est un Brahmane, l'autre un Kayasth. Les Banyas, commerçants-nés, ont pourtant donné naissance à: nombre d'écrivains distingués. La caste des Telis – castes de Çûdras, caste de fabricants d'huile et de marchands de grains – s'enorgueillit aujourd'hui de la mémoire de Rai Kisto Das Pal Bahadur, l'un des plus grands journalistes de l'Inde. Srinath Pal, l'un des plus brillants élèves de l'Université de Calcutta, qui administre les vastes États de sa tante la Maharani Svarnamayi, est encore un Teli. Les Naïrs du Malabar, qui constituaient naguère une tribu plutôt encore qu'une caste, s'ils fournissent beaucoup de domestiques, comptent aussi nombre d'esprits cultivés. Il était entendu que les tisserands étaient gens actifs, mais peu ouverts, et inaptes à la culture : les voici cependant, à Calcutta, qui prennent à leur tour les grades universitaires et ils ne se montrent pas inférieurs, nous dit-on, aux Brahmanes ou aux Kayasths [1]. L'ascension intellectuelle des Shahas du Bengale, tout chargés de mépris qu'ils soient, est un fait qui a frappé tous les observateurs. Un grand nombre de castes « inférieures » ont donc fait pénétrer leurs membres dans les classes « supérieures » de la société anglo-indienne.

Et si toutes n'y ont pas également réussi, faut-il en accuser la structure cérébrale des races qui les constituent ? Les circonstances sociales ne pèsent-elles pas d'un poids plus lourd dans la balance ? On a vu rarement des Napits barbiers s'élever sur l'échelle des

---

1 Nous empruntons la plupart de ces renseignements au livre de Jogendranâth BHATTACHARYA, *Hindu Castes and Sects.*

Célestin Bouglé

fonctions sociales : cela tient-il à la spécialisation constitutionnelle, à la race des barbiers, ou bien plutôt à la pression de l'opinion générale qui, regardant les barbiers comme des êtres à la fois impurs et sacrés, enchaîne leurs fils à leur situation traditionnelle ? En fait, là où le prosélytisme chrétien réussit à faire reculer les préjugés de caste, ne fait-il pas aussi pénétrer l'instruction dans des bas-fonds qui semblaient devoir lui rester fermés à jamais [1] ? Ce sont donc des forces morales bien plutôt que des forces physiques qui décident de la répartition des professions. L'«expérience» que la civilisation anglaise a permise à la civilisation hindoue ne nous a nullement révélé les marques héréditaires et comme les poids spécifiques des différentes castes : rien ne nous prouve que leurs membres portent, enregistrée dans leur organisme, telle vocation déterminée.

Aussi les Anglais sont-ils mal venus à revendiquer, pour leur propre race, telle aptitude professionnelle. « Les Hindous, disent-ils quelquefois, n'auront jamais l'esprit à la fois scientifique et pratique nécessaire pour mener l'industrie. » À quoi les Hindous répondent [2] : « Si nous n'avons pas fait jusqu'ici de bons industriels, c'est qu'il nous a manqué et l'instruction technique et le capital suffisant. Le jour où l'Inde aura l'un et l'autre, elle tirera de son sein ses ingénieurs, comme elle en a tiré ses avocats et ses professeurs. » De fait, l'expérience commencée autorise les vastes espoirs. Avec autant d'ardeur que les autres classes, les Brahmanes affluent aux écoles industrielles. Peut-être les petits-fils des Pandits méditatifs seront-ils un jour les plus pratiques des chimistes ou des électriciens. Avons-nous le droit de fixer des limites et d'assigner une direction unique au développement de l'esprit hindou ? Qui nous dit qu'il tournera toujours dans le même cercle ou suivra toujours le même sillon ? Comment croire à une spécialisation en bloc du peuple hindou alors que, malgré un cloisonnement séculaire, aucun de ses fragments ne nous a semblé spécialisé à jamais ?

Cette expérience même nous le rappelle : il est imprudent de poser des bornes à la plasticité des esprits. Sur la même nature, la société peut greffer des plantes diverses. Ouvrez seulement aux races des terrains nouveaux ; appuyez à de nouvelles formes

1 *India*, I, p. 163.
2 Cf. PRAMATHA NATH BOSE, *ouvr. cit.*, vol. III.

Troisième partie

sociales les formes organiques ; et vous les verrez se couvrir, sans doute, de floraisons inattendues.

Nous avons suivi l'anthroposociologie sur le sol qui semblait préparé pour elle. Toutes les ressources que le monde occidental, bouleversé non pas seulement par la constitution des nations, mais par l'avènement de la démocratie, lui refusait définitivement, le monde hindou, dans son immobilité sacrée, paraissait les lui réserver. Les premiers observateurs, confiants dans l'efficacité des codes brahmaniques, ont pu croire en effet qu'ils allaient découvrir en Inde les formules précises des rapports qui unissent les formes corporelles aux facultés mentales et aux situations sociales. À regarder les choses de plus près, il a fallu en rabattre. La précision des premières formules obtenues était illusoire.

D'une part les mensurations anthropométriques, appliquées à des sujets de castes différentes, ne nous ont pas permis de conclure que la hiérarchie des castes correspondait exactement à une hiérarchie des races. D'autre part, la transformation de la société hindoue par la civilisation anglaise ne nous a pas permis de conclure que la spécialisation héréditaire avait déposé, chez les fils des différentes castes, des facultés essentiellement différentes.

En un mot, entre les différences physiques, les différences sociales et les différences mentales, les corrélations nettes continuent de nous manquer. Après comme avant l'observation du monde hindou, les thèses maîtresses de la philosophie des races, transformée en anthroposociologie, restent indémontrables, et invraisemblables.

Chapitre II

Le droit

Quels sont les caractères généraux du droit hindou, et dans quelle mesure y reconnaît-on l'empreinte du régime des castes ?

Il nous faut utiliser les recherches des spécialistes, juristes et philologues, pour essayer de le déterminer. Un pareil relevé nous fournira sans doute la meilleure occasion de préciser les tendances de la forme sociale que nous étudions.

Il nous permettra en outre de vérifier chemin faisant telles théories récemment formulées sur les « époques » du droit, sur le rapport originel du droit civil avec le droit criminel, ou du droit écrit avec le droit coutumier.

Pour l'analyse que nous entreprenons, le code dit de Manou peut servir de texte central. Non qu'il constitue, comme beaucoup l'ont cru naguère, « le code de l'Inde ». Mais, de tous les recueils hindous où sont touchées les questions de droit, il a sans doute été, dès longtemps, le plus connu et le plus estimé : nombre d'inscriptions nomment Manou à la tête des juristes, et aucune révélation, dans les régions les plus diverses, n'est plus commentée que la sienne. De plus, dans la série de ces recueils, le code de Manou semble occuper une place intermédiaire : s'il apparaît comme le premier des Dharmaçâstras, manuels en vers, eux-mêmes antérieurs aux Dharmabandhas qui ne sont que des commentaires, il est postérieur aux Dharmasoutras, collections plus ou moins élaborées d'aphorismes védiques en prose. Il y a donc des chances pour que la Smriti de Manou présente des caractères moyens : on nous la donne par exemple comme moins archaïque que celle de Gautama, et moins moderne que celle de Nârada [1].

Ce qui frappe au premier abord le lecteur européen des lois de Manou, c'est la multiplicité et la variété des prescriptions qui lui semblent totalement étrangères à la sphère du droit. « Il ne faut pas se coucher les pieds humides – ni les laver dans un bassin de laiton. – Pour composer le gâteau de riz des repas funéraires, tels ingrédients sont indispensables, tels autres interdits – et surtout que le plat soit servi bien chaud. – Ne néglige pas d'inviter ton voisin. – Garde-toi de sauter par-dessus la longe d'un veau. – Que la ceinture du Brahmane soit faite d'un triple cordon d'herbe moundja unie et douce ; celle d'un Kshatriya d'une corde en herbe mourva ; celle d'un Vaiçya, de fil de chanvre, etc. » [2]. – Recettes de cuisine ou de couture, mesures d'hygiène, conseils de politesse ou règles d'étiquette se rencontrent et se mêlent dans cette olla-podrida de préceptes.

Mais si divers que soient ces éléments, la plupart portent une

---

1 JOLLY, *Recht und Sitte* (*Grundriss der Indo-arischen Philologie*, Bd. II, 8. Heft), pp. 14-19.
2 *Lois de Manou* (trad. LOISELEUR-DESLONGCHAMPS), II, 45 ; III, 215, 236 ; IV, 38, 76 ; VIII, 391.

Troisième partie

même marque, très apparente : et c'est l'estampille de la religion. Nous comprenons bientôt que s'il est commandé, sans condition, de se laver ou de se nourrir d'une certaine façon, de ne pas toucher tels objets ou telles personnes, c'est qu'autrement on se sentirait impur, on craindrait de n'être pas en règle avec les puissances divines. Si tels ingrédients sont interdits et tels autres requis, c'est que les uns portent en eux-mêmes un principe de souillure, les autres, de purification. Ce sont les propriétés fastes ou néfastes des métaux, les vertus de l'eau et du feu, le caractère sacré de la vache qui produisent ce foisonnement de tabous, d'où surgissent autant de devoirs impératifs. Et dans certains cas, ces devoirs nous paraissent tout simples : mais prenons garde que, sans doute, où nous ne voyons qu'une précaution d'hygiène ou un signe de politesse, l'Hindou révère un rite. Et dans d'autres cas, si ces devoirs nous font l'effet d'inventions déraisonnables, rappelons-nous que la religion a ses raisons qui les justifient. Le code de Manou est d'abord et par-dessus tout un bréviaire de la conduite pieuse.

Le droit ne nous apparaîtra donc, dans les codes hindous, que mêlé, ou pour mieux dire enveloppé et pénétré de religion. Non qu'il ne soit possible de distinguer, dans la masse hétérogène des prescriptions rituelles, un certain nombre de fragments dont le style est plus conforme à ce que nous attendons d'un livre de droit. Les fragments de ce genre sont plus nombreux et mieux concentrés dans le code de Manou que dans les recueils antérieurs. Après avoir détaillé les multiples devoirs qui composent la vie du Brahmane à ses différentes étapes, le Sage qui est censé parler en arrive aux devoirs des rois (livre VIII) : après le devoir de défendre leurs peuples, celui de leur rendre la justice passe au premier plan. C'est à ce propos que sont énumérées, sous dix-huit titres, les causes dont le roi peut être appelé à connaître. D'abord celles qui sont relatives aux affaires d'argent et aux questions de propriété ; dettes et dépôts, annulations de ventes et d'achats, entreprises de sociétés, contestations touchant les salaires ou le bornage, etc. Puis viennent les délits d'injures, de coups et blessures, de vol et d'adultère. Les prescriptions concernant le mariage et l'héritage prennent place ici. Une brève allusion à la réglementation des jeux sépare ces prescriptions de la théorie des classes mêlées, où sont exposées les diverses dégradations qui résultent de l'inobservation des rites ou des unions illégitimes. Une classification des peines diverses qui attendent le méchant, dans cette vie et dans l'autre, couronne la construction. Elle est relativement vaste, puisque l'énumération des règles plus proprement juridiques occupe plus d'un quart de l'ouvrage entier (713 versets sur 2 684). Mais quel qu'en soit le volume, elle est encore loin de rappeler l'aspect de nos corps de droit. Elle continue d'en différer essentiellement par la distribution et les proportions respectives de ses éléments.

Nous ne voulons pas faire allusion seulement au « désordre » des codes hindous, si vivement raillé par l'esprit méthodique qu'était James Mill [1]. M. Jolly a montré que dans le code de Manou en particulier, les matières de droit étaient soumises à une répartition raisonnée, et assez rationnelle, étant donné les soucis pratiques qui la commandent. Mais, dans cette organisation même, c'est la prépondérance accordée à certaines parties qui nous étonne. Dans les codes auxquels la civilisation occidentale nous a habitués, les règles les plus nombreuses sont celles qui ont trait aux *remises en état*. À l'individu qui se considère comme lésé, la loi fournit les moyens de faire la preuve de son bon droit et d'obtenir réparation du dommage à lui causé. Si une sanction intervient en ces matières, ce n'est pas à titre de punition : elle ne tend nullement à faire expier sa faute à un coupable ; suivant l'expression proposée par M. Durkheim, elle n'est que « restitutive » et non pas « répressive » [2]. Auprès du Droit civil et du Droit commercial par exemple, où cet esprit domine, le Droit proprement pénal occupe chez nous peu de place. Dans le code que nous analysons, le rapport est renversé. Non seulement plus de la moitié des versets juridiques est consacrée au système répressif, mais encore, là même où il ne se formule pas expressément, on sent sa menace dominante. La notion d'une sanction purement restitutive n'est pas dégagée. Pour distinguer les délits civils des crimes proprement dits, la terminologie manque : il semble que tous les délits soient au même degré des fautes (aparâdha) qui appellent des châtiments (danda) [3]. Au vrai malgré l'importance relative qu'il a prise dans le code de Manou,

1 *History of India*, I, p. 195 ; Cf. JOLLY, Recht u. S., p. 17 et *Zeitschrift für vergleich. Rechtswissenschaft*, 1878, pp. 234-260 (*Ueber die Systematik des indischen Rechts*).
2 *Division du travail social*, p. 66.
3 OLDENBERG, dans *Zum ältesten Strafrecht der Kulturvölker*, Leipzig, Duncker, 1905, p. 73.

Troisième partie

le droit civil et commercial n'est pas encore détaché du droit pénal. À part quelques différences de détail, – portant par exemple sur la nature des témoignages admissibles : c'est seulement en matière d'adultère, de vol ou de violence que n'importe qui peut être reçu à témoigner –, dans les cas que nous appellerions civils et dans les cas criminels la procédure est sensiblement la même. On sent régner encore l'esprit des antiques Soutras, où toute violation d'une obligation, quelle qu'elle soit, doit être expiée par une peine. Pour trouver la distinction à peu près nette, il faudra descendre jusqu'au code de Brhaspati [1].

Veut-on d'ailleurs la preuve qu'aux yeux des rédacteurs du code de Manou la mission du droit est essentiellement répressive ? Qu'on se rappelle le lyrisme tragique avec lequel ils célèbrent le Génie du Châtiment, « à la couleur noire, à l'œil rouge » [2]. « Le Châtiment gouverne le genre humain, le Châtiment le protège, le Châtiment veille pendant que tout dort ; le Châtiment est la justice, disent les Sages. – Si le roi ne châtiait sans relâche ceux qui méritent d'être châtiés, les plus forts rôtiraient les plus faibles... La corneille viendrait becqueter le gâteau d'offrande, le chien lécherait le *beurre clarifié* ; il n'existerait plus de droit de propriété, l'homme du rang le plus bas prendrait la place de la classe la plus élevée. Toutes les classes se corrompraient, toutes les barrières seraient renversées, l'univers ne serait que confusion... » Le droit répressif qu'un tel esprit anime ne sera pas seulement volumineux : il pèsera durement sur les coupables. Il tient pour eux en réserve la plus luxueuse galerie de supplices. Non seulement il menace souvent de mort, mais de mort « exaspérée » ou « qualifiée » : par le pal, par le feu, par la dent des chiens, par le pied des éléphants, par le tranchant des rasoirs. À défaut de la mort, ce sont des mutilations ou des marques de toutes sortes, où l'on peut admirer la même imagination fertile qui produit la variété des pratiques magiques. La plupart de ces inventions semblent répondre à ce que M. Gunther appelle, au sens large du mot, le besoin de représailles [3]. Tantôt on s'efforce d'atteindre l'instrument du délit : on coupera les doigts du

---

1 JOLLY, *Rech. u. S.,* p. 138 ; DARESTE, *Études d'histoire du droit,* p. 78 ; OLDENBERG, *ouvr. cit., supra,* p. 74.
2 VII.
3 *Die Idee der Wiedervergeltung in der Geschichte und Philosophie des Strafrechtes, Erlangen,* Blasing, 1895.

Célestin Bouglé

voleur et de l'impudique, la langue du médisant. Tantôt on veut que la peine rappelle et symbolise la faute en la stigmatisant : l'adultère recevra sur le front l'image des parties sexuelles de la femme ; l'alcoolique, celle d'un drapeau de distillateur. À ces peines portant sur la personne même viennent s'ajouter des peines portant sur les biens : tout un système de lourdes amendes est prévu, qui peuvent aller jusqu'à la confiscation totale. Le criminel essaie-t-il de se dérober aux prises de ce filet de fer : la caste se réunit alors pour le rejeter. Exclu de l'eau et du feu, les fonctionnaires du village lui refusent leur travail. Personne ne peut le toucher sans se souiller. Il est comme un mort parmi les vivants.

Au surplus, ce n'est pas seulement dans cette vie que le Génie du Châtiment, avec toutes ses inventions cruelles, attend les coupables : c'est dans l'autre, ou plutôt dans les autres vies. Le péché accompagne le pécheur au-delà de la mort : il faut que celui-ci renaisse pour souffrir. Et ici encore, à travers le cycle des renaissances, les punitions rappelleront la faute, les circonstances ou les procédés de son accomplissement. Le voleur de vêtements sera marqué par la lèpre ; le voleur de grains deviendra un rat ; le voleur d'eau, un oiseau des marais ; celui qui a monopolisé un passage, un serpent vivant dans les trous. Le larron d'honneur, l'homme qui a souillé le lit de son père spirituel, renaît cent fois à l'état de liane, ou d'oiseau de proie, ou de tigre. Qui verse le sang d'un Brahmane sera dévoré par des carnassiers, pendant autant d'années que le sang de sa victime a formé de grumeaux dans la poussière ; puis il passera dans le corps d'un chien, d'un âne, d'un bouc, finalement d'un Tchândâla.

S'il veut esquiver ces tourments futurs, le criminel n'a qu'une ressource : se plier volontairement aux épreuves que lui prescrivent les Brahmanes. Ainsi s'introduit dans le code de Manou l'énumération d'une série de pénitences qui le font ressembler aux *Pénitentiels* de notre Moyen Âge. Si l'on ne veut continuer à payer sa faute dans l'éternité, il la faut racheter dès ce monde. En conséquence, le pécheur repentant devra parfois se mutiler ; il ira même jusqu'à se suicider pour son salut. Du moins accomplira-t-il quelque vœu pénible : dormir sur la terre nue, rester assis au soleil. Il fera des neuvaines de jeûnes, ne se nourrira que d'eau, se privera de sel, n'absorbera que les cinq produits de la vache. Et

Troisième partie

surtout il paiera des amendes, en nature ou en espèces, à ceux dont la puissance lave de toute souillure.

Le droit pénal hindou utilise donc plusieurs sortes de menaces. On discerne dans les codes, derrière la série des peines d'ordre temporel, une série de peines d'ordre spirituel et, à côté des châtiments qui doivent être déchargés par le roi ou les dieux, ceux dont le pécheur peut se frapper lui-même. Et tantôt il semble que ces peines soient substituables ; qui a supporté l'une n'aurait pas à supporter l'autre. Le pécheur puni par le roi ira au ciel aussi pur que les saints. Inversement celui qui aura accompli les pénitences prescrites sera exempté du feu qui devait le marquer : il restera seulement passible d'une amende. Parfois on voit les deux types de peines se fondre en quelque sorte l'un dans l'autre : la pénitence est d'aller au-devant de la punition, de l'appeler sur soi pour qu'en blessant elle purifie. Le criminel est exhorté, pour racheter sa faute, à la confesser au roi en lui tendant la massue justicière. En règle générale, surtout pour les fautes graves, les châtiments distincts sont cumulés : avant d'obtenir la réintégration dans sa caste, le coupable déjà puni dans ses biens ou sa chair devra encore accomplir telle pénitence rituelle [1].

Pour diverses d'ailleurs que soient ces pénalités, elles expriment les mêmes tendances juridiques, elles obéissent aux mêmes préoccupations. On y reconnaît le respect des mêmes traditions et le souci des mêmes progrès. On retrouve par exemple, dans la série rituelle aussi bien que dans la série séculière, la même volonté d'étendre le châtiment aux complices : mêmes aggravations proportionnelles pour les cas de récidive ; mêmes restrictions pour ceux de légitime défense. Il n'est pas jusqu'aux intentions qui ne soient pesées aux mêmes poids dans les deux balances [2].

Et à vrai dire, sur ce point, le système des pénitences proprement dites semble s'être moins vite assoupli que l'autre. On sait que pour les religions primitives une souillure contractée involontairement n'en est pas moins dangereuse, et en conséquence ne mérite pas une purification moins sévère. On retrouve dans les Védas cette conception à la fois mystique et quasi matérielle du péché ; espèce

---

1 JOLLY, *R. U. S.*, p. 123 ; OLDENBERG, *Zum Strafr.*, p. 25 ; cf. *Manou*, IX, 236, 240 ; XI, 53.
2 JOLLY, p. 121.

Célestin Bouglé

de fluide morbide qui s'attache à vous, et dont le patient doit se laver à tout prix, ne fût-il pour rien dans l'origine de son mal [1]. La même conception survit longtemps et, plus ou moins voilée, continue d'agir dans les codes. Il en est qui semblent proposer de réserver les pénitences aux fautes involontaires, tandis que les volontaires seules tomberaient sous le coup des peines temporelles [2]. Celui de Manou garde le souvenir de ces hésitations de la pensée sacerdotale lorsqu'il dit : « De savants théologiens considèrent les expiations comme applicables aux fautes involontaires seulement ; mais d'autres les étendent aux fautes commises volontairement » [3]. En fait, si l'on descend des principes aux détails, on constate que le système des pénitences tient compte, lui aussi, et de plus en plus, des dispositions intérieures. Manou déclare que si, pour effacer une faute inintentionnelle, la récitation de certains versets suffit, il y faut, quand il s'agit d'actes prémédités, des mortifications plus dures [4]. Dans d'autres codes, on voit que d'une manière plus générale le taux des pénitences passe au double quand l'intention est perverse [5]. La considération de la *culpa* trouve donc sa place, ici aussi, à côté de celle du *dolus*. Même sur ce point, le parallélisme des deux catégories de peines a été maintenu.

Mais où l'unité de leurs préoccupations est la plus manifeste, c'est dans les précautions qu'elles prennent pour maintenir, par l'échelle des peines, la hiérarchie des castes. Il est remarquable que la plupart des châtiments si durs que nous avons énumérés ne touchent pas le Brahmane ; son prestige désarme les rigueurs du bras séculier. Il peut être condamné au bannissement, non à la mort. Personne ne doit le frapper, même avec un brin d'herbe. D'une manière plus générale, le taux des punitions varie en fonction de la situation sociale des personnes : il atteint son maximum lorsque l'offensé appartient aux plus hautes castes et l'offenseur aux plus basses. Le Brahmane paie 50 panas d'amende pour avoir insulté un Kshatriya ; 25 pour un Vaiçya ; 12 pour un Çûdra. Mais

---

1 OLDENBERG, *Religion du Véda* (trad. franç., Paris, F. Alcan), p. 243, 271.
2 *Yajnavalkya,* cité par OLDENBERG, *Zum Strafr.,* p. 76.
3 XI.
4 XI. Les nuances distinguées en matière de faux témoignage sont particulièrement remarquables, VIII, 120, 121. Voir d'autres exemples dans THONISSEN, *Histoire du droit criminel des peuples anciens,* Bruxelles, Christophe, 1869, p. 58.
5 JOLLY, *R. u. S.,* p. 122.

Troisième partie

le Kshatriya qui aura insulté un Brahmane paiera 100 panas ; le Vaiçya, 150 ou 200 ; le Çûdra n'échappera pas à la bastonnade. Des gradations analogues, répétées de cent façons, se retrouvent dans le calcul des pénitences, jours de jeûne ou années de retraite [1]. Il faut noter un cas où la proportion est renversée : le Brahmane voleur est puni plus lourdement ; sans doute voulait-on éviter par cette menace qu'il abusât de la confiance que tout le monde était tenu de lui témoigner [2]. Mais c'était là encore une manière de rappeler que tous les hommes ne sont pas de la même essence, et que le système des pénalités, qu'elles aillent en s'aggravant ou en s'atténuant, doit avant tout marquer les degrés de la hiérarchie. Ce n'était donc pas sans raison que les apologistes du Châtiment lui assignaient comme mission première de maintenir chacun à son rang, et d'empêcher les mélanges entre les espèces sociales aussi bien qu'entre les espèces animales. L'idée qui répugne le plus au droit que nous étudions, c'est à coup sûr l'idée de l'égalité des hommes devant la loi.

En résumé, pénétré de religion et attaché à l'inégalité, moins préoccupé de réparer que de punir, et de punir de la façon la plus dure, tel nous apparaît, à travers les codes classiques, le droit hindou. Dans quelle mesure le régime des castes rend-il compte de ces caractères ?

Lorsqu'il fixe avec tant de minutie, en le faisant varier proportionnellement à leur rang, le nombre de coups que doivent recevoir ou de panas que doivent payer des criminels, le droit ne fait que traduire directement, à sa façon, la tendance caractéristique de la société hindoue. La plupart des droits primitifs, en fixant les taux des compositions, établissent des échelles du même genre [3]. On en retrouve chez les Grecs aussi bien que chez les Germains. Dans la loi de Gortyne par exemple, le tarif de l'amende prononcée en cas d'adultère varie de 5 à 200 statères ; ces variations sont déterminées non pas seulement par les circonstances particulières de l'offense, mais par la situation sociale de l'offenseur et celle de l'offensé : le citoyen pleinement libre se trouve valoir, à ce compte,

1 JOLLY, *ZVVR*, 1903, pp. 112-115.

2 *Manou*, VII, 338.

3 WESTERMARCK (*The origin and development of moral ideas*, Londres, Macmillan, 1906, p. 434) en réunit de nombreux exemples.

Célestin Bouglé

dix fois l'homme de condition inférieure et quarante fois l'esclave [1]. Mais nulle part les distinctions de cette nature n'ont été conservées si longtemps, nulle part elles n'ont été précisées si fortement que dans le droit hindou.

Et sans doute son insistance même éveille une défiance des démarcations si fermement dessinées, des gradations si savamment dosées sont d'ordinaire le signe d'une volonté tendue, mais non peut-être d'une réalité docile. Dans quelle mesure ces catégories légales correspondaient-elles à des catégories réelles ? Les pénétrantes observations de M. Senart ont averti les philologues de ne plus se fier aux trompe-l'œil de la tradition brahmanique. Le code de Manou ne fait de différence, qu'il s'agisse de la définition des devoirs, de la réglementation des costumes, ou de la distribution des peines, qu'entre Brahmanes, Kshatriyas, Vaiçyas et Çûdras : « Il n'y a que les quatre castes et il n'y en a pas cinq. » Mais que cette théorie des quatre castes, le *çalurvarnya*, ne soit qu'une simplification audacieuse, c'est ce qui n'est plus à démontrer. Tout indique, nous l'avons vu, que le monde hindou était divisé non en quatre tranches correspondant aux *varnas*, aux couleurs classiques, mais en une multiplicité indéfinie de sections, dérivées sans doute des premiers groupes familiaux, les *jâtis*. Les rédacteurs de Manou ne l'avouent-ils pas d'ailleurs, lorsqu'ils énumèrent les diverses « castes mêlées » ? Ils expliqueront sans doute la formation de ces groupes et leur distribution hiérarchique par des manquements aux règles qu'ils formulent : des unions illégitimes, l'omission d'un rite, l'abandon des coutumes ou du métier des ancêtres sont autant de causes de séparation et de dégradation. Mais il y a là, nous a-t-on dit, une explication après coup qui ne trompe personne, et qui ne fait que trahir l'embarras du théoricien devant les faits qui débordent sa théorie [2].

Si précieux que soient ces résultats, ils n'empêchent que le calcul des peines brahmaniques ne réponde, par sa tendance générale, à l'idéal plus ou moins nettement avoué par tous les groupes élémentaires de la société hindoue. Dans leur morcellement même ils s'efforcent, conformément à l'esprit des codes, de ne pas mêler

---

1 Voir GLOTZ, *La solidarité de la famille dans le droit criminel en Grèce*, Paris, Fontemoing, 1905, p. 383 sqq.
2 Voir plus haut, p. 23.

Troisième partie

les sangs, de ne pas changer les fonctions, de respecter les rites traditionnels. Et tous ensemble supportent le brahmanisme à leur sommet. Quelque chose reste vrai des formules orgueilleuses du livre de Manou : le Brahmane est comme le feu qui n'a pas besoin d'être consacré pour être brillant, et qui reste pur, quelque matière qu'il consume. Aujourd'hui encore, après tant de bouleversements qui rendent les distinctions plus flottantes, le critère le plus net dont les enquêteurs disposent pour déterminer l'ordre de préséance, des castes, c'est, nous l'avons remarqué plus d'une fois, l'estime où le Brahmane tient chacune d'elles, et qu'il manifeste en acceptant ou en en refusant les différentes espèces d'aliments qu'elles lui offrent. Et en fait on retrouve les fautes dénoncées par Manou – abandons des coutumes héréditaires, omissions de rites, ou unions illégitimes – à l'origine de bien des déchéances [1]. L'ombre peut avoir quelque chose de plus rigide et de plus anguleux que le corps : le droit brahmanique n'en reste pas moins, par les grandes lignes de son système anti-égalitaire, comme une projection de la structure sociale de l'Inde.

Que le plan de ce droit soit d'ailleurs, en majeure partie, dessiné par la religion, on ne s'en étonnera pas si l'on se rappelle que des scrupules de pureté fournissent la clef de voûte, ou même la première pierre de toutes les constructions hindoues, et que les parties n'en sont ordonnées et maintenues à leur place que par des sentiments de respect pieux ou d'horreur sacrée. On a prétendu que la caste était « affaire de mariage » ; d'autres ont dit « affaire de repas ». Les deux thèses convergent : originellement le mariage a pour but d'assurer au culte des ancêtres des officiants de leur race, et le repas, préparé grâce à l'élément divin par excellence, a tous les caractères d'une communion rituelle [2]. C'est dire en d'autres termes que la caste est essentiellement affaire de religion [3].

On a pu hésiter à accepter cette définition : ne voit-on pas tous

---

1 Voir *Census of India*, 1901, vol. VI (*Bengal*), p. 361 ; vol. I (*India*), p. 528. Nous avons constaté déjà que, sur plus d'un point, les enquêteurs anglais semblent disposés à réagir contre l'excessive défiance que nous inspirait, à l'égard de la théorie du code de Manou, la critique de M. Senart.

2 SENART, *loc. cit.*, pp. 45, 213.

3 Si nous ne consacrons pas un chapitre spécial aux phénomènes religieux, c'est que, dans tous nos chapitres, qu'il s'agisse du droit, de l'économie ou de la littérature, nous ne cesserons de voir croyances et scrupules à l'œuvre.

Célestin Bouglé

les jours les Hindous changer de foi, se convertir par exemple à l'islamisme ou au christianisme sans pourtant avoir la force, et peut-être sans avoir l'idée de renoncer aux règles de la caste ? D'autre part, chez ceux mêmes qui restent des fidèles de l'hindouisme, ces règles ne coexistent-elles pas avec les doctrines les plus variées ? Les croyances diffèrent ou passent : l'usage reste identique [1].

Mais d'abord, quand bien même les pratiquants auraient perdu de vue la croyance génératrice de l'usage qu'ils pratiquent, cela empêche-t-il qu'il ait été originellement institué par la religion ? L'arbre porte des feuilles en ignorant ses racines [2]. Et puis surtout demander, pour lui reconnaître le caractère religieux, que l'institution de la caste se réclame nommément de telle mythologie, c'est peut-être faire la part trop belle, dans le sentiment religieux, aux croyances proprement dites. En matière de dogme la tolérance du Brahmane est proverbiale. Il s'accommode volontiers des imaginations les plus hétérogènes et, à ce qu'il nous semble, les plus hétérodoxes. Il ouvre sans plus de manière son panthéon hospitalier aux divinités de ses clients nouveaux. C'est que l'important à ses yeux, l'essentiel de la religion est qu'en le respectant on respecte les règles de la caste [3]. Toute tentative échoue qui veut définir autrement l'hindouisme ; à quelque secte qu'il appartienne, l'Hindou se reconnaît à l'instinctif effroi du surnaturel qu'il éprouve, au moment de violer les prohibitions traditionnelles de la table et du lit [4]. Plutôt encore qu'un de ses fruits, on pourrait donc dire que la caste est le noyau même de la religion hindoue.

Est-il étonnant, après une pareille compénétration du sacré et du social, que les prescriptions juridiques restent, en Inde plus qu'ailleurs, imprégnées d'imaginations religieuses ? Presque partout nous voyons le droit naître et grandir à l'ombre de la religion. Elle lui prête sa confiance dans le jugement des dieux, la force contraignante de ses imprécations, les vertus magiques de ses

1 Voir SCHLAGINTWEIT, *Zeitschrift der Deutschen Morg. Gesellschaft*, Bd. 33, p. 583. Voir *Census of India*, 1901, vol. I (*Initia*), p. 523.
2 Voir ce que M. MARILLIER disait, à ce propos, du tabou mélanésien : *Études de critique et d'histoire*, 2e série (Bibl. de l'École des Hautes Études), p. 42.
3 BARTH, *The religions of India*, p. XVII ; voir Monier WILLIAMS, *Modern India*, p. 228 ; IRVING, *Theory and Practice of Caste*, p. 134, 137 ; cf. MAYNE (*Treatise of Hindu Law*, p. 12), citant le *Census of 1891 IN. W. Prov. Report*, p. 192, et *Assam Report*, p. 84).
4 SHERRING, *Hindu tribes and Castes,* III, p. 276.

Troisième partie

formules et de ses gestes [1]. Mais précisément le progrès du droit consiste à s'émanciper de cette tutelle, à *far da se* avec les ressources proprement humaines. Le *jus* se taille son royaume en dehors du *fas*. C'est pour avoir de bonne heure marqué cette distinction que le peuple romain a mérité en matière de droit le titre d'éducateur de l'Occident [2].

Et, à vrai dire, même à Rome, il semble que l'œuvre de sécularisation ait été plus lente qu'on le croyait naguère. On a noté la forte coloration religieuse que garde longtemps la table des délits qui relèvent de la justice du roi [3]. La vindicte publique, au nom de laquelle il agit, n'apparaît elle-même que comme l'exécutrice des hautes œuvres de la vengeance divine. Mais même en matière de justice civile, dans la transmission des *sacra* qui accompagnait à l'origine la dévolution des biens, dans la protection spéciale accordée aux bornes des propriétés, dans les stipulations de toutes sortes qui prennent les dieux à témoins, on relève aujourd'hui les signes d'une pression religieuse persistante [4]. Pour résister à cette pression, pour développer librement un droit « bourgeois et profane », expression réfléchie des volontés concertées, il a fallu toute la puissance organisée d'un État lui-même soumis à la pesée du peuple [5]. La laïcisation du droit ne pouvait s'accomplir que dans la cité réorganisée par la volonté d'une plèbe « consciente ».

Mais les castes en Inde n'ont jamais pu s'entendre pour former une cité et imposer un remaniement du droit. Obstinés dans l'horreur des contacts et des mélanges, les premiers groupements familiaux ne sont pas entrés ici dans la voie des concessions, des compromis, des limitations réciproques. Aucune plèbe ne s'est assemblée et levée pour exiger une refonte des premiers cadres. Et c'est pourquoi chez les Aryens de l'Inde, non seulement le droit public, si riche chez leurs frères gréco-italiens, est réduit à sa plus simple expression, mais encore la distinction du *jus* et du *fas* reste inexprimée.

Non que le mouvement de la civilisation n'ait forcé, ici comme ailleurs, la première doctrine juridique à s'élargir, et n'ait obtenu

1 KOHLER, *Rechtsgeschichte und Weltentwickelung*, ZVVR, 1885, p. 323.
2 JHERING, *Esprit du droit romain*, I, pp. 268-307.
3 GIRARD, *Histoire de l'organisation judiciaire des Romains*, I, pp. 32-35.
4 LAMBERT, *La fonction du droit civil comparé*, p. 639 sqq.
5 COQ, *Les institutions juridiques chez les Romains*, I, p. 23.

Célestin Bouglé

par exemple une place dans les codes pour les réquisitions d'une organisation économique plus compliquée. C'est en ce sens que M. Dahlmann oppose à l'âge du *rita* l'âge du *dharma,* qui se montre moins exclusivement attaché aux vertus ordonnatrices du sacrifice et plus préoccupé de l'activité humaine, de ses conditions et de ses conséquences. Mais l'antithèse reste indécise, et celui qui la propose doit reconnaître que dans le *dharma* même la religion ne lâche pas sa prise [1]. La société hindoue ne s'est pas donnée les organes nécessaires à la confection, à la conception même d'un droit laïcisé.

La seule force organisée qui se dresse dans l'universel émiettement, c'est précisément celle qui a la charge de maintenir, envers et contre tous, les droits de la conception religieuse de la vie : c'est le corps sacerdotal.

Et, à vrai dire, ces expressions mêmes prêtent à l'équivoque. Ici encore l'orgueil du sang, réfractaire à toute unité, fait sentir ses effets isolants. Nous avons vu qu'en réalité le brahmanisme n'est rien moins qu'un corps. Son originalité, disait S. Maine, vient de ce qu'il ne repose sur aucune organisation [2]. C'est que non seulement dans la classe brahmanique des castes nombreuses continuent de se distinguer, mais encore chaque Brahmane, surhomme de naissance, comme il n'a besoin d'aucune investiture, ne reconnaît théoriquement aucun supérieur hiérarchique. Cette foule de prêtres-nés n'a rien de commun avec une Église [3].

Il n'en reste pas moins que, exemplaires de la race noble par excellence et modèles de la pureté aryenne, exécuteurs des mêmes opérations rituelles et commentateurs des mêmes révélations, ces prêtres-nés représentent un même idéal, jouissent d'un même prestige, et qu'ainsi, sans être à proprement parler unifiés eux-mêmes, ils sont capables d'imprimer à l'Inde la seule espèce d'unité qu'elle pouvait supporter.

Il ne devait pas manquer d'ailleurs, pour la culture de cette tradition religieuse, de se former des écoles. Il est nécessaire mais il n'est pas suffisant, pour mériter le titre de Brahmane, d'être né de sang brahmanique. Il y faut une initiation qui est une seconde

1 *Das Mahâbhârata als Epos u. Rechtsbuch,* p. 290.
2 *Études sur l'histoire du droit,* p. 283.
3 SCHRÖDER, *Indiens Literatur und Kultur,* p. 412.

naissance ; il y faut l'étude des Livres saints. Et comme ces Livres sont plusieurs, et plus nombreux encore les commentaires auxquels ils ont donné lieu, il se formera des traditions spéciales qui serviront de centres de groupement aux étudiants brahmanes.

Ce sont sans doute des groupements de ce genre qui ont donné naissance aux codes que nous connaissons. Faut-il parler à ce propos de véritables écoles de droit ? Ces *charanas* étaient-ils aussi nombreux que le croyait Colebrooke et constituaient-ils une espèce d'organisation universitaire, comme les écoles de notre Moyen Âge ? Ne gardaient-ils pas plutôt la physionomie de l'organisation familiale, et leur tradition, conformément à l'allure générale du régime, ne se présentait-elle pas comme ces secrets que les pères confient aux fils [1] ? Toujours est-il qu'on se trouve là en présence de traditions transmises et commentées par une suite de spécialistes, et que ce trait déjà peut expliquer quelques-uns des caractères des codes hindous. Dans le code de Manou en particulier, Bühler a relevé les répétitions, voire les contradictions qui révèlent des séries de remaniements. Peut-être sous le Çâstra que nous connaissons pourrait-on retrouver un Soutra qui remonterait jusqu'à la secte védique des Mânavas. Des traditions si longuement ruminées ne pouvaient manquer d'aboutir à un droit assez compliqué et raffiné. On a souvent observé le plaisir que semblent prendre les rédacteurs de ces codes à distinguer, à proportionner, à classifier de toute façon. Faut-il voir dans ce goût un trait natif du génie hindou ? Ou bien penserons-nous que s'il se conserve et se développe à travers tant de générations, le spectacle de la réalité sociale, toute divisée et graduée, qu'elles ont sous les yeux en est pour une part responsable ? Quoi qu'il en soit, la serre chaude des écoles brahmaniques devait être favorable à cette végétation exubérante de classifications.

Le même milieu de professionnels ne prêtait-il pas à la découverte de ces nuances qu'admirent nos historiens du droit, par exemple en matière de distribution des responsabilités, en cas de récidive, ou lorsqu'il s'agit de tenir compte des intentions [2] ? Preuves, disait

1 Voir WEST and BÜHLER, *A Digest of Hindu Law*, p. 32 ; GHOSE, *Principles of Hindu Law*, p. VII-X ; MAYNE, *A Treatise on Hindu law and usage*, p. 38 ; S. MAINE, *Ancien Droit et Coutume primitive*, p. 22.
2 Voir KOHLER, ZVVR, 1903, p. 184 sqq. ; THONISSEN, *Hist. du droit criminel*, p. 61.

Célestin Bouglé

Thonissen, « que dès ces siècles lointains, les bords du Gange avaient été le théâtre de longues méditations juridiques ». D'ordinaire les divinités offensées frappent en aveugles ; pour détourner leur vindicte on poursuivra, comme les Athéniens le faisaient encore, jusqu'aux objets inanimés. Si, malgré ses origines religieuses, le droit hindou est plus souple et plus nuancé en ces matières, il le doit peut-être aux réflexions de spécialistes qui pouvaient le faire profiter du progrès même de leurs croyances. À cet égard, le dernier livre du code de Manou révèle des préoccupations déjà « spiritualistes ». Il n'est pas étonnant qu'ils veuillent peser les intentions de ceux qui inscrivent au nombre des péchés les mauvaises pensées elles-mêmes, et s'élèvent du souci de la pureté toute matérielle à celui de la pureté intérieure. Il faut ajouter que la doctrine de la transmigration, si elle est en harmonie intime avec le régime des castes [1], s'accorde en même temps avec le sentiment de la responsabilité individuelle. En rappelant à l'homme que sa situation présente dépend de ses actes passés comme sa situation future dépendra de ses actes présents, elle lui ôte sans doute l'envie de protester contre les inégalités sociales, mais elle propage l'idée que du moins à l'intérieur de sa classe, chacun doit être jugé selon ses œuvres ; elle aide ainsi le droit à se dégager décidément de la doctrine des responsabilités collectives.

On peut mesurer par là toute la distance que le sacerdoce brahmanique a su faire parcourir au droit hindou depuis les premières étapes du droit. La forme la plus ancienne de la justice, c'est la vengeance exercée de groupe à groupe. À cet âge, il n'y a pas à proprement parler de crime public ; en tuant par exemple un homme ou en violant une femme, un membre d'un clan a causé un dommage à un autre clan ; celui-ci cherche à réparer ce dommage par une action qui vise non pas seulement ce membre en particulier, mais n'importe lequel des membres du clan offenseur. Les autres groupes n'ont pas à intervenir.

Pour définir cette situation, on a proposé de dire que les premiers délits apparaissent moins comme des délits criminels que comme des délits civils : le groupe justicier qui est en même temps l'offenseur, se souciant peu de *Vanimus delinquendi*, et demandant avant tout la réparation d'un préjudice, fût-il inintentionnel. L'assimilation

---

1 Voir plus haut, pp. 84-85.

prête à l'équivoque, s'il est vrai que les vengeurs se sentent obligés à l'action, soit par la soif de sang qu'ils prêtent à l'ombre menaçante de la victime, soit par un sentiment de solidarité plus complexe qui leur ordonne de compenser à tout prix la perte que leur groupe a pu éprouver ; si c'est en d'autres termes, non pas seulement un instinct de cruauté, mais un impératif de nature religieuse qui arme le « moi judiciaire familial » [1]. Mais il est vrai qu'à cette phase, au-dessus des clans en litige aucun sentiment public n'intervient pour limiter leur vindicte en la réglementant, ou pour punir les fautes qu'ils laisseraient impunies. C'est la religion encore, mais une religion plus large et débordant les cadres familiaux, qui façonnera ce sentiment. Elle étendra le réseau de ses interdictions rituelles. Elle attachera à l'homicide, fût-il commis entre membres d'une même famille, l'idée d'une souillure dont il faut à tout prix se laver. Et ce sont ses représentants qui, d'abord choisis pour arbitres, deviendront les jurisconsultes dont les réponses font autorité. On montrait récemment ainsi que même en Grèce, dans le pays le plus réfractaire à la théocratie, s'il ne s'est pas trouvé un pouvoir sacerdotal pour monopoliser le droit, c'est du moins la religion, appelant l'excommunication sur les violations de l'ordre établi par les dieux, qui a fait l'intérim entre le régime de la vengeance familiale et celui de la vindicte d'État [2]. On voit la religion absorber la plus grande partie de la [mot grec] familiale pour la transmettre à la [mot grec] sociale : en dégageant l'individu de la solidarité du groupe, elle constitue des délits nouveaux en même temps que de nouvelles procédures. Dans l'histoire de presque toutes les civilisations, le même phénomène est visible ; et l'on a pu soutenir que non seulement chez les Hébreux ou les Musulmans, mais aussi bien chez les Germains et les Romains, une jurisprudence sacerdotale forme le soubassement de toutes les lois [3].

Il semble au premier abord que cette conquête du droit religieux public sur le droit religieux familial ait dû se heurter en Inde à des difficultés particulières : la caste n'est-elle pas une sorte de

---

1 KOVALEWSKY, *Coutume contemporaine et loi ancienne. Droit coutumier ossétien*, Paris, Larose, 1899, p. 287 sqq. ; voir STEINMETZ, *Ethnologische Studien zur ersten Entwickelung der Strafe*, Leyde et Leipzig, 1894 ; cf. MAUSS, *Revue de l'histoire des religions* 1897, pp. 50-58.
2 GLOTZ, *ouvr. cit.*, p. 232 sqq.
3 LAMBERT, *ouvr. cit.*, pp. 231-804.

Célestin Bouglé

cristallisation des premiers groupements familiaux ? et d'autre part, la religion servie par les Brahmanes a-t-elle jamais su s'organiser en religion publique ? Mais nous avons vu déjà comment la force d'attraction du brahmanisme est assez puissante pour tenir lieu des mécanismes les mieux agencés. Sous l'influence de sa doctrine de la souillure il semble bien que les groupements familiaux, quelque communistes que fussent leurs tendances, aient définitivement abandonné la notion de la responsabilité collective en même temps qu'elles abdiquaient leur droit de vengeance. Non qu'elles n'aient sans doute, en Inde comme ailleurs, exercé primitivement ce droit : contrairement à ce qu'on pensait naguère, les Védas conservent le souvenir d'un tableau de *Wergeld* comme il ne s'en institue que pour arrêter la colère des groupes en les indemnisant [1]. Mais il est vrai que très tôt les compensations pécuniaires allèrent au Brahmane. De même que dans le repas funèbre il siège à la place des parents morts dont l'ombre est censée se tenir derrière lui [2], il se substitue, pour la perception de l'amende, à la famille lésée. Délégations significatives : sans briser les sphères familiales et sans les amener à s'entrepénétrer, le brahmanisme a trouvé moyen de les faire graviter toutes ensemble autour de lui. Grâce au prestige de ses prêtres, les Hindous n'ont pas eu à chercher, comme il est arrivé en d'autres pays, des arbitres d'occasion pour les départager [3]. Plus divins que les Brehons d'Irlande, représentants d'une tradition qu'eux seuls avaient le droit d'interpréter, les Brahmanes possédaient toutes les qualités nécessaires pour élever le droit hindou à la deuxième phase, et pour établir, sur les seules bases de la religion, une espèce de vindicte publique, aux lieux et place de la vindicte privée des collectivités primitives.

Mais d'ordinaire cette phase n'est qu'une transition. La religion, comme disait M. Glotz, fait l'intérim. Bientôt on la voit passer la main au pouvoir de l'État qui, en recevant le droit sous sa coupe, l'adapte à ses besoins et à ses habitudes propres, et en l'émancipant s'émancipe à son tour : rien de pareil ne devait se produire en

---

1 ROTH, Wergeld im Veda, dans la *Zeitschrift der Deutschen Morgenl. Gesellschaft*, 41, pp. 672-676 ; JOLLY, *R. u. S.*, p. 131 ; OLDENBERG, dans *Zum ält. Str.*, p. 72 ; KOHLER, *ZVVR*, 1903, p. 180.
2 JOLLY, *R. u. S.*, p. 126 ; CALAND, *Altind. Ahnencult*, p. 144 ; SENART, *ouvr. cit.*, p. 216.
3 KOVALEWSKY, *ouvr. cit.*, p. 315 sqq.

Troisième partie

Inde. On peut dire de l'évolution de son droit ce qu'on a dit du mouvement de toute sa civilisation : grâce au régime des castes, elle s'élève assez vite au-dessus de la barbarie, mais sa croissance ultérieure en est bientôt empêchée. Elle est victime d'une sorte d'arrêt de développement ; elle est comme pétrifiée dans une attitude dépassée ailleurs. Le droit hindou devait conserver sa couleur religieuse, précisément parce qu'en face du pouvoir de la caste sacerdotale aucun pouvoir politique ne se constituait pour lui faire contrepoids, parce que le *sacerdotium,* comme dit M. Weber, ne s'y trouvait pas contenu par un *imperium.*

On l'a souvent répété : en Inde, nul rudiment d'État. L'idée même d'un pouvoir public est étrangère à l'Inde [1]. Et sans doute, comme le fait observer M. Fick, il ne faut pas prendre ces expressions au pied de la lettre [2]. Toutes sortes d'autorités se sont essayées sur ces masses immenses : elles ont vu, dans un désordre sans égal, se succéder les empires et se multiplier les principautés [3]. Ce qui reste vrai, c'est que tous les gouvernements quels qu'ils soient ne semblent jamais reposer que sur la surface du monde hindou. Ils ne l'atteignent pas, pour l'organiser, dans ses profondeurs. Précisément parce que les Hindous vivent isolés dans les compartiments de leurs castes, ils semblent faits pour être subjugués par tout le monde, sans se laisser assimiler ni unifier par personne. Incapables de se coaliser pour la résistance active, chacun de leurs groupes oppose aux pressions d'en haut la résistance passive de ses traditions. En d'autres termes – il faut toujours en revenir là – il manque à l'Inde la Cité : la Cité seule capable d'instituer des rapports méthodiques entre les peuples et les gouvernements, et dont le travail a fourni en somme, directement ou indirectement, tous leurs modèles et leurs principes à nos États occidentaux. Faute de cette gestation, une organisation proprement politique n'a pas été donnée à la société hindoue, et la tradition religieuse a pu la dominer tout entière.

Et sans doute, pour imposer ses principes mêmes, il faut à la tradition religieuse la collaboration d'un pouvoir séculier. Si vivace que soit la confiance primitive dans les sanctions surnaturelles, partout la nécessité se fait vite sentir d'une force visible et pesante,

1 SENART, *ouvr. cit.,* p. 249.
2 *Die sociale Gliederung im nord. Indien,* p. 75 (en note).
3 Voir Sylvain LÉVI, *Le Népal,* I, introd., p. 4.

Célestin Bouglé

capable d'aider la volonté des dieux à se faire respecter, et de rétablir l'ordre qu'ils prescrivent en réparant leurs erreurs ou leurs omissions. « L'arme du Brahmane est la parole. » Mais si redoutables que soient ses menaces et ses imprécations, elles n'auraient sans doute pas suffi, par elles-mêmes, à maintenir un ordre public : il y fallait des pénalités temporelles, et un pouvoir physiquement capable de les appliquer. De là, vraisemblablement, l'insistance croissante avec laquelle les codes brahmaniques rappellent au roi sa mission de justicier. En l'accomplissant, il gagne autant de mérite que s'il accomplissait un sacrifice permanent ; mais s'il laisse les coupables impunis, que le jeûne le purifie. Gardien scrupuleux des lois, sa renommée s'étendra au loin « comme une goutte d'huile de sésame dans l'eau » ; négligent, elle se resserrera au contraire et se figera « comme une goutte de beurre clarifié ». Le code de Manou en particulier multiplie les recommandations au roi qu'il divinise – on a pu supposer qu'il avait été rédigé pour l'éducation d'un jeune rajah – et nous avons vu qu'il présente comme autant de devoirs royaux tous les droits qu'il énumère. Dans les codes postérieurs, à mesurer le nombre des crimes de lèse-majesté contre lesquels ils défendent la royauté, on sent s'accroître encore l'importance du roi en matière de justice [1].

Mais ce progrès n'enlève rien à la fonction supérieure du Brahmane. Il reste non seulement l'indispensable magistrat auxiliaire du roi, mais encore le jurisconsulte attitré. C'est ici qu'il faut se souvenir de la remarque de M. Lambert [2], sur la nécessité de bien distinguer, quand on suit l'évolution des institutions juridiques, entre le bouclier du droit et l'outil qui le forge – entre qui impose la loi et qui la formule. Il semble bien que le pouvoir séculier en Inde ait systématiquement laissé au pouvoir spirituel le soin de dire le droit : soit qu'il se soucie peu de l'ordre juridique, soit qu'il ne se reconnaisse pas l'autorité nécessaire pour le modifier. S. Maine [3] nous parle d'un chef Sikh qui avait réussi à asseoir sa domination sur le Penjab : il borne son ambition à prélever les impôts, il n'éprouve pas le besoin d'édicter une loi.

1 JOLLY, *R. u. S.*, pp. 16, 127, 132 ; KOHLER, *ZVVR*, 1903, p. 188.
2 *Ouvr. cit.*, p. 730.
3 S. MAINE, *Institutions primitives*, p. 467 ; cf. la notice de A. LYALL (publiée dans la traduction des *Études sur l'histoire du droit*),p LXX.

Troisième partie

Ailleurs, au Népal [1], nous voyons que lorsque les princes sentent la nécessité, contre l'invasion musulmane, de réorganiser leur royaume, ils font venir une équipe de jurisconsultes brahmanes, qui s'occupent aussitôt à répartir la population dans leurs cadres consacrés. Les fonctions du roi, quelque développement qu'elles prennent par endroits, n'empiètent donc pas sur les fonctions du prêtre. On ne voit pas, le long de cette civilisation, s'aggraver entre les deux principes d'autorité ces conflits d'attributions qui furent si souvent favorables, ailleurs, à l'émancipation des peuples. La rivalité des Brahmanes et des Kshatriyas a pu être longue et mouvementée : on sait tous les indices qu'on a tirés à cet égard, non seulement des contes bouddhiques, mais de l'épopée ou même des recueils philosophiques [2]. Mais contrairement à ce qui est arrivé en Occident, c'est ici la force religieuse qui décidément fait pencher la balance. C'est pourquoi on dit quelquefois que le brahmanisme a su réaliser, beaucoup plus complètement qu'elle-même, l'idéal de notre Église au Moyen Âge, et que jamais on ne vit plus étroite mainmise d'une Église sur un État [3]. Analogie boiteuse, s'il est vrai – comme les considérations qui précèdent nous l'ont rappelé – que ni le terme d'État ni celui d'Église, tels que nous sommes habitués en Occident à les comprendre, ne convient aux institutions hindoues. La formule nous donne du moins l'idée de ce que devait être, en matière de droit, l'omnipotence sacerdotale.

Encore faut-il s'entendre sur la nature de cette puissance, sur les limites qu'elle rencontre, sur les procédés par lesquels elle a été conquise. La suprématie des Brahmanes en matière de droit serait un véritable miracle si leur volonté ne répondait plus ou moins directement aux volontés, plus ou moins conscientes d'elles-mêmes, des populations qui la reconnaissent. Si cette force n'a pas été contenue par en haut, c'est sans doute qu'elle était soutenue par en bas. La mesure et la forme de la collaboration spontanée des groupes à l'œuvre du droit, voilà ce qu'il faudrait pouvoir préciser. On s'apercevrait peut-être alors qu'ici comme partout le secret de la puissance brahmanique, c'est sa tolérance, sa souplesse, sa plasticité.

---

1 S. LÉVI, *Le Népal*, I, p. 15, 229.
2 FICK, *Die sociale Gliederung*, chap. IV ; WEBER, *Indische Studien*, X, pp. 26-30.
3 MACDONELL, *Sanskrit Literatur*, p. 160 ; cf. ZIMMER, *Alt. Leben*, p. 192.

Célestin Bouglé

Déjà en matière de croyances religieuses, nous avons admiré l'indifférence accueillante du Brahmane. Qui sait si, en matière de coutume, sa politique n'a pas été la même et s'il ne s'est pas contenté, souvent, de consacrer des usages déjà établis ?

Il ne faut pas oublier en effet que la caste, par cela même qu'elle est sans doute l'héritière du groupe familial, conserve jalousement un certain nombre d'attributs judiciaires. Si les Hindous semblent avoir perdu très tôt l'habitude des vengeances collectives, de groupe à groupe, du moins à l'intérieur de chaque groupe ont-ils conservé l'habitude de poursuivre et d'exécuter les membres coupables. Si les premières formes de la justice « intertribale » ont disparu, celles de la justice « tribale » se sont au contraire solidement maintenues. On sait combien longtemps, dans toutes les civilisations, les collectivités élémentaires gardent le droit de châtier ceux de leurs membres qui, en les souillant par leurs désordres, menacent leur intégrité même. Et elles les châtient de la façon la plus terrible rien qu'en les expulsant. Livré à ses seules ressources, le « hors-la-loi » – l'*isgoï* des anciens Russes, l'*abrek* des Ossètes, le « loup » des Grecs – est exposé à tous les périls [1]. Personne pour l'aider ni pour le venger ; « c'est une poire sèche qui tombe de l'arbre sans éveiller l'attention de personne » [2]. L'Hindou qui souille sa caste est exposé à une pareille excommunication. Encore aujourd'hui on nous dit que rien n'est plus redouté, et dans les campagnes au moins, rien n'est plus terrible par les conséquences que cette exécution solennelle, devant la caste assemblée [3].

De ces attributions judiciaires de la caste, nous avons vu que les codes brahmaniques ne gardent pas seulement le souvenir; ils en tiennent le plus grand compte. Non seulement, par les expressions qu'ils emploient ils rappellent que c'est en fonction de la caste, toujours prête à brandir le fouet de l'excommunication sur le pécheur, que se définissent originellement les péchés : *patanyîa, atipâtaka, mahâpâtaka, anupâtaka* signifient autant de fautes qui exposent à être exclu de la caste [4]. Mais cette exclusion même, les codes continuent de la présenter comme une menace toujours

---

1 V. GLOTZ, *ouvr. cit.*, p. 23 ; KOVALEWSKY, *ouvr. cit.*, p. 197.
2 Proverbe du Daghestan cité par M. KOVALEWSKY.
3 JOLLY, *R. u. S.*, p. 119 ; SENART, *Les castes*, p. 85 ; cf. DUBOIS, *Mœurs des Hindous*, p. 36.
4 JOLLY, *ibid.*, p. 115.

Troisième partie

suspendue. Elle est la sanction suprême, dont la perspective contraint le coupable à se prêter à l'application des autres. Et c'est pour éviter cette sanction qu'il faut se livrer au bâton, endurer la faim, payer l'amende. Dans le fond du tableau juridique on aperçoit toujours, derrière le doigt levé du Brahmane, non seulement le bras armé du roi, mais le tumulte indigné de la caste, prête à s'assembler et à se dresser pour réduire le rebelle à la raison.

Mais si le droit brahmanique escompte ainsi la coopération du pouvoir judiciaire de la caste, c'est sans doute qu'il est loin de traiter en quantités négligeables les décisions mêmes de ce pouvoir, les précédents selon lesquels il se dirige, les coutumes qu'il entend faire respecter. S. Maine, opposant aux classes vastes et vagues que nous connaissons l'étroitesse et la rigidité de la caste – les fils y héritant régulièrement de la situation en même temps que des croyances des pères, et ceux-ci restant groupés autour du panchayat qui les surveille – indique quel solide organe pour la conservation du droit coutumier devaient former ces petits corps, et avec quelle rigueur ils devaient s'attacher à leurs traditions immémoriales [1].

De fait, les castes tiennent, comme au principe même de leur existence, non seulement aux prohibitions qui les séparent, mais aux singularités qui les distinguent. De ce point de vue, la violation de tel usage qui nous paraît insignifiant est à leurs yeux affaire vitale [2]. Le droit écrit des Brahmanes niera-t-il l'autorité de ces droits coutumiers si tenaces ? Bien au contraire, il fera profession de la reconnaître. Le code de Manou rappelle à plusieurs reprises que le roi n'a rien de mieux à faire que de s'enquérir, pour les respecter et les faire respecter, des différents, usages reçus [3]. Par où il n'entend pas précisément ce que nous appellerions l'usage local, puisque à proprement parler la *lex loci* n'existe pas en Inde [4] : chaque individu, où qu'il émigre, porte avec lui la loi de son groupe. C'est de ces groupes divers que les Smritis entendent reconnaître et consacrer les traditions. Et, à vrai dire, où les Brahmanes déclinent expressément toute immixtion législatrice, c'est lorsqu'il s'agit des ghildes d'artisans ou de commerçants : ici moins qu'ailleurs leurs

1 S. MAINE, *Études sur l'histoire du droit*, p. 81.
2 SENART, *ibid.*, p. 84.
3 Voir les passages relevés par SORG, *Introd. à l'étude du droit hindou*, pp. 40-45.
4 MAYNE, *Treatise*, p. 54 ; GHOSE, *Principles*, p. 726 ; cf. S. MAINE, *Instit. primitives*, p. 95.

Célestin Bouglé

théories ne sauraient suppléer à la multiplicité d'usages élaborés sous la pression de telle ou telle situation économique [1]. Mais d'une manière plus générale et dans des cas beaucoup plus nombreux, il est visible que le droit écrit est prêt à s'incliner devant la diversité des coutumes. On n'y sent pas, comme dit M. Mayne [2], « un atome de dogmatisme » : les Brahmanes se montrent prêts à fournir l'appui de leur autorité à nombre de lois qu'ils ne formulent pas.

Quant à celles mêmes qu'ils formulent, viennent-elles de leur fonds propre, ou leur principal mérite a-t-il été de servir d'enregistreurs ? L'orgueil brahmanique avouera malaisément cette docilité [3]. Mais au fur et à mesure qu'on obtient, par un autre canal que par la tradition brahmanique, des informations plus précises et plus nombreuses sur les usages des différentes castes, on est amené à penser que pour les grandes lignes du droit – en ce qui concerne par exemple l'indivision des biens et les procédés pour en sortir, les règles de succession ou d'adoption – les différences sont négligeables, l'esprit est le même. Il était possible, ici aussi, de dégager les [mots grecs] des antiques groupements familiaux. C'est cette tâche de généralisation que les Brahmanes auraient accomplie en mettant en relief, dans leurs codes, les parties communes aux coutumiers des clans aryens. Il y a eu des juristes pour aller plus loin, et pour penser que sur nombre de points, les usages des tribus anaryennes coïncidaient avec ceux des autres [4]. Les Brahmanes auraient repoussé avec énergie quelques-unes des pratiques des indigènes décidément contraires à l'idéal qu'ils représentaient – comme la polyandrie. Pour le reste, ils n'auraient fait que composer un *corpus* des traditions communes aux groupes, aussi bien anaryens qu'aryens, juxtaposés sur la terre hindoue.

Et sans doute, en enveloppant ces coutumes dans le manteau de la religion, en ajustant, pour reprendre les expressions du *Senchus Mor,* leur « loi de lettre » à cette « loi de nature », les Brahmanes ne pouvaient manquer de modifier en un certain sens le droit existant, de raffiner certaines pratiques, d'en interpréter d'autres d'une façon particulière, conformément aux suggestions de leur intérêt ou aux

1 GHOSE, *Principles,* p. 722.
2 *Ouvr. cit.,* p. 5.
3 V. GHOSE, *Principles,* pp. 1, 3, 720.
4 C'est l'opinion de Mayne dans l'ouvrage cité ; Cf. JOLLY, *R. u. S.,* p. 48 ; HUNTER, *Imperial Gazetteer of India,* VI, p. 116.

Troisième partie

exigences de leur idéal. C'est ainsi qu'on les accuse de combattre plus ou moins directement le régime de l'indivision, encouragés par l'espoir de multiplier les foyers distincts d'où naissent, pour leurs fonctions de sacrificateurs, autant de demandes nouvelles. D'un autre côté, en matière de droit successoral, ils sont amenés à insister spécialement, pour déterminer l'ordre de préférence des héritiers, sur l'aptitude de ceux-ci à contenter par le sacrifice des mânes des ancêtres [1].

Dans quelle mesure ces interprétations ou ces prescriptions proprement brahmaniques sont-elles acceptées de la foule des castes, rien n'est plus difficile à établir. Parfois on a pu noter qu'elles adoptent telle coutume préconisée par les Brahmanes en la décortiquant pour ainsi dire ; elles laissent volontiers tomber la coque religieuse dont ils l'avaient entourée [2]. Ailleurs, le prestige des Brahmanes est si puissant que pour leur ressembler et se rapprocher d'eux, les castes s'imposent certaines restrictions nouvelles, ou pratiquent certains rites qui ne semblent pas dériver de leurs traditions antérieures [3]. L'état d'esprit le plus répandu est sans doute celui qui est exprimé par la réponse que les enquêteurs anglais reçoivent le plus souvent lorsqu'ils interrogent les castes sur leurs lois : « Nous suivons les coutumes de nos ancêtres ; quand on ne peut tomber d'accord sur la coutume, on consulte le Brahmane » [4]. Les Brahmanes apparaissent donc comme les arbitres-nés. Sans doute les considère-t-on, à cause de leurs accointances avec le passé, comme les gardiens désignés, en même temps que de l'ordre général, des traditions particulières à chaque groupe. Si leur sentence était manifestement contraire aux tendances séculaires des castes, celles-ci, déconcertées, n'hésiteraient-elles pas à l'appliquer ? Quoi qu'il en soit, si dans leurs grandes lignes les codes brahmaniques sont tacitement acceptés par l'ensemble des castes, de l'Himalaya au cap Comorin, cette domination est sans doute rendue plus aisée par ce fait qu'ils laissent passer, le cas échéant, les usages particuliers à chacune d'elles, tandis que d'autre part ils retiennent et consacrent ceux qui leur sont communs à

---

1 MAYNE, *Treatise*, p. 4 ; GHOSE, *Principles, passim.*
2 MAYNE, *ibid.*, p. 10.
3 Ainsi s'expliquerait l'expansion de l'habitude de marier les enfants très jeunes, et surtout de celle d'empêcher le remariage des veuves. Voir plus haut, p. 98 sqq.
4 STEELE, *The law and custom of Hindoo Castes*, XIII, p. 122.

Célestin Bouglé

toutes.

C'est peut-être en ce sens qu'il faudrait résoudre la *vexata* quœstio : quelles sont au juste la valeur impérative, l'efficacité pratique, la vie réelle des codes brahmaniques ? Trop longtemps on était porté à les révérer comme des codes véritables, promulgués et appliqués par exemple à la manière du code Napoléon. On s'en est aperçu enfin : pour qu'un code proprement dit puisse naître et vivre, il y faut une réunion de conditions politiques extrêmement complexes, et précisément toutes ces conditions ont manqué à l'Inde. Tout ce que nous avons dit de la façon dont les codes brahmaniques ont dû être rédigés nous permet de comprendre pourquoi, suivant les expressions de M. Barth, ils constituent une littérature, nullement une législation. *Privatarbeiten,* manuels pour étudiants, ils nous décrivent peut-être l'idéal sacerdotal, mais ne nous garantissent nullement que la réalité s'y soit pliée. En suivant cette pente M. Nelson [1] en venait à conclure que le moindre défaut de la « loi hindoue » c'est de n'exister, à vrai dire, que dans l'imagination des Brahmanes et de leurs dupes, les philosophes européens.

Il semble qu'une observation plus attentive de la vie hindoue permette de s'acheminer aujourd'hui vers une opinion moyenne. En fait, sans qu'ils aient jamais été promulgués à proprement parler, les codes brahmaniques jouissent, pour la plupart de leurs prescriptions, d'une autorité incontestable auprès de la plus grande masse de la population hindoue. Peut-être cette autorité s'explique-t-elle précisément par la méthode de tolérance et de conciliation que nous avons définie. De ce Droit aussi on peut dire que s'il mène, c'est sans doute dans la mesure où il a suivi.

Une théorie récente, s'élevant contre les excès du romantisme juridique, s'efforçait de montrer que partout où l'on nous invite à admirer un droit coutumier, comme jailli de la pratique unanime et spontanée des intéressés, on peut découvrir l'œuvre patiente d'une jurisprudence religieuse [2]. Ce n'est point par un lent et sourd travail des consciences collectives, c'est par les intuitions successives des individus inspirés que les lois sont élaborées. Qu'on cesse donc d'opposer la jurisprudence à la coutume : celle-ci ne serait, à vrai

1 *A view of the Hindu law,* et *A prospectus of the Hindu law,* critiqués par A. BARTH. *Revue critique,* 1878, I, p. 417, 1882, II, p. 109.
2 LAMBERT, *ouvr. cit., passim.*

dire, qu'une alluvion de celle-là. Et il pouvait sembler, au premier abord, qu'aucun cas n'était plus favorable à la théorie que le cas soumis à notre étude, s'il est vrai qu'il ne s'est trouvé, pour dire le droit, aucun corps de « prudents » plus révérés que les castes brahmaniques. Mais si nos dernières observations sont exactes, même ces demi-dieux ont dû faire acte de dépositaires plus que de créateurs. D'innombrables collectivités, que leur constitution même prédisposait au maintien des traditions, leur apportaient des faisceaux tout faits de coutumes, qu'ils se contentent le plus souvent de consacrer en les faisant converger.

Les mêmes analyses nous aideront peut-être à mieux comprendre pourquoi, d'une manière générale, dans le droit hindou le droit pénal parle si haut et frappe si fort. Et sans doute il semble que nous ayons déjà fourni une explication du fait en rappelant pour quelles raisons la religion continue d'enserrer toute la vie hindoue. Ne saisit-on pas un rapport constant entre la prépondérance des conceptions religieuses et la dureté du système pénal [1] ? Là où elles apparaissent comme les violations d'un ordre divin, il est naturel que les fautes inspirent une horreur sacrée, et qu'elles soient réprimées avec une vigueur sans mesure.

Mais l'explication ainsi présentée est-elle suffisante ? D'abord, tout en gardant la haute main sur les institutions, la religion ne pouvait-elle user progressivement de menaces moins lourdes ? Il est vrai que les croyances primitives « réagissent » avec une sorte de brutalité aveugle. Mais puisque la religion hindoue se prête à une certaine *Ethisierung*, puisqu'on peut discerner, dans la tradition de ses juristes-prêtres, une sorte de progrès qui se révèle au raffinement de tel concept juridique, pourquoi ce même progrès ne se serait-il pas traduit par une atténuation des peines ? Il reste à montrer la force qui s'opposait à cet adoucissement.

D'une manière plus générale, il ne suffit pas, pour rendre compte des caractères d'une institution quelconque, de constater qu'elle était enveloppée de religion. D'où lui vient ce nimbe aux yeux des hommes ? Quelles raisons les incitaient à se la représenter comme sacrée ? C'est sur ces points qu'on voudrait plus de lumière.

Au surplus, on a effectivement essayé de fournir, du volume et du poids du droit pénal, des explications plus complexes. On a signalé

1 Cf. WESTERMARCK, *Origin and dev. of moral ideas*, pp. 193-198.

Célestin Bouglé

une relation constante entre la dureté des peines et la structure même des sociétés. La galerie des supplices est d'autant plus riche que les sociétés sont moins compliquées, moins différenciées, moins organisées, et qu'en même temps on y rencontre une plus grande concentration de la force gouvernementale. Un type social très simple d'une part et, d'autre part, un pouvoir central absolu, voilà les deux piliers des systèmes répressifs barbares. C'est lorsque ces deux conditions sont réunies que les consciences collectives sont les plus exigeantes ; c'est alors qu'elles réclament pour l'ordre social établi un respect religieux, et défendent cet ordre par les peines les plus cruelles [1]. Dans quelle mesure cette théorie concorde-t-elle avec la situation respective du droit et du régime des castes en Inde ?

Il semble au premier abord que la discordance soit frappante. Ne nous répétait-on pas que la notion même de l'État manque à l'Inde, et que ce qu'elle conçoit le moins c'est la puissance d'un gouvernement central ? D'autre part, est-il permis d'appeler simple et indifférenciée une société comme la société hindoue, avec cette multiplicité de groupements qui se spécialisent, en même temps qu'ils se repoussent et se superposent?

Mais peut-être l'objection fait-elle fond sur un certain nombre de malentendus que nous pouvons maintenant dénoncer. Il importe de remarquer que, lorsqu'on parle d'un pouvoir central fort, comme d'une des causes de la rudesse du droit, on n'entend pas un gouvernement complexe et étendu, dont les fonctions nombreuses et variées s'exerceraient sur tous les points du corps social. L'absence de limites et de contrepoids, voilà l'essentiel de l'absolutisme. – Or n'avons-nous pas vu que précisément cette condition était, mieux qu'ailleurs, réalisée en Inde ? La désunion même à laquelle les castes se condamnent laisse le champ à tous les despotes petits ou grands ; la lourdeur de leur main ne rencontre aucune résistance.

D'ailleurs qui dit gouvernement fort ne pense pas nécessairement au seul pouvoir séculier. S'il est vrai que celui-ci étreint mal la société hindoue et n'y laisse pas une empreinte profonde, nous avons mesuré en revanche à quel point cette société se prête à

---

1 Cf. DURKHEIM, Deux lois de l'évolution pénale (*Année sociologique*, IV, pp. 65-95). Cf. *La division du travail social*, liv. I, chap. III et IV.

Troisième partie

la mainmise du pouvoir religieux. Tout inorganisée qu'elle est, la classe des prêtres a su imposer à la masse un respect dont ne jouissent pas les tyrans les mieux armés. Tous les *tabous* qui, dans les sociétés primitives, rendant les rois à la fois adorables et redoutables, en font des espèces d'hommes-dieux [1], on les retrouve concentrés sur la personne sacro-sainte du Brahmane ; et nul *mana* ne rivalise avec celui qu'on lui attribue. À la société divisée qu'il domine son prestige sert de centre. Les lignes de force qui en rayonnant ordonnent autour de lui toute la poussière des castes. Violer les prescriptions qu'une telle autorité sanctionne, n'est-ce pas commettre une sorte de crime de lèse-divinité qui appelle les châtiments les plus durs ? Contre les sévérités de cet absolutisme, il ne se trouvait pas de démocratie en Inde pour faire entendre la protestation de la « philanthropie ».

Que les castes au contraire fussent bien faites pour seconder ces sévérités, pour quelles raisons elles devaient se prêter et coopérer volontiers aux rigueurs de la répression, nous pouvons aussi nous en rendre compte. S'il est vrai en effet que les groupes fermés ont été en se spécialisant, et qu'ainsi une forme de la division du travail s'installe dans la société hindoue, le phénomène n'a rien de commun avec la différenciation libre et progressive dont nos sociétés, par exemple, nous donnent le spectacle [2]. Grâce à celle-ci, l'indépendance des individus se fait jour, le contrôle des collectivités se détend. Rien de semblable en Inde, où la caste spécialisée tient ses membres immobiles et serrés les uns contre les autres dans le cercle des usages et du métier héréditaire. Un pareil milieu plus que tout autre est favorable à cette unanimité de sentiments, à cette intolérance pour toute divergence, qui se traduit normalement par le caractère sacro-saint des coutumes et le caractère cruel des peines. Les collectivités élémentaires dont la juxtaposition constitue le régime des castes appartiennent donc à un type social très simple en effet. Leur différenciation interne est au minimum ; et il n'est pas étonnant qu'à l'intérieur de chacune

---

1 C'est le thème qui sert de centre de ralliement aux remarques de FRAZER, dans le *Rameau d'or*.

2 James MILL (*Encycl. Brit.*, article Caste) montre comment la division du travail entre castes arrête, dans l'ordre économique, les effets progressifs de la division du travail. Il faut dire la même chose, et *a fortiori*, des effets de la division du travail dans l'ordre social. Voir plus bas, p. 153 sqq.

Célestin Bouglé

d'elles la conscience collective manifeste impérieusement sa prépondérance.

Mais lorsqu'il s'agit des relations de ces groupements élémentaires entre eux et des règles qui fixent ces relations, peut-on parler encore d'une conscience collective qui réclamerait, pour assurer le respect de ces règles, un système de pénalités sévères ? Si les éléments constituants du régime s'efforcent avant tout de vivre dans l'isolement moral et se refusent à toute espèce d'unification, d'où vient sa rigueur au droit qui détermine leurs rapports ? – C'est que précisément cette multitude de cercles se touchent en un même point. Ces consciences collectives distinctes ont un certain nombre de parties communes. Elles s'entendent sur certains sentiments. Et ce sont ceux sur lesquels repose leur séparation même. Elles admettent toutes plus ou moins explicitement que les sangs ne doivent pas se mêler, ni les rangs être confondus. S'il est vrai que les Hindous ignorent d'une manière générale les usages propres aux castes qui ne sont pas la leur, c'est du moins, chez tous également, un article de foi qu'il y a des castes, qu'il doit y en avoir, et qu'avant tout l'ordre qui les maintient distinctes et hiérarchisées doit être respecté.

Et sans doute cette immobilité est relative, et sur bien des points plus apparente que réelle. Pas plus que les mélanges ne sont radicalement évités, les distances ne sont toujours gardées. On voit plus d'une caste conquérir peu à peu, à force d'ambition tenace, des rangs dans la hiérarchie. Mais c'est ici le cas de répéter qu'au moment même où elles sont violées, il y a des règles qui ne cessent pas d'être respectées. Ces mésalliances, on essaiera de les dissimuler ; ces ascensions, on les présentera comme une restauration de la tradition mieux connue. On fera tout ce qu'il faut enfin pour obtenir l'absolution et la consécration du Brahmane, gardien de tout le système, support concret et vivant des sentiments que le régime entretient et qui entretiennent le régime [1].

On a bien des fois observé que la notion même du patriotisme manque à la société hindoue. Et tout ce que nous avons dit des effets

---

1 Voir les conclusions qui se dégagent des enquêtes de P. Risley, sur la hiérarchie actuellement reconnue (*Census of India*, 1901, vol. I, *India*, par MM. RISLEY et GAIT), p. 539 sqq.; vol. VI (*Bengal*, M. GAIT), p. 366 sqq. ; vol. XIII (*Central Prov.*, RUSSELL), p. *164*.

Troisième partie

normaux de la caste, « le plus actif des principes de désintégration que l'humanité ait connus » nous aide à comprendre cette lacune. Mais si nos dernières observations sont exactes, il se rencontre dans cette même société une espèce de succédané des sentiments nationaux : et c'est précisément l'attachement commun de ses groupes élémentaires à l'ordre traditionnel qui les juxtapose. Nous avons pu dire, en ce sens, que le respect du régime des castes est le patriotisme des Hindous. Ils réalisent ce paradoxe de ne pouvoir s'unir que dans le culte de ce qui les divise.

Dans ces limites il est permis de parler, ici aussi, de sentiments collectifs intenses, qui s'élèvent au-dessus de cette poussière de groupes. Et il ne faut pas perdre ces sentiments de vue si l'on veut comprendre pour quelles raisons et jusqu'à quel point le droit brahmanique, avec les caractères que nous lui avons reconnus, plonge ses racines au sein même de l'âme hindoue.

Chapitre III

La vie économique.
La consommation

Quelle sorte d'action peut exercer, sur la vie économique, le régime des castes ? Quelles formes propres tendent à revêtir la production, la circulation ou la consommation là où les hommes se trouvent répartis et comme parqués en petits groupes à la fois héréditairement spécialisés, mutuellement opposés, et hiérarchiquement superposés ? Si l'on veut essayer de répondre par l'observation à la question ainsi posée, il semble qu'il n'y ait qu'à interroger la civilisation hindoue ; c'est chez elle surtout que nous avons rencontré, maintenues ou développées pendant des siècles, cette différenciation héréditaire, cette répulsion réciproque et cette hiérarchie consacrée qui sont caractéristiques du régime des castes.

De fait, Sumner Maine [1] nous avertissait dès longtemps qu'on pourrait admirer, en Inde, la domination tyrannique de toutes sortes d'influences que les économistes se plaisent le plus souvent

---

1 *Études sur l'histoire du droit*, Paris, 1889, pp. 306, 358.

Célestin Bouglé

à considérer comme des quantités négligeables, et qu'ils inscrivent au compte du « frottement ». Selon M. Ranade [1], ce qu'il y a de particulièrement instructif dans le spectacle de la vie économique en Inde, c'est qu'elle ne semble réaliser aucun des « postulats » de l'économie politique classique des Occidentaux.

Malheureusement on sait aussi avec quelle jalousie la civilisation hindoue garde les secrets de son histoire, et en particulier de son histoire économique. Déjà pour l'Occident, si nous voulons suivre par exemple l'évolution d'une forme ou d'un régime de la production, les documents nous font souvent défaut ; les recherches des érudits n'ont pas encore préparé toutes les réponses nécessaires aux questionnaires sociologiques. Que sera-ce s'il s'agit de l'Orient, et de l'Orient hindou ? Ici, pour des régions immenses et des périodes indéfinies on ne possède d'autres informations, souvent, que celles qui sont offertes par la « littérature » : une littérature dont les produits, d'ailleurs difficiles à dater, expriment plus probablement un idéal sacerdotal – tout le monde en tombe aujourd'hui d'accord – qu'ils ne répondent à la réalité sociale. Sur quelques points trop rares, les relations des étrangers qui visitèrent l'Inde projettent quelques lumières encore vagues. Les inscriptions livreront des détails plus précis, mais c'est à peine si l'on commence à classer celles qui ont été jusqu'ici colligées.

Malgré cette pénurie de renseignements il est peut-être possible, et il n'est peut-être pas inutile de proposer quelques jugements d'ensemble sur la vie économique de l'Inde, si surtout l'on a pas la prétention de préciser les traits particuliers aux différentes périodes de son évolution, mais de retenir les plus généraux, par exemple ceux qui caractérisent, dans la mesure où il s'oppose aux types d'organisation économique avec lesquels l'Occident nous a familiarisés, le type d'organisation économique qui a dominé dans la civilisation hindoue. Que si un certain nombre des questions que nous serons ainsi amenés à poser devait rester sans réponse, la tentative aurait du moins l'avantage d'attirer, sur les lacunes qui arrêtent l'induction sociologique, l'attention des spécialistes.

La première généralité que l'on rencontre le plus souvent en cette matière, c'est une appréciation toute pessimiste. La vie économique des Hindous ? Elle a été réduite, semble-t-on dire, à

1 *Essays on Indian economics*, Bombay, Thacker, 1898, p. 8.

la portion congrue, toujours opprimée et comme refoulée qu'elle fut par l'exubérance de la vie religieuse, dont le régime des castes n'est lui-même qu'un rejeton. L'antithèse est classique. Depuis Max Müller [1], on a maintes fois opposé, à l'activité des Aryens de l'Occident, l'apathie de leurs frères hindous. C'est que, répète-t-on, tandis que pour le Grec, par exemple, l'existence est pleine de réalité, elle n'est pour l'Hindou qu'illusion décevante.

Isolé qu'il reste dans sa grande péninsule, amolli et énervé par un climat trop chaud pour sa race, le souci de l'action positive ne vient pas contrebalancer chez lui l'élan aventureux de l'imagination. Victime des fantômes qu'il crée, il se détourne de la terre. Il laisse couler les jours dans une espèce de passivité léthargique, privé de ce sens du réel qui fait les races fortes, incapable de penser par lui-même et d'agir virilement [2]. S'il ne l'a pas créée, le brahmanisme devait entretenir en l'exploitant cette incapacité [3]. L'espèce d'hypnose religieuse où vit l'Hindou est la plus sûre gardienne de cet édifice des castes dont le Brahmane est le maître-né. Dans l'ordre de l'action économique aussi bien que politique, ces mêmes obsessions ne peuvent manquer de retarder le progrès de la civilisation hindoue.

Toutefois la condamnation est-elle sans appel ? De divers côtés, il semble qu'on soit décidément revenu de ce pessimisme simplificateur. On a tort sans doute – M. Sylvain Lévi en fait la remarque – de se représenter la société hindoue comme une nation de métaphysiciens. On est peut-être dupe, sur ce point encore, de l'impression laissée par sa littérature de prêtres-spéculateurs. Il ne faut pas que ce rideau tendu nous empêche de toucher la réalité, plus diverse et plus mouvante.

Ne nous arrêtons pas aux recueils des chants liturgiques ou de discussions philosophiques, ou de textes juridiques ; essayons de saisir la vie active à travers l'épopée : M. Hopkins [4] nous fera

---

1 *Ancient Sanskrit literature*, p. 18.
2 OLDENBERG, *Le Bouddha, sa vie et sa doctrine*, p. 12, *Die Literatur des allen Indies*, Stuttgart et Berlin, Cotta, 1903.
3 SHERRING, *Hindu Tribes and Castes*, III, pp. 225-235.
4 The social and military position of the ruling caste in ancient India, as represented by the sanskrit epic, dans le *Journal of American Oriental Society*, XIII, p. 180-190 ; cf. ce que dit, de la vitalité première des Aryens de l'Inde, ROMESH CHUNDER DUTT, *A history of civilisation in ancient India, based on*

observer qu'on y sent passer un souffle de sensualité, de brutalité, de matérialité qui nous entraîne bien loin des rêveries transcendantes où l'on nous montrait l'Inde absorbée. La philosophie qui donne le ton ici, c'est, dit-il, une philosophie de soldats bien plus qu'une philosophie de prêtres. Et c'est à la vie de guerrier germain que nous font songer le plus souvent les tableaux de l'épopée hindoue. Ce qui est vrai de l'action militaire ne le serait-il pas de l'action économique ?

De fait, la réputation séculaire de l'Inde, patrie des trésors fabuleux et des merveilles inimitables, n'est-elle pas la preuve suffisante que l'activité de ses habitants est loin d'avoir été complètement endormie par les prestiges de ses prêtres ? De tout temps, les peuples de l'Occident ont regardé vers l'Inde comme vers la source de toute richesse. Les conquêtes mêmes qu'elle a dû subir – depuis les Perses et les Grecs jusqu'aux Français et aux Anglais – n'étaient-elles pas autant d'hommages rendus à cette réputation ? « L'Inde, qu'on se représente communément absorbée dans son rêve merveilleux et détachée du reste du monde, est en réalité la proie banale où se rue la cupidité de l'univers fasciné »[1]. Vivait-elle, d'ailleurs, en temps normal, dans l'isolement dédaigneux qu'on imagine ? Aucun pays, semble-t-il, n'a entretenu avec les points les plus distants un commerce plus intense. On sait que Pline estimait à cent millions de sesterces la balance du commerce entre Rome et l'Inde. Bien avant les Romains, les Hébreux recevaient de l'Inde non seulement les pierres précieuses, l'or, l'argent, l'ivoire, mais l'étain et le coton. Plus tard, les petites républiques d'Italie s'enrichissent à importer en Europe non seulement les épices et les aromates, mais les soies, les mousselines, les châles de l'Inde. L'espoir d'entrer en relations plus directes avec elle stimule l'ardeur des Colomb et des Gama. La terre des castes pourrait donc se vanter non seulement des idées, mais des denrées fournies au monde. On prétendait jadis qu'elle était le berceau de tous les mythes que nous avons connus, de celui de Dionysos à celui de Wotan. Prétention sans doute excessive, remarque Lassen, mais il ajoute que l'Inde a d'autres gloires, d'un ordre plus matériel, à revendiquer. N'a-t-elle pas été le grenier où le monde est venu longtemps chercher le riz, le sucre et le coton[2] ?

sanskrit literature, Calcutta, Thacker, 1899, I, pp. 6-10.
1 Sylvain LÉVY, Le Népal, Étude historique d'un royaume hindou, p. 4.
2 Cf. CRAWFURD, Researches on ancient and modern India, Londres, 1817, p.

Troisième partie

Et sans doute, de cette importance commerciale, il faut faire honneur d'abord, non seulement à la situation intermédiaire de l'Inde – trait d'union entre l'Occident et l'Extrême-Orient – mais aux qualités moyennes de son sol et de son ciel, qui lui assurent une grande variété de produits [1]. C'est à ces rares trésors végétaux, disait M. Buckingham [2], autant qu'à ses richesses minérales que « l'Inde a dû l'avantage d'être, dans presque tous les temps, la source de la prospérité mercantile et le foyer des entreprises commerciales ». Il n'en reste pas moins que ces richesses naturelles ne pouvaient à elles seules se mettre en valeur, se mobiliser, s'échanger ; il y fallait l'activité, la patience, l'ingéniosité des habitants eux-mêmes. En récapitulant ce qu'ils en ont dû dépenser pour que leur nom gagnât tant de lustre auprès des peuples les plus éloignés, M. Hunter [3] ne craint pas de parler du génie industriel et commercial dont ils ont fait preuve.

Au surplus, indépendamment de ces preuves par l'extérieur, on relève des traces plus directes de la vitalité économique du peuple hindou. Ce sont les codes sacrés eux-mêmes qui les présentent. Et sans doute – on vient de s'en rendre compte – le droit hindou reste toujours, en principe, un droit de nature religieuse. Les règles « répressives » gardent le pas sur les règles « restitutives ». La nature même des pénalités révèle la mainmise continuée des traditions les plus antiques sur la conscience hindoue. Mais sous cette végétation primitive, plus persistante en Inde qu'ailleurs, le droit commercial ne cesse de croître. Que l'on dénombre plutôt les règles qui concernent les finances, la police des marchés, les droits de douane, les prêts à intérêt, et l'on aura la preuve que la vie économique est loin d'avoir été en Inde aussi éteinte que l'imaginent ceux qui croient que l'Inde n'a vécu que dans et par la religion [4]. Au contraire, si l'on examine de près la plupart de ces règles, on observera qu'elles supposent, dans la société pour laquelle elles sont édictées, une assez forte dose d' « expérience »

287-303 ; LASSEN, *Indische Alterthumskunde, Leipzig et Londres*, 1867, I, p. 341 ; II, 557 ; III, 5-1 ; IV, 880 ; cf. HUNTER, *The imperial gazetteer of India*, VI, chap. XIX.

1 LASSEN, *op. cit.*, I, p. 343.

2 *Tableau historique de l'Inde*, 1833.

3 *Op. cit.*, VI, pp. 555, 91.

4 Voir DAHLMANN, *Das altindische Volkstum und seine Bedeutung für die Gesellschaftskunde* ; cf. *Das Mahâbhârata als Epos. a. Rechtsbuch.*

Célestin Bouglé

économique. La production devait être assez intense et assez variée pour que le commerce fût devenu, dès longtemps, un métier à part. Ses représentants, habitués à circuler d'une région de l'Inde à l'autre et à spéculer sur les variations des prix, se montrent capables aussi de combiner des entreprises en commun. Les rois enfin sont nommément chargés de maintenir un certain équilibre entre les intérêts des vendeurs et ceux des consommateurs [1]. En matière de société, il est entendu que les gains seront proportionnels aux capitaux engagés, les pertes supportées par l'auteur de la faute en cas de faute lourde, l'indigne exclu du gain, l'incapable remplacé. Non seulement le roi doit veiller aux mesures et à la quantité des marchandises, mais il est invité à régler les prix, après consultation des marchands : le gain légitime de ceux-ci est fixé à 5%, pour les marchandises du pays, à 10%, pour les marchandises importées ; des amendes sont prononcées contre toute coalition pour la hausse.

Il faut ajouter qu'au-delà de ces règles plus ou moins précises, les codes formulent d'ordinaire une prescription générale qui recommande au roi de se plier, avant tout, aux us et coutumes des corporations. C'est une preuve éclatante, entre bien d'autres, de la grande place que celles-ci avaient su conquérir. La ghilde hindoue veille à la police des marchés, organise des convois, donne son nom à des fondations. Elle apparaît, dès longtemps, comme une des puissances sociales les mieux établies.

Par où l'on voit que le régime des castes n'aurait nullement arrêté chez le peuple hindou la vie économique. Bien loin de s'opposer à la formation des organes que cette vie réclame, ne la préparait-il pas de lui-même ? Bien loin d'élever des digues, n'ouvrait-il pas des canaux ? Diodore disait de l'Égypte que c'est à l'organisation de la société en castes qu'elle devait sa prospérité [2]. Cela ne serait-il pas plus vrai encore de l'Inde, où cette même organisation se montre singulièrement plus parfaite ?

Il faut descendre de ces généralités et, avant de balancer inconvénients ou avantages, noter d'abord, par une méthode plus analytique, les couleurs propres que le régime des castes a pu

---

1 LASSEN, *Ueber die altindische Handelsverfassung*, dans la *Zeitschrift der Deutsch. Morgenl. Gesellschaft*, XVI, pp. 427-438 ; cf. DARESTE, *Études d'hist. du droit*, Paris, Larose, 1899, chap. IV.
2 Cité par REVILLOUT, *Le droit égyptien*, I, p. 150.

Troisième partie

imprimer en Inde aux différents aspects de la vie économique.

C'est sur les habitudes de la consommation que l'empreinte est la plus visible. De quelque côté qu'il faille chercher l'origine ou les origines du régime des castes, on s'accorde aujourd'hui à reconnaître qu'il est essentiellement une institution religieuse [1]. Des sentiments de nature religieuse le soutiennent et l'entretiennent : une espèce d'horreur sacrée, la crainte du péché dégradant, empêche les communions, mélanges ou contacts de races, comme elle entrave ou retarde les changements de professions. Ce sont les degrés de pureté qui marquent le plus clairement ceux de la hiérarchie sociale : les rapports plus ou moins intimes que leurs membres peuvent soutenir avec le prêtre-né fixent le rang des castes. Des sentiments qui se développent ainsi, au contact des petits groupes fermés, spécialisés et hiérarchisés qui composent la société hindoue, il ne faut pas dire seulement qu'ils sont une conséquence et comme un épiphénomène de la vie religieuse en Inde : bien plutôt ils en constituent l'essentiel, ils en forment le noyau. On a souvent remarqué que, flottante et tolérante au-delà de toute expression en matière de dogmes, la religion hindoue n'est stricte et définie qu'en matière de pratiques : et les pratiques qui lui tiennent le plus à cœur sont précisément celles qui font durer le régime des castes. Le respect de ce régime avec le culte de sa propre supériorité, c'est là ce que le Brahmane enseigne de plus clair [2].

Cette compénétration de la tradition religieuse et du système social, si elle ne prédestine nullement les Hindous à devenir un peuple de théologiens spéculant sur l'infini, est faite du moins pour encombrer leur vie journalière de toutes sortes de scrupules. Et c'est pourquoi il est vraisemblable que seront particulièrement manifestes, en Inde, les influences que les croyances religieuses exercent sur les modes de la consommation et, si l'on peut dire, les « commandes » qu'elles adressent plus ou moins directement à la production même.

En ce sens, il est permis de soutenir que tous les arts, en Inde, et jusqu'aux plus industriels, ont à plier leurs produits aux exigences de la vie religieuse. Ce n'est pas sans raisons que M. Birdwood

---

1 Voir plus haut, p. 134.
2 Monier WILLIAMS, *Modern India and the Indians*, pp. 157-162 ; IRVING, *Theory and practice of caste*, pp. 134-137.

Célestin Bouglé

commence son livre sur *Les arts industriels de l'Inde* par un bref résumé des croyances des Hindous. « Dans leur art traditionnel, écrit-il, rien qui ne soit fait en vue d'une pratique, rien qui ne possède une signification religieuse. Une règle religieuse fixe la matière, le poids, la couleur des différents articles. Un symbolisme encore plus obscur que celui de la couleur et de la matière est inscrit aussi dans les formes des objets, même de ceux qui sont destinés aux usages domestiques les plus communs » [1]. On découvrait récemment, pour nos cathédrales, le symbolisme minutieux qui gouverne non seulement leur structure générale, mais jusqu'au détail de leur ornementation. En Inde, c'est à propos des plus menus et des plus humbles objets qu'une science mieux informée pourrait accumuler sans doute les découvertes analogues : la religion hindoue n'est-elle pas la plus tyrannique en même temps que la plus domestique de toutes ? Ne régente-t-elle pas, à l'intérieur de chaque famille, tous les actes de la vie quotidienne ?

C'est surtout, à vrai dire, en matière alimentaire, que la pression de la caste nous frappe. Et la chose n'est pas pour étonner : on a pu soutenir, nous l'avons vu, que la caste était essentiellement « affaire de repas ». Chez les races les plus différentes – chez les Sémites aussi bien que chez les Aryens – on retrouve à l'origine l'institution des « banquets sacrificiels » [2]. En même temps qu'une offrande aux ancêtres, le repas est une confirmation de la parenté qui unit les vivants : c'est littéralement une communion qui ne peut rassembler que certaines personnes, désignées par leur naissance pour absorber certains aliments préparés selon les rites traditionnels. En Inde, la caste retient et renforce cet exclusivisme commun aux familles primitives. C'est la grande affaire pour les Hindous de ne pas se souiller au moment des repas. Manger avec ou même devant un étranger, à plus forte raison absorber un aliment qu'il aurait touché, autant de péchés impardonnables.

De cette crainte des péchés de bouche naîtront toutes sortes de précautions plus ou moins compliquées, non seulement pour l'absorption, mais pour la confection des repas, qui est une manière d'acte sacré. Nous avons cité les dictons hindous : « Pour

---

1 G. BIRDWOOD, *The industrial arts of India,* London, Chapman and Hall, 1880, p. 2.
2 Cf. R. SMITH, *The Religion of the Semites*, pp. 255-314.

douze Radjpoutes, il faut treize cuisiniers. Pour trois Brahmanes Kanaujas, trente foyers ! » Ces soucis de pureté se traduisent par une formidable consommation de vaisselle de terre. De là l'importance des potiers, fournisseurs attitrés de la communauté. « L'accumulation des débris de poterie et la masse des pots d'argile qui cuisent au soleil signalent, nous dit S. Lévi [1], l'entrée de tout village hindou. » Et sans doute les règles de la pureté alimentaire seront observées plus strictement, comme il est naturel, chez les castes les plus haut placées : n'est-ce pas d'ailleurs au scrupule avec lequel elles observent ces règles qu'elles doivent une part de leur prestige ? La déchéance de tel ou tel groupe s'explique, souvent, par le seul fait qui les a outrepassées. Le Brahmane coupable de ces manquements est victime des plus vifs remords. Les Jâtakas rapportent l'histoire d'un Brahmane qui fut si frappé d'apprendre qu'il avait absorbé un aliment goûté par un Tchândâla qu'après avoir rejeté cette nourriture horrible, il se laissa mourir de faim [2].

Mais il ne faudrait pas croire que les scrupules de cet ordre fussent le monopole de la caste brahmanique. On les retrouve parfois chez les castes les plus basses. C'est que, pour hiérarchisé que soit le monde hindou, une répulsion mutuelle en sépare les éléments. Même les plus généralement méprisés s'isolent avec jalousie de ceux qui sont universellement reconnus comme supérieurs. « Il y a dans la caste, disait justement à ce propos Max Müller [3], un principe de réciprocité. N'allez pas croire que le riche peut visiter le pauvre, ni le pauvre le riche, ni qu'un Brahmane peut inviter le Çûdra à dîner et ne pas en être invité à son tour. Personne dans l'Inde n'est humilié de sa caste et le plus infime paria est aussi fier de la sienne et aussi désireux de la conserver que le Brahmane du plus haut rang. Les Tunas (une classe de Çûdras) considèrent leurs maisons comme souillées et jettent leurs ustensiles de cuisine si un Brahmane entre chez eux. » En fait, pendant la famine de 1874, plutôt que d'accepter des aliments de la main des Brahmanes, des Santals se laissaient mourir de faim à la porte des fourneaux de charité.

---

1 Le Népal, I, p. 234 ; cf. BIRDWOOD, *Industr. arts*, p. 311.
2 Cité par R. FICK, *Die sociale Gliederung im nordöstlichen Indien zu Buddhas Zeit*, p. 33.
3 *Mythologie comparée*, p. 404 ; cf. SHERRING, *op. cit.*, III, p. 335 ; Monier WILLIAMS, *op. cit.*, p. 49.

Célestin Bouglé

Mais ce n'est pas seulement la qualité des commensaux qui importe aux fidèles de la tradition hindoue : c'est la qualité des aliments eux-mêmes. On ne peut pas manger avec n'importe qui, on ne peut pas non plus manger n'importe quoi. Certains aliments sont tabous soit pour l'ensemble de la population, soit plus particulièrement pour telle classe. On sait dans combien de pays il arrive que certaines nourritures soient exclusivement réservées, d'autres spécialement prohibées à certaines parties de la population. Il semble bien que cette réglementation soit liée, le plus souvent, à des croyances totémiques : une plante, un animal apparaissent comme sacrés aux yeux de ceux qui en sont censés descendre. Ceux-ci ne peuvent y toucher, à plus forte raison en manger, sans péril de mort. Quelle influence de pareilles croyances devaient exercer, à travers les habitudes de l'alimentation, sur le système de la production même, sur la culture et sur l'élevage – en sauvegardant telles espèces de préférence à telles autres – c'est ce qu'a montré Frazer. En Inde, il semble que ce soit seulement chez les tribus anaryennes, vivant sur les confins de la civilisation hindoue, que nous retrouvons ces croyances à l'état pur. Mais chez les Aryens aussi elles ont laissé des traces, aussi bien dans les noms mêmes des gotras brahmaniques que dans les objets du culte de certaines castes [1]. N'auraient-elles pas présidé de même à la détermination des aliments prohibés aux castes différentes [2] ?

Et, à vrai dire, si l'on reconnaît encore souvent, en cette matière, les scrupules particuliers à telle ou telle caste, sur ce point comme sur bien d'autres, un courant d'unité passe pardessus les originalités ; il découle du prestige universel des Brahmanes, qui continuent d'incarner l'idéal de la pureté aryenne. À leur exemple, nombre de castes, en même temps qu'elles adoptent le culte de la vache – dont on nous dit qu'il est, avec le respect du Brahmane, la plus claire caractéristique de l'hindouisme – s'astreignent, à des degrés divers, à un végétarianisme dont les Brahmanes se font une loi stricte,

---

1 *Le totémisme*, trad. franç., Paris, Schleicher, 1898.

2 Cf. DALTON, *Ethnology of Bengal*, p. 56, cité par FRAZER, *Le totémisme*, p. 104 ; cf. RISLEY, *Tribes and castes* I, XLIV ; le riz est *tabou*, par exemple, pour la section Dhan des Mundas du Chota Nagpour. Ils sont obligés de prendre du millet. Sur les prohibitions qui se rattachent au totémisme, et sur le rapport entre ces prohibitions et les traditions des castes, voir CROOKE, *The popular Religion and Folklore of Northern India*, Westminster, Constable, 1896, II, p. 159.

Troisième partie

par fidélité à la doctrine de l'ahimsa qui leur interdit de tuer le moindre vivant. Les croyances religieuses se trouvent ainsi réduire, plus ou moins étroitement pour toutes les castes, le cercle de la consommation. Et celles-ci respectent sur ce point les prohibitions traditionnelles avec une obstination que la famine même ne réussit pas toujours à faire céder. De ce point de vue, on peut soutenir que le régime des castes, par les scrupules qu'il entretient, contribue à diminuer encore les ressources de la population. « Le rejet de certaines nourritures et de certaines boissons limite encore, dit S. Maine [1], les moyens de subsistance d'un pays surpeuplé et contribue à ses famines périodiques. » Il faut remarquer d'ailleurs que les croyances hindoues, rendant désirable avant tout la venue d'une postérité qui s'acquitte envers les ancêtres du culte dont ils ont besoin, sont favorables à la pratique des mariages précoces. Et ainsi, « pendant qu'elles tendent à accroître le nombre des naissances, elles limitent l'approvisionnement des vivres qui sustentent l'existence. Nul ne saurait dire précisément quelle est la capacité du sol de l'Inde pour supporter une grande population, car les superstitions de l'immense majorité ne permettent ni d'élever ni de tuer des animaux pour la nourriture » [2]. Si l'on ajoute que le même système de croyances est défavorable à l'émigration, par où le trop-plein de la population pourrait s'écouler, on pourra conclure, en effet, que ce système, travaillant à accroître la disproportion entre la quantité moyenne de subsistance et le taux de la population, est partiellement responsable de la gêne économique où vit l'Inde et dont les famines périodiques ne sont que les paroxysmes.

Mais la caste n'est pas seulement « affaire de repas » ; elle est encore et surtout, nous l'avons vu, « affaire de mariage ». Non seulement les croyances traditionnelles incitent aux mariages précoces – un bon Hindou se tient pour déshonoré s'il garde trop longtemps ses enfants célibataires – mais encore elles imposent aux mariages la règle d'endogamie. C'est en dehors de sa famille, mais à l'intérieur de sa caste que le jeune Hindou doit chercher femme. Le mariage sera donc ici plus qu'ailleurs un acte religieux, à la consommation duquel tout l'ordre social est intéressé. À l'occasion des mariages, la caste reprend conscience de son unité et se réjouit de sa continuité.

---

1 *Études sur l'ancien droit et la coutume primitive*, p. 71.
2 *Études d'histoire du droit*, p. 616.

Célestin Bouglé

De là, sans doute, le faste particulier avec lequel ces cérémonies sont célébrées. Tous les voyageurs ont été frappés du luxe que se croient alors obligés de déployer des gens appartenant même aux castes les plus humbles [1] ; il n'est si pauvre caste, nous l'avons vu, qui ne garde son amour-propre collectif et dont les membres ne veuillent faire bonne figure à ces jours solennels. Il y a là, nous dit-on, un véritable danger social. « Les mariages sont souvent la ruine des familles. » Les rapports décennaux du *Civil service* attirent l'attention sur ce point : « Les paysans hindous font des dépenses excessives pour toutes les cérémonies familiales. La vanité se mêle à ces démonstrations, et on se croit d'autant plus orthodoxe qu'on les exagère » [2].

Les dépenses d'ostentation doivent d'ailleurs, d'une manière générale, moter assez haut dans le budget des plus pauvres familles. M. Monier Williams [3] nous décrit la parure des enfants qu'il rencontre à Bombay, la soie et le satin brodés dont ils sont vêtus, les joyaux qui brillent à leurs poignets ou à leurs chevilles. Les femmes portent de même une profusion de bracelets et d'anneaux d'argent ou d'or ; parfois, au nez, une petite boule de cinq ou six perles, avec une émeraude au milieu. En voyant toute cette richesse qu'elles portent sur elles, il est difficile de croire, ajoute l'auteur, à la pauvreté de l'Inde. C'est qu'en effet, le plus souvent, toute la richesse des familles, au lieu de s'immobiliser dans les coffres d'une banque, s'étale ainsi en ornements. Et c'est pourquoi sans doute l'orfèvre, dans les plus modestes villages, est un personnage presque aussi nécessaire que le potier. Indépendamment du goût inné de la parure commun à tant de races, l'habitude de ce luxe spécial ne serait-elle pas entretenue en Inde par la nature propre d'une hiérarchie qui « laisse à presque tout le monde quelqu'un à mépriser » et, quel que soit le mépris où les autres le tiennent, permet à chaque groupe de conserver son grain de vanité propre ?

Sur d'autres points cependant les jeux de la vanité, avec leurs répercussions économiques, devaient rencontrer en Inde d'étroites limites. Quelle place en particulier la société hindoue pourra-t-elle concéder à la mode et aux variations qu'elle impose naturellement

1 De LANOYE, *L'Inde contemporaine* ; Cf. SONNERAT, loc. cit.
2 Cité dans le *Journal des Savants*, 1895, p. 271 ; VIDAL DE LA BLACHE, *Annales de géographie*, juillet 1906, p. 421.
3 *Modern India*, pp. 29-61.

Troisième partie

172

à la consommation ? Là où l'innovation du supérieur est bientôt adoptée par l'inférieur, le supérieur cherche de nouveau à se distinguer ; le mouvement élargissant de l'imitation rend plus vif le besoin d'une originalité nouvelle – d'où une espèce de cercle où les goûts tournent de plus en plus vite à la recherche de l'inédit. Il va sans dire qu'en Inde le morcellement général de la société, fragmentée en groupes qui s'opposent en même temps qu'ils se superposent, devait être particulièrement défavorable à ce mouvement. C'est là surtout où règne le régime des castes que l'empire de la Coutume, qui nous force à imiter nos ancêtres, s'oppose aux conquêtes de la Mode, qui nous invite à imiter les étrangers. La société tout entière est immobilisée, autant qu'une société peut l'être, dans les cadres consacrés. Il n'est donc pas étonnant que les lois et les mœurs conspirent pour maintenir à leur rang ceux qui en voudraient sortir et, imitant de trop près les supérieurs, pourraient exposer l'opinion à de fâcheuses erreurs sur la caste. Les codes consacrent des prescriptions nombreuses aux costumes et aux insignes – cordons, ceintures, bâtons – des castes différentes. En fait, dans la pratique, on constate qu'un grand prix est attaché aux distinctions extérieures qui ont « le précieux avantage de prévenir des confusions cuisantes ». Même une richesse au-dessus du commun n'autorise pas les membres d'une caste méprisée à usurper certains luxes réservés. Dans le sud de l'Inde, les Shanars, malgré leurs trésors amassés, se voient exclus du droit de porter ombrelle, de s'orner d'or, ou d'élever des maisons de plus d'un étage [1]. Quelles contestations, quelles rixes se déchaînent lorsque les règles de ce genre sont violées, l'abbé Dubois le signale [2]. « On se bat, nous dit-il, pour le droit de porter des pantoufles, de se promener en palanquin ou à cheval dans les rues les jours de mariage. » Il cite une sorte d'émeute qui naquit de ce qu'un Chakily, savetier, se montra à une cérémonie publique avec des fleurs à son turban. De même au Népal, M. Sylvain Lévi rapporte [3] que le droit fut refusé aux Podhyas de porter la calotte nationale : la veste, les souliers, les ornements d'or leur furent aussi interdits. Les Kasais furent obligés à porter des vêtements sans manches. Sur les maisons des uns et des autres comme sur celles

1 Jogendranâth BHATTACHARYA, *op. cit.*, p. 259.
2 *Mœurs des Hindous,* I, pp. 18, 20.
3 *Le Népal,* I, 372.

Célestin Bouglé

des Kullus étaient prohibées les toitures de tuiles. Il a donc subsisté en Inde plus longtemps qu'ailleurs des tabous somptuaires à côté des tabous alimentaires : l'organisation sociale répugne à tout ce qui pouvait favoriser l'effacement des rangs, le mélange des sangs, la confusion des groupes.

L'importance économique de ce système de prohibitions préventives, on la mesurera aisément si l'on se rappelle à quelles causes sociales se rattache un phénomène qui lui-même entraîne une accélération du progrès industriel et commercial : le développement et le raffinement des besoins dans les diverses couches de la population. Pour l'expliquer, il ne suffit sans doute pas d'escompter, comme le veut M. Durkheim [1], la pression exercée par la densité sociale elle-même sur les individus rassemblés. En les contraignant à une lutte plus ardente pour la vie, cette pression surexciterait les besoins de leurs organismes qui deviendraient ainsi, pour tous les ordres de raffinements, plus délicats et plus exigeants. À cette explication socio-physiologique, il n'est pas inutile d'ajouter une explication psychophysiologique. M. Gurewitsch [2] fait justement remarquer que l'on rend difficilement compte, par la seule lutte pour la vie, de tant de luxes qui passent au rang des besoins. Bien plutôt que la lutte pour la vie pure et simple, la lutte pour la puissance sociale en est responsable, avec le désir qu'elle stimule, chez les supérieurs, de marquer leur supériorité par toutes sortes de consommations ostentatoires. Ainsi prennent sans doute naissance la plupart des besoins qui distinguent les civilisés : si ces besoins s'universalisent, si les objets façonnés d'abord pour le compte des grands deviennent pour la masse aussi des objets de première nécessité, c'est que les inférieurs mettent leur amour-propre, à leur tour, à suivre l'exemple des supérieurs.

La première phase du processus ainsi décrit n'a pas manqué à la civilisation hindoue. Si ses prêtres-nés ont dédaigné les pompes de la richesse, ses rajahs tiennent la place d'honneur dans l'histoire du luxe [3]. Et la réputation de faste qui est restée à la société hindoue tient sans doute aux merveilles entassées, et orgueilleusement déployées aux jours de fête, dans les cours de ses princes. Mais

1 *De la Division du travail social,* Paris, F. Alcan, 2ᵉ éd. 1902, pp. 255-259.
2 *Die Entwickelung der menschlichen Bedürfnissen und die sociale Gliederung der Gesellschaft,* Leipzig, 1901.
3 Voir BAUDRILLART, *Histoire du luxe,* Paris, 1878, liv. II, chap. VI.

Troisième partie

si les besoins ont dû ainsi, à l'intérieur de ces cours, se multiplier et se raffiner, le cloisonnement de la société hindoue s'opposait à ce que le mouvement se généralisât et descendît de proche en proche. L'enrichi n'est pas libre, ici, de rivaliser avec le noble ; l'Inde ne veut pas connaître la figure du « parvenu ». Et sans doute, en dépit de tout, la richesse ici comme ailleurs confère aux individus une certaine force ascensionnelle ; mais plus vite qu'ailleurs cette force est arrêtée par la masse des traditions convergentes. Les perspectives sont bientôt coupées à l'ambition personnelle. L'espoir lui étant interdit de faire oublier des distinctions sociales, celle-ci ne perd-elle pas jusqu'à sa raison d'être ?

En d'autres termes la loi de « capillarité sociale [1] » ne saurait, dans cette atmosphère spéciale, fonctionner librement : il manque ce perpétuel effort de tous vers les dépenses « distinguées » qui, s'il use finalement et brûle en quelque sorte les races, excite du moins le plus d'individus possible à donner leur mesure, et intensifie du coup, en même temps qu'il la diversifie par des demandes plus nombreuses et plus variées, la production elle-même.

Chapitre IV

La vie économique.
La production

Quels effets le régime des castes exerce-t-il non plus seulement sur les habitudes de la consommation, mais sur le système de la production ?

Pour bien en juger, il ne sera pas inutile de préciser les rapports de ce régime avec les différents modes de la division du travail.

La division du travail, dit-on quelquefois, est l'âme même de l'organisation des castes : c'est précisément parce que les différentes races ont été de bonne heure spécialisées selon leurs aptitudes, sous la règle du Karmabheda, que la civilisation hindoue a pu atteindre à un si haut degré de perfection industrielle [2].

---

1 C'est l'expression employée par M. DUMONT, dans *Dépopulation et civilisation*, Paris, 1890.
2 DAHLMANN, *Altind. Volkstum*, pp. 65, 112.

Célestin Bouglé

Mais de quelle division du travail s'agit-il ? Sur quel modèle et sous quelle pression en Inde la répartition des tâches s'est-elle opérée ? Par suite en quel sens et entre quelles limites devaient s'étendre ses effets ? Quelles sont, en un mot, les formes, les conditions et les conséquences propres d'une division du travail qui va de pair avec le morcellement de la société en petits groupes jalousement fermés en même temps que rigoureusement hiérarchisés ? Que produit une spécialisation professionnelle ainsi doublée de différenciation sociale ?

Historiens et théoriciens de l'économie politique en tombent aujourd'hui d'accord ; il importe avant tout de distinguer soigneusement entre les diverses formes de la division du travail que l'analyse d'Adam Smith confondait encore lorsqu'elle alléguait pêle-mêle l'épingle de la manufacture, le clou du forgeron, l'habillement du journalier [1]. À côté du phénomène de la *distinction des professions* ou spécialisation proprement dite – dont l'homme qui se fait un métier de la confection d'une seule catégorie d'objets donne un exemple – il faut classer à part la *décomposition des opérations* – le produit passant de main en main, pour revêtir des formes différentes à l'intérieur d'une même entreprise – et le *sectionnement de la production* – diverses entreprises concourant non seulement pour la fabrication, mais pour le transport et le débit des objets.

On devine aisément, par ces définitions mêmes, quelle est la forme de division du travail qui devra dominer en Inde. Ce n'est pas le sectionnement de la production, qui suppose une organisation industrielle et commerciale très compliquée. Ce n'est pas non plus la décomposition des opérations, qui demande la concentration d'un grand nombre d'ouvriers dans un même établissement. C'est surtout la distinction des professions, la spécialisation proprement dite. Sur ce terrain, les Hindous semblent en effet avoir poussé les divisions et subdivisions aussi loin qu'il est possible. Ce n'est pas seulement à raison des objets produits, c'est à raison des instruments employés pour les produire que les métiers se différencient : le moindre prétexte à monopole est pieusement utilisé. Déjà dans l'ordre des occupations les plus primitives, les

---

1 Cf. notre Revue générale des théories récentes sur la division du travail, dans *l'Année sociologique*, t. VI, pp. 73-122.

Troisième partie

distinctions sont tranchées. Les pêcheurs qui se servent de filets et de paniers, ceux qui se servent d'hameçons forment des catégories séparées. Parmi les chasseurs, on nomme à part ceux qui chassent la bête sauvage, les oiseleurs et même les chasseurs de cailles. Les agriculteurs restent longtemps distincts des pasteurs, malgré les avantages bien connus que peut présenter l'alliance de la culture et de l'élevage [1]. Dans les groupes des artisans, comme il est naturel, cet instinct de subdivision se donne encore plus librement carrière. Les ouvriers en turbans ne veulent avoir rien de commun, disions-nous, avec les ouvriers en ceintures ; la caste qui répare les chaussures se garderait d'en façonner une paire.

Spécialisations qui entraînent parfois, sans doute, une décomposition des opérations : par exemple on nous parle de trois opérateurs distincts collaborant à la confection des arcs et des flèches [2]. Du moins assistons-nous rarement, dans l'Inde classique, soit à l'analyse du travail entre les mains d'ouvriers concentrés par une même entreprise, soit à la transmission de matériaux et d'objets d'une entreprise à l'autre. Or n'est-ce pas principalement à ces deux phénomènes que l'on pense lorsqu'on vante les bienfaits économiques de la division du travail « créatrice de l'opulence générale » ? Là seulement où les efforts sont décomposés et la production sectionnée, elle opère ces économies de toutes sortes – de temps et d'espace, de mobilier industriel et d'apprentissage technique – qui lui permettent de jeter sur le marché, aux moindres frais possibles, le plus grand nombre possible d'objets manufacturés.

Mais si l'on se place au point de vue de la qualité plutôt qu'à celui de la quantité – plutôt au point de vue antique, selon la remarque de Marx, qu'au point de vue moderne – ne pourrait-on soutenir du moins que la spécialisation professionnelle, telle qu'elle est consacrée par le régime des castes, est bien faite pour utiliser et pour renforcer ou raffiner en les utilisant, au mieux des intérêts de tous, les aptitudes variées des races ?

Il importe de remarquer à ce propos qu'on risquerait de se

---

1 FICK, *Sociale Gliederung*, p. 194 ; NESFIELD, *Brief view of the caste System*, p. 19 ; RISLEY, Tribes and castes, II, p. 183.
2 Rhys DAVIDS, Notes on early economic conditions in northern India (Extrait du *Journal of the royal Asiatic Society*, octobre 1901), p. 863.

Célestin Bouglé

méprendre beaucoup, tant sur les conséquences que sur les conditions de la division du travail, si l'on continuait de croire que partout où elle s'établit, elle se moule en quelque sorte sur la diversité donnée des aptitudes naturelles. À ce compte, la principale raison d'être comme le premier avantage de la division du travail serait en effet, selon la formule de Stuart Mill, de « classer les individus suivant leurs capacités ». Mais l'expérience est loin de confirmer toujours cette prévision optimiste. Spencer lui-même est obligé de reconnaître [1] que les effets de ce qu'il appelle «le facteur psychophysique » (l'ensemble des dispositions, tant spirituelles que corporelles, données à chaque individu) sont le plus souvent contrariés par les effets d'autres facteurs : la part qui revient aux dons naturels, dans l'organisation de l'industrie, reste pratiquement indéterminable. Même lorsqu'il s'agit de la répartition des tâches entre les sexes, il est de notoriété qu'elle est rarement calquée sur les différences naturelles qui les séparent. Les besognes les plus fatigantes sont souvent réservées au sexe le plus faible [2]. On pourrait soutenir, d'après M. Veblen [3], que la plupart des travaux qui ressortissent aujourd'hui aux professions industrielles sont issus de ce qui n'était à l'origine, dans les communautés primitives, que travaux de femmes. C'est donc que le plus fort distribue les besognes selon sa loi ; il se conforme moins au vœu de la nature qu'aux exigences de son intérêt ou de ses goûts propres. C'est donc que la division du travail est originellement plutôt « contrainte » que « spontanée ».

Au dire de M. Gumplowicz [4], la contrainte en pareille matière serait la règle dans la société politique et aussi bien que dans la société conjugale. Jamais le travail ne se serait divisé librement. Dans tout État on retrouverait des races diverses en présence : mais leurs fonctions seraient déterminées moins par la diversité de leurs aptitudes naturelles que par l'inégalité de leur situation sociale. Le groupe qui tient le pouvoir se réserve certaines professions, il abandonne ou impose les autres aux groupes subordonnés. Le loisir

1 *Les institutions professionnelles et industrielles,* p. 305 (trad. franç.), Paris, F. Alcan, 1898.
2 Voir K. BÜCHER *Die Entstehung der Volkswirtschaft,* chap. II.
3 Th. VEBLEN, *The Theory of the Leisure Class, an economic study in the evolution of institutions,* New York et Londres, Macmillan, 1899, p. 5.
4 *La lutte des races,* pp. 204, 216, 235.

devient d'ailleurs bientôt le signe le plus éclatant de la suprématie ; vivre noblement c'est prouver de toutes les façons, par tous les luxes dont on dispose, qu'on appartient à la *leisure class*. Si donc le puissant exerce encore les activités qui lui permettent d'accomplir des prouesses et de déployer de la valeur – de préférence les activités prédatrices – il laissera systématiquement aux opprimés les besognes monotones et fatigantes, sans joie et sans honneur – les activités de type industriel. Dühring, en ce sens, avait raison contre Engels : la division du travail ne crée pas la différenciation de la société en classes ; bien plutôt c'est la préalable différenciation des sociétés qui détermine la façon dont le travail s'y divise.

Et, à vrai dire, si l'on veut se rendre un compte exact des motifs qui ont pu présider dans les sociétés primitives à cette organisation du travail, il ne faut jamais oublier d'ajouter, ou même de substituer, aux calculs plus ou moins intéressés, des scrupules d'ordre religieux, des tabous de différentes sortes. Déjà quand il s'agit de la répartition des tâches entre les sexes, ce sont des craintes superstitieuses qui expliquent dans certains cas l'abstention des hommes, et dans d'autres l'abstention des femmes. Dans l'empire de Lounda, aucun homme ne peut assister à la récolte de l'huile de noix ; sa présence compromettrait la réussite de l'opération. Réciproquement dans l'Ouganda, il n'est permis à aucune femme de toucher le pis d'une vache [1]. Des tabous de même ordre contribuent sans doute à justifier le système général de la spécialisation non plus seulement dans la société domestique, mais dans la société politique. C'est surtout à propos des « hommes-dieux », rois ou prêtres, qu'on a observé le grand nombre de choses dont leur dignité leur interdit le contact. L'espèce d'électricité, à la fois dangereuse et bienfaisante, dont ils sont chargés, rétrécit étrangement le cercle de leur activité [2]. Ne cite-t-on pas tel chef polynésien qui aima mieux se laisser mourir d'inanition que de se servir de ses mains pour porter les aliments à sa bouche ? Les règles qui s'appliquaient au Flamen Dialis sont restées fameuses par leur multiplicité et leur rigueur. Mais il suffisait d'une seule règle analogue à celle-là pour inter- dire en principe telle occupation au descendant de telle race ; et sans doute, les diverses sympathies ou antipathies que les sociétés

1 BÜCHER, *op. cit.*, pp. 30-35.

2 Cf. la quantité d'exemples rassemblés par FRAZER, dans le *Rameau d'or*, trad. franç., t. I, Paris, 1903.

Célestin Bouglé

primitives imaginent si volontiers ont dû jouer, dans la répartition des fonctions par ordre religieux, un rôle dont nous avons peine à nous représenter l'étendue.

Il est vraisemblable qu'en Inde plus qu'ailleurs les motifs extrinsèques, dans la distribution des fonctions, l'ont emporté sur les motifs intrinsèques, puisque nulle part ailleurs le sentiment de l'inégalité n'a montré plus de vigueur, dès l'origine, pour presser sur toutes les institutions. Il est vraisemblable aussi que, parmi ces motifs extrinsèques, les motifs spécialement religieux ont ici le plus pesé, puisqu'il semble bien qu'ici surtout la puissance d'ordre spirituel a pris le pas sur les autres, et représente le sommet en même temps que la source de toute puissance sociale. Cherchant les raisons générales qui déterminent la hiérarchie des professions, M. P. Lapie [1] indique qu'une profession attire d'autant plus d'estime qu'elle assure à ses membres plus de puissance et plus d'indépendance. Il importe d'ajouter que les notions elles-mêmes de puissance et d'indépendance varient ; elles revêtent telle nuance ou telle autre selon la coloration générale des sentiments qui règnent dans une société ; elles reflètent les diverses « tables des valeurs ». En Inde, nulle valeur n'est supérieure, en principe, à celle que sa pureté communique et réserve au Brahmane. C'est grâce à elle que, sans armes et sans trésors, de son seul doigt levé il meut ou arrête les choses et les hommes. Le fluide que sa race possède est assez fort pour lui mettre en main la faculté d'imposer, à ces éléments de la masse hindoue qui ne cessent de se repousser mutuellement, le seul ordre qu'ils puissent universellement accepter. Dans une civilisation si profondément pénétrée de soucis religieux, il serait étonnant qu'on ne les retrouvât pas à la racine des distinctions professionnelles elles-mêmes.

C'est surtout autour du Brahmane, à vrai dire, et en raison de sa dignité même, que nous voyons se multiplier les interdictions. Elles restreignent étroitement, sous peine de déchéance, le nombre des métiers qui lui restent accessibles. Il lui est nommément défendu, non seulement de vendre des liqueurs enivrantes, des alcools ou des parfums, mais de la viande, du lait, du sel, des tissus colorés, des choses faites de laine, de chanvre ou de lin. La doctrine de

---

1 La hiérarchie des professions, dans la *Revue de Paris,* 15 septembre 1905, pp. 390-417.

l'ahimsâ le tient éloigné de la charrue : en éventrant la terre, il s'exposerait à tuer des êtres vivants. Et nous avons constaté, sans doute, que beaucoup de ces prescriptions restent théoriques : la nécessité fait une loi, à beaucoup de Brahmanes, de fouler aux pieds la loi religieuse. Les codes mêmes leur permettent dans les cas de « détresse » l'exercice de l'agriculture et de certains commerces. Dans l'ensemble, ils n'en restent pas moins une *leisure class,* que sa noblesse attache aux activités d'ordre spirituel, aux sacrifices, aux prières, à l'étude.

Mais ce qui est vrai de la race brahmanique ne serait-il pas vrai, à un degré inégal, d'un certain nombre d'autres races ? À l'instar du Brahmane, celles-ci ne se piquent-elles pas, pour prouver leur souci de pureté, de ne pouvoir toucher telle catégorie d'êtres ou d'objets ? Si on pouvait découvrir les *tabous* qui sont l'origine de ces répugnances, on tiendrait peut-être la raison profonde de la spécialisation de ces clans qui devaient s'immobiliser en autant de castes : le jeu de ces incompatibilités originelles nous expliquerait la vocation des groupes, et pourquoi telles professions se trouvent interdites aux uns et réservées ou imposées aux autres.

Mais alors même que ce détail nous échappe, ce que nous apercevons clairement, par-dessus les raisons de spécialisation propre à chaque classe, ce sont les grandes lignes du système hiérarchique qui ordonne malgré tout ces groupes fermés, et fait régner un parallélisme général entre la distinction des races, nobles ou ignobles, et la distinction des métiers, purs ou impurs.

Et, à vrai dire, il est parfois difficile de discerner laquelle des deux, de la race ou de la profession, est le principe premier des respects et des mépris. Sous quelque forme qu'il faille se représenter la descente des Aryens dans l'Inde – succession d'invasions brusques et générales ou suite de colonisations partielles – on sait quelle espèce d'horreur les indigènes inspirèrent aux arrivants. Les hymnes védiques retentissent d'injures lancées contre les Dasyus, noirs, au nez épaté, qui mangent n'importe quoi et n'offrent pas de lait aux dieux [1]. Aux yeux de ces Aryens si fiers de leur civilisation, comment les barbares n'auraient-ils pas contaminé, en même temps que les objets qu'ils touchent, les professions qu'ils exercent [2] ?

1 ZIMMER, *Altindisches Leben,* pp. 105-115.
2 FICK, *op. cit.,* pp. 205-210.

Célestin Bouglé

C'est sans doute une des raisons pour lesquelles certains métiers primitifs, et tels que les tribus aborigènes les devaient exercer avant l'arrivée des Aryens – non seulement ceux de chasseur et de pêcheur, mais ceux de vannier ou même de charron – devaient rester spécialement dédaignés : métiers de vaincus, et métiers de sauvages. Mais il importe d'ajouter que les croyances religieuses ici encore ne cessent de mêler leur pression à la poussée de ces instincts ethniques. Si les chasseurs sont tenus en basse estime, ce n'est pas seulement que leur métier soit primitif, c'est qu'il les oblige au péché quotidien de tuer des animaux [1]. Des scrupules analogues justifient la dégradation des corroyeurs et des tanneurs. Il en est de même pour celle des napits ou barbiers, et pour celle des blanchisseurs, méprisés, quelle que soit leur race, à cause des contacts impurs que leur genre de travail leur impose [2].

C'est ce qui explique qu'il soit si difficile de déduire la hiérarchie hindoue, comme a voulu le faire M. Nesfield, d'une sorte de philosophie de l'histoire « matérialiste ». Les métiers s'étageraient plus ou moins haut dans l'estime publique, nous disait-on, selon qu'ils se seraient constitués après des inventions plus ou moins complexes, à un stade plus ou moins avancé du progrès industriel. Nous avons constaté que si l'on veut expliquer les rangs des diverses castes, il faut faire entrer en ligne de compte bien des raisons qui se laissent malaisément rattacher à « l'histoire naturelle des progrès de l'industrie ».

Au surplus, quand bien même le souvenir de ces progrès rendrait compte en effet de la supériorité des métiers d'artisans, utilisant plus ou moins la métallurgie, sur les métiers accessibles aux races les plus barbares, il reste que dans la civilisation hindoue, obsédée qu'elle est par d'autres prestiges, le rang assigné aux activités du type industriel reste toujours très bas placé. M. Dutt a relevé, dans différents codes hindous, les traces du mépris où elle est tenue [3]. C'est au milieu des castes impures et qui polluent les aliments qu'elles touchent, c'est entre les prostituées et les eunuques, les acteurs et les ivrognes que Yajnavalkya, par exemple, classe non pas seulement les corroyeurs ou les blanchisseurs, mais les

1 FICK, *ibid.*, p. 204.
2 Jogendranâth BHATTACHARYA, *op. cit.*, p. 306 ; cf. CROOKE, *Tribes and castes of the N. W. Provinces*, IV, p. 45.
3 *Ancient India*, III, pp. 197, 318.

Troisième partie

tisserands, les teinturiers, les presseurs d'huile, les forgerons et les orfèvres. Ailleurs, dans le code de Manou, est rangé parmi les péchés (upapâtakas) – entre l'impiété de celui qui n'entretient pas le feu domestique et la malhonnêteté de celui qui ne paie pas ses dettes – l'acte de surveiller une manufacture et d'exécuter de grands travaux mécaniques. Sous le poids de pareilles dépréciations, comment, demande M. Dutt, les arts industriels pouvaient-ils s'épanouir en Inde [1] ? On a parfois rappelé à ce propos la répugnance générale des Aryens pour les travaux manuels. Cette répugnance est loin de présenter la même intensité et surtout de garder une durée égale dans toutes les branches de la race aryenne. Chez les Grecs, en particulier, il semble que le travail n'ait pas été aussi universellement mésestimé qu'on l'a cru longtemps, sur la foi de quelques philosophes [2]. Ce qui est vrai c'est que, partout où les besognes de type industriel sont laissées ou imposées à des races subjuguées, l'infériorité de ces races risque de déteindre en quelque sorte, pour un temps plus ou moins long, sur ces besognes mêmes [3]. C'est là, entre autres, un des méfaits économiques que l'on reproche à l'institution de l'esclavage. Cette institution n'a pas pris en Inde une place prépondérante ; plutôt qu'à l'intérieur d'un même groupe familial, c'est entre groupes différents que les fonctions se spécialisent et que les distances se marquent. Mais par la rigueur avec laquelle ces distances sont marquées, par le mépris qui pèse sur les races qu'elle juge inférieures, astreintes à des occupations qu'elle juge impures, l'Inde devait supporter autant et plus que les sociétés proprement esclavagistes les inconvénients économiques de cette espèce de dépréciation traditionnelle des arts et métiers manuels.

Mais, du moins, quand il serait vrai que le système des castes, en organisant le travail, a tenu moins de compte des aptitudes naturelles que des préjugés d'ordre religieux, quand il serait vrai encore que les préjugés en question ont rabaissé des travaux dont

---

1 DUTT, *ibid.* Cf. *Zeitschrift der D. Morg. Gesellschaft,* Bd. XXXIV, p. 586.

2 Voir GUIRAUD, *La main-d'œuvre industrielle dans l'ancienne Grèce,* Paris, F. Alcan, 1900.

3 Voir sur les conséquences qu'entraînent encore aujourd'hui des phénomènes de contamination analogues, un article de M. AUBERT sur la Maîtrise du Pacifique *(Revue de Paris,* février 1907, p. 877) « Aux yeux de ces Blancs l'Asiatique abaisse et souille le métier qu'il exerce.

Célestin Bouglé

la glorification eût été utile à l'ensemble, on pourra soutenir que ces inconvénients sont quelque peu compensés par les talents professionnels que le même système doit perfectionner au sein de ces castes, rivées chacune à un métier de père en fils.

Auguste Comte a justement observé l'universalité et la spontanéité de la pratique des spécialisations héréditaires. À un certain degré de civilisation, elle apparaît à la fois comme inévitable et comme indispensable [1] : « Rien n'est certes plus naturel, à l'origine, que l'hérédité générale des professions comme fournissant aussitôt, par la simple imitation domestique, le plus facile et le plus puissant moyen d'éducation, le seul même alors praticable, tant que la tradition orale doit constituer encore le principal mode de transmission universelle, soit à défaut d'un autre procédé suffisant, soit surtout en vertu du peu de rationalité des conceptions reçues... » Ainsi, tant que d'une part l'on ne possède pas de techniques organisées elles-mêmes consolidées en des manuels ; tant qu'il ne s'est pas constitué d'autre part, en dehors des groupements familiaux, quelque chose qui ressemble à une école publique, une institution capable de rassembler des enfants de familles différentes, l'apprentissage au sein de la famille s'impose et le fils continue normalement la fonction du père. Si cette coutume a duré en Inde plus longtemps qu'ailleurs, c'est que sur une nécessité matérielle l'Inde a greffé une obligation religieuse. Même alors que la possibilité lui en serait ouverte, le fils éprouverait des scrupules à quitter la profession de ses ancêtres. Le renforcement de l'usage par les croyances ne devait-il pas avoir pour résultat d'adapter en Inde, plus étroitement qu'ailleurs, les qualités des races aux exigences des métiers ?

Veut-on dire que les qualités professionnelles ont plus de chances, là où la spécialisation héréditaire est de règle stricte, de s'incorporer dans la race et de se transmettre par l'hérédité ? Le bénéfice est problématique. Schmoller paraît encore admettre que l'habileté technique du père s'inscrit en quelque sorte, pour être léguée aux fils, dans leurs muscles, leurs nerfs, leurs cerveaux [2]. Il est à peine besoin d'ajouter que l'hypothèse est aujourd'hui des plus contestées. Non seulement la théorie de la transmission héréditaire

1 *Cours de philosophie positive*, voir p. 183.
2 *Voir Principes d'économie politique*, trad. franç., II, p. 442.

des qualités acquises est sujette à caution, mais ceux-là mêmes qui la défendent se gardent aujourd'hui de compter, au nombre de qualités transmissibles, ces ensembles d'habitudes complexes, et par là même instables, qui constituent une habileté technique. Au surplus, les observations auxquelles l'Inde elle-même a donné lieu, lorsque les nouveautés introduites par l'administration anglaise permirent à des rejetons de castes différentes de « concourir » en cherchant leur voie et en donnant leur mesure, ne nous ont nullement permis de conclure que le régime ait engendré, pour les divers ordres d'activités, des races spécialement douées et portant, dans leurs innéités, un trésor d'hérédités séculaires [1].

Mais si l'on veut dire seulement que l'Inde, par cela même qu'elle a fermé toutes les autres possibilités, a dû obtenir, de cette éducation domestique qui transmet de génération en génération les secrets du métier, le maximum de rendement, rien n'est plus vraisemblable. Et il est permis de faire honneur au régime des castes de l'adresse proverbiale des artisans hindous.

Ce ne sont pas seulement, en effet, les dons de son sol, ce sont aussi les œuvres de ses artisans qui ont fait durer, pendant des siècles, la réputation de l'Inde.

Des résultats merveilleux que ceux-ci obtiennent avec si peu de ressources, tous les voyageurs se sont étonnés, de Mégasthène à Jacquemont. Parlant des ouvriers des villes : « C'est au milieu de son petit étalage, nous dit celui-ci [2], que chacun travaille, accroupi comme un singe, et comme un singe aussi non moins adroit de ses pieds que de ses mains. Leurs outils sont d'ailleurs détestables, et s'il n'en avait pas d'autres pour travailler, le plus habile ouvrier d'Europe ne saurait pas s'en servir à beaucoup près aussi adroitement. » « L'orfèvre hindou, écrit un autre voyageur [3], établit son atelier chez qui le mande. Son fourneau est un vase de terre cassé, un tuyau de fer lui sert de soufflet. Une pince, un marteau, une lime et une petite enclume, voilà ses seuls outils. Il fait sur-le-champ ses creusets avec de la terre glaise, mêlée de poudre de charbon et de bouse de vache qui donnent aux creusets de la solidité et les empêchent de fondre au feu. » C'est avec ce pauvre mobilier

---

1 Voir plus haut.
2 JACQUEMONT, *Voyages*, I, 321.
3 SONNERAT, *Voyage*, I, p. 186.

Célestin Bouglé

industriel que son art, pourtant, multiplie les petits chefs-d'œuvre. Entre l'industrie et l'art, il n'y a jamais ici, à vrai dire, la distance à laquelle notre civilisation mécaniste nous a habitués. Dans le moindre produit, on reconnaît une « tradition cristallisée » mise en œuvre par une habileté manuelle incomparable [1].

Par quels inconvénients se rachète une perfection ainsi obtenue, on le devine. L'instinct de routine va s'aggraver ici du respect accordé aux traditions. « On a beau leur montrer [2] (aux charpentiers hindous) la manière la plus prompte et la plus aisée de scier le bois : ils aiment mieux s'en tenir aux procédés anciens qu'ils ont reçus de leurs pères que d'en adopter de plus commodes qui sont nouveaux pour eux. » C'est que, sous un régime qui laisse à tous les actes de la vie, et en particulier aux actes professionnels, une coloration religieuse, toute innovation apparaît fatalement comme une sorte de péché contre les ancêtres. Alors même qu'on en sentirait le besoin, on ne se sent pas le droit d'innover.

D'où une espèce d'ankylose sociale qui n'a pas seulement l'inconvénient d'empêcher, à l'intérieur de chaque caste, le rendement du travail d'augmenter par le perfectionnement des techniques, mais encore celui d'entraver l'institution de professions nouvelles, où les membres des professions classiques, devenus trop nombreux, pourraient trouver un gagne-pain. J. Mill [3], préoccupé des théories de Malthus, relevait à ce propos une influence néfaste du régime des castes sur les mouvements de la population. Par ses règles concernant le culte des ancêtres et le mariage précoce, il pousse celle-ci à un accroissement sans mesure, en même temps que, par ses règles concernant la spécialisation professionnelle, il la répartit d'avance entre des cadres trop rigides. Que sur un tel point ou tel autre, par suite d'un encombrement de population, le cadre devienne trop étroit, la tradition ne veut pas cependant qu'on le brise. Et ainsi elle condamne à une mort rapide ceux-là mêmes qu'elle a en trop grand nombre appelés à la vie.

Il est trop clair, en effet, que lorsqu'on vante, dans la division du travail, une issue à la gêne développée par l'accroissement de la densité sociale, on entend surtout alors par division du travail la

1 BIRDWOOD, *op. cit.*, pp. 130-136.
2 SONNERAT, *ibid.*, p. 184.
3 *Encyclopædia Britannica* (supplément, 1824), article Caste.

création de spécialités nouvelles : on suppose une mobilité sociale assez grande pour que les individus, n'hésitant pas à changer de métier, puissent se porter vers les nouvelles spécialités créées. Or ce sont ces innovations, comme ces mobilisations, que le régime des castes tend à empêcher en principe. En fait, il ne les empêche pas absolument sans doute : du moins est-il capable de les entraver considérablement, et par là, de retarder le progrès en même temps que de limiter la prospérité économique.

Par un autre côté d'ailleurs, selon J. Mill, le régime ferait aussi directement obstacle à la prospérité et au progrès : ce n'est pas seulement qu'il enferme, au risque d'encombrer telle carrière, les races dans les métiers traditionnels, c'est encore – par une voie toute contraire – qu'il empêche les individus de concourir. Rien ne prouve après tout, nous l'avons vu, que le fils soit toujours désigné par la nature pour tenir la place et remplir la fonction du père. Le plus sûr moyen d'installer *the right man in the right place* n'eût-il pas été en effet de permettre aux membres de toutes les castes de chercher leur voie et de donner leur mesure ? C'est précisément à quoi le régime s'oppose de tout son poids. Par où il risque de priver la civilisation des ressources réservées par l'infinie diversité des dons individuels. Il la prive en tout cas de tout ce que les individus tirent d'eux-mêmes par leur effort pour s'élever dans l'échelle sociale.

On a vanté parfois la tranquillité de vie dont peut jouir l'artisan du village hindou, à l'abri des tourments de la concurrence : conditions éminemment favorables, disait-on, au culte pieux des traditions techniques et à l'amoureuse élaboration des humbles chefs-d'œuvre [1]. Mais aussi rien qui incite l'homme à s'ingénier, à trouver du nouveau et, si ses facultés propres le lui permettent, à dresser la tête hors de son cercle. « Chacun ([ici]), dit Bernier [2], coule sa vie doucement sans aspirer plus haut que sa condition : car le brodeur fait son fils brodeur, l'orfèvre le fait orfèvre, le médecin en ville le fait médecin, et personne ne s'allie qu'avec les gens de son métier. » Comment donc les Hindous seraient-ils excités à mener cette vie d'incessant effort qu'un Hésiode, par exemple, décrit avec tant de sympathie ? Ne semble-t-il pas qu'une civilisation qui décourage

---

1 BIRDWOOD, *op. cit.*, pp. 315-320.
2 BERNIER, *Voyages*, II, 37.

Célestin Bouglé

d'avance toute espèce d'ambition personnelle s'enlève à elle-même le nerf du progrès économique ?

Au surplus, ce n'est pas seulement par une action directe – par les encombrements favorisés ou les innovations gênées – que le système des castes entrave la production ; d'une manière plus générale, c'est en s'opposant à tels renouvellements de l'organisation sociale qui sont à leur tour, pour le progrès économique, des conditions nécessaires.

Aucun système ne pouvait être mieux conçu pour enrayer les effets normalement attendus de la division du travail. Emprisonnée dans ces bandelettes sacrées elle est incapable, soit de tisser entre les segments sociaux qu'elle spécialise une solidarité nouvelle, soit d'ouvrir un nouveau champ à l'essor des individualités.

Le rôle de la division du travail, nous disait-on [1], est précisément de substituer, à une « solidarité mécanique » qui opprime l'individu, une « solidarité organique » qui le libère. Là où une grande variété d'occupations nouvelles différencie les idées comme les activités des hommes, l'ensemble social n'apparaît plus composé de ces segments homogènes qui, en raison même de l'uniformité des activités et de l'unanimité des idées, restaient fatalement oppressifs, exclusifs de toute hérésie, de toute dissidence, de toute innovation. Mais encore faut-il – non seulement pour qu'entre des membres de clans différents des commerces s'instituent, mais pour qu'à l'intérieur d'un même clan les diversités soient tolérées – que ces barrières primitives s'abaissent et que les cadres des groupements politico-familiaux se prêtent aux élargissements. L'affranchissement des individus est au prix de l'effacement de la structure segmentaire des sociétés.

Or c'est précisément cette structure que le régime des castes consolide, bien loin de l'ébranler. Quand la division du travail s'allie à ce régime, elle ne brise pas, elle emprunte, au contraire, pour s'y couler, les moules préparés par les clans. Le milieu fonctionnel ne se distingue pas nettement ici du milieu natal. Tout est mis en œuvre au contraire pour maintenir leur coïncidence. L'organisation professionnelle naissante se fond avec l'organisation familiale préexistante [2]. Il n'est pas étonnant par suite que la distinction des

1 DURKHEIM, *op. cit.*
2 DURKHEIM, *ibid.*, p. 199.

professions n'entraîne pas ici les libérations escomptées. Si nous ne nous trouvons plus en présence d'une multiplicité de clans proprement dits, indépendants et égaux, si les groupements sociaux élémentaires sont désormais spécialisés en même temps que hiérarchisés, du moins restent-ils, à l'imitation des clans primitifs dont ils prolongent l'empire, exclusifs et oppressifs : chacun d'eux s'efforce, dans son isolement, de gouverner selon sa tradition propre toute la vie des membres qu'il renferme. Les arrangements d'autorité, comme disait Sumner Maine, laissent donc peu de place ici aux arrangements de liberté : le *statut* continue de refouler le contrat.

Schmoller propose [1] de distinguer entre deux types de spécialisation, dont les conditions d'établissement ne sont pas les mêmes : celle qui s'organise par ordre, sous l'autorité, par exemple, du groupe familial qui distribue les tâches entre ses membres, et celle qui s'institue librement, par exemple entre deux étrangers mus par la perspective des profits qu'ils pensent retirer de l'échange. La division du travail que nous rencontrons dans le régime des castes constituerait un type intermédiaire entre ces deux types extrêmes : ce n'est plus à l'intérieur du groupe familial, c'est entre groupes différents que les tâches sont ici réparties. Mais cette répartition n'est pas organisée par la liberté d'individus échangistes à la recherche du plus grand profit. C'est toujours en présence d'une division du travail « contrainte » que nous nous trouvons, – soumis que restent les groupes spécialisés aux deux pressions, l'une redoublant l'autre des instincts ethniques et des traditions religieuses.

On retrouve par ce chemin l'idée exprimée par M. Ranade – à savoir qu'en Inde surtout la réalité répond aussi peu que possible aux postulats de l'économie politique classique des Occidentaux. L'homme moyen de chez nous, dit M. Ranade [2], est aux antipodes de l'*homo œconomicus*. Ce n'est pas seulement la tradition religieuse qui ôte à la majorité des Hindous ce désir du plus grand gain par le libre échange que l'économiste classique prête à l'individu normal : la pensée leur viendrait-elle de la « chasse aux dollars », que l'organisation sociale leur refuserait les moyens de la poursuivre. Plus qu'ailleurs, il apparaît ici que la compétition

---

1 *Principes d'économie politique*, II, p. 250 et suiv.
2 *Indian economics*, pp. 8, 122.

Célestin Bouglé

illimitée n'est qu'un mythe. De ce qui restreint son jeu en Occident, les économistes ont pu faire méthodiquement abstraction : mais ici, « le frottement » semble plus fort que le mouvement même. Le groupe au sein duquel la personne est née fixe pour la vie, avec son genre d'occupation et son cercle de relations, sa situation sociale. Qu'est-ce à dire sinon que tout s'oppose, sous ce régime, à cette diversité, à cette variabilité, à cette mobilité, qui correspondent dans nos sociétés occidentales à ce qu'on appelle l'individualisme ?

Mais du même coup, en même temps que la liberté à l'individu, c'est la solidarité que le système des castes refuse à l'ensemble social. Et cela même devait entraîner, au-delà des conséquences politiques plus évidentes, de nouvelles conséquences économiques.

La solidarité la plus étroite règne à l'intérieur de chaque caste. Les observateurs ont admiré souvent, après la sévérité avec laquelle les membres de la caste se contrôlent, la fraternité avec laquelle ils se soutiennent mutuellement. Mais en revanche, d'une caste à l'autre, les Hindous resteront les uns pour les autres comme des étrangers, et témoigneront, comme disait Jacquemont [1], de « la plus abominable indifférence ». On a justement remarqué [2] que la sympathie ne se nourrit pas seulement de similitudes : la diversité aussi peut l'entretenir, par cela même qu'elle est la condition de la collaboration : « Qui se ressemble s'assemble », mais « qui diffère se complète ». C'est en ce sens qu'il était permis d'escompter les effets de rapprochement dus à la division du travail elle-même. Mais encore faut-il, pour que cette heureuse influence se fasse sentir, qu'elle ne soit pas contrariée par le courant général du système social. Si celui-ci travaille à approfondir les fossés entre les groupes mêmes qui collaborent, le bénéfice moral de la collaboration est perdu. Or, n'est-ce pas précisément ce qui devait arriver en Inde ? Trop de scrupules traditionnels, trop de mépris instinctifs séparent les membres des diverses castes, ici, pour qu'ils songent à se traiter en collaborateurs. Il semble que l'esprit d'isolement dont les castes sont animées, comme l'électricité de même sens dont sont chargées les balles de sureau, les force à se repousser au moment même où elles entrent en contact. D'où cette désunion foncière de la société hindoue, et ces sentiments d'hostilité ou d'indifférence mutuelle

1 I, 272.
2 DURKHEIM, *op. cit.*, liv. I, chap. 1.

Troisième partie

qui ont frappé tous les observateurs [1]. On a souvent commenté le trait rapporté par Mégasthène : le paysan hindou continuant de pousser paisiblement sa charrue à côté des armées en lutte. Et les uns se plaisent à y voir la preuve du respect éprouvé par le guerrier hindou pour l'agriculture, nourrice des sociétés ; d'autres font remarquer que le fait est un symptôme, entre bien d'autres, d'une grave maladie sociale – parqués dans leurs castes, les Hindous restent étrangers « aux meilleurs des intérêts et des idéals qui sont le fondement de toute saine vie nationale » [2]. Et, en effet, pendant des siècles, c'est une vie nationale qui a le plus manqué à l'Inde. De nos jours seulement il semble que la civilisation anglaise, par les exemples qu'elle fournit, par les milieux nouveaux qu'elle crée, par les réactions qu'elle provoque, commence à inoculer aux Babous, avec le sentiment individualiste, quelque chose qui ressemble au sentiment national. Mais sous aucune des formes d'État qu'elle avait connues jusqu'ici, l'Inde n'avait réussi, l'Inde n'avait même songé, pourrait-on dire, à se constituer en patrie. En raison de l'état de division où le régime des castes la condamne à vivre, elle n'a pu faire front contre les conquérants, elle a laissé tous les empires, petits ou grands, peser sur elle. Mais le même régime qui leur laissait le champ libre s'opposait aussi à ce que leur action politique descendît profondément dans l'organisation sociale. Ils se sont succédé, sans l'entamer, à la surface du monde hindou. Jamais, par suite, il n'a pu s'instituer entre haut et bas, entre parties et centres, cette réciprocité d'actions qui est nécessaire non seulement à une vie politique mais à une vie économique intense ; les piliers ont manqué pour l'établissement d'une véritable *Volkswirtschaft*.

On comprendra mieux l'importance de ces lacunes si l'on se rappelle que l'Inde n'a jamais possédé, à vrai dire, un ensemble de villes assez volumineuses et assez nombreuses pour que la production et la circulation des richesses y trouvassent, en même temps que la production et la circulation des idées, les centres de coordination qui lui sont nécessaires. Les véritables centres de la vie, en Inde, demeurent toujours placés dans les villages [3].

1 Voir SHERRING, *op. cit.* ; de LA MAZELIÈRE, *Essai sur l'évolution de la civilisation indienne, passim.*
2 OLDENBERG, *Le Bouddha*, p. 11 ; cf. RATZEL, *Politische Geographie*, p. 24.
3 « L'organisation sociale de l'Inde est essentiellement anti-urbaine », dit M. BAINES, *Report on the census*, 1881, I, p. 274 ; Cf. VIDAL DE LA BLACHE

Célestin Bouglé

La population hindoue est toujours restée, en majorité, une population rurale.

Quelle fâcheuse pression la prédominance du système rural, en même temps que celle du régime des castes, a dû exercer sur le niveau économique de l'ensemble, c'est un point sur lequel les discussions des économistes hindous contemporains attirent l'attention [1]. Que reprochent-ils par-dessus tout, en effet, aux importations anglaises d'objets manufacturés ? C'est que cette concurrence, à laquelle toute résistance leur est impossible, arrache l'outil aux mains des derniers artisans des villes et les renvoie aux champs, incapables de nourrir, pour peu surtout que la sécheresse s'en mêle, une population rurale déjà trop dense. Et sans doute, par compensation, la civilisation anglaise créa ou développa des centres de production industrielle où des Hindous plus nombreux trouvèrent bientôt à s'employer comme ouvriers d'usines. Mais ce mouvement de concentration urbaine est plus lent qu'on ne pense. Au recensement de 1891, M. Baines comptait encore 90% de la population vivant plus ou moins directement de l'agriculture [2]. Avec une pareille pléthore, comment l'économie d'un pays ne serait-elle pas tout alourdie ? C'est un grand danger d'être ainsi à la merci d'une seule industrie et de la plus aléatoire de toutes. Une des commissions des famines l'écrivait dans son rapport: « À l'origine de la pauvreté du peuple en Inde et des risques auxquels il est exposé en cas de sécheresse se trouve cette malheureuse circonstance que l'agriculture forme l'occupation presque unique de la masse de la population ; les remèdes aux périls actuels ne sauraient être suffisants s'ils ne comprennent un progrès dans la diversité des occupations, qui permette au surplus de la population de quitter les métiers agricoles » [3].

Mais si c'est aujourd'hui seulement que l'Inde se plaint, ce n'est pas d'aujourd'hui qu'elle souffre de ce mauvais équilibre des professions. La concurrence des manufactures anglaises, en faisant refluer vers l'agriculture un certain nombre de tisserands ou de couteliers, a pu aggraver le malaise ; elle ne l'a pas créé. « De tout

Annales de géographie, 15 juillet 1906, p. 374.

1 Cf. MÉTIN, *L'Inde d'aujourd'hui*, Paris, 1903, chap. VII ; cf. PIRIOU, *op. cit.*, chap. IV.
2 *General report on the census of India*, 1891, p. 97.
3 RANADE, *op. cit.*, p. 120 et *passim*.

temps les villes ont été l'exception en Inde. » De tout temps la vie de village y a été la règle, aussi défavorable à la fusion des divers groupements primitifs qu'à la libération des individus [1].

On se souvient des thèses de Sumner Maine. Il montrait, vivant encore sous nos yeux en Inde cette « communauté de village » qui avait dû vivre aux premières phases de notre évolution occidentale. Il y retrouvait les traces du premier communisme de la race aryenne : une réunion de consanguins possède la terre en commun et la cultive sous la surveillance d'une sorte de conseil de famille ; en dehors des agriculteurs, un certain nombre d'artisans fonctionnaires subviennent au besoin de l'ensemble.

Sumner Maine exagérait sans doute le caractère « communiste » de l'institution. Des recherches plus récentes ont du moins amené les observateurs à diversifier les types de villages hindous. Suivant M. Baden-Powell [2], on rencontre en effet dans certaines régions des *joint-villages,* soit de forme manoriale ou aristocratique, soit de forme tribale ou démocratique. Si la propriété commune n'y règne pas à proprement parler, du moins le sentiment des communes responsabilités reste vif ; non seulement un droit de préemption est réservé aux membres de la communauté, mais les lots sont périodiquement redistribués, et les terres non cultivées demeurent à la disposition de tous. Seulement ce type de village – qui n'aurait rien d'ailleurs de spécifiquement aryen – ne serait pas le plus répandu. Dans le *severally-village* (ou *raiyatwari),* sous l'autorité d'un chef privilégié, mais non possesseur unique, la terre reste divisée en lots nettement séparés. Il arrive que ces lots soient redistribués, mais sans que cela implique à aucun degré la conscience d'une propriété collective : solidarité si l'on veut, mais non communisme. La réunion des propriétaires distincts forme la fraternité du village, à laquelle ne participent pas d'ailleurs, à proprement parler, les divers artisans qui la servent.

---

1 SENART, *op. cit.,* p. 227 ; cf. HUNTER, *Imperial Gazet.,* VI, p. 46. « La caste nous aide à comprendre le village, comme celui-ci sert à expliquer celle-là », dit M. PIRIOU, *op. cit.,* p. 30.

2 *The Indian village community,* Londres, Longmans, 1896 et *The origin and growth of village communities in India,* Londres, Swan Sonnenschein, 1899 ; cf. *Année sociologique,* I, pp. 359-363 ; et IV, pp. 334-337 ; voir le livre de Abdullah YUSUF-ALI, *Life and Labour of the People of the India,* Londres, Murray, 1907, pp. 77, 220.

Célestin Bouglé

Mais de quelque façon qu'il faille définir la variété de ces types, ce qui reste sûr, c'est que, d'une manière générale, l'organisation de la solidarité de village se prête mal aux initiatives indépendantes des individus, et en particulier ouvre peu de perspectives au progrès industriel et commercial.

On discute encore sur la place occupée par les artisans du village. S. Maine paraît les incorporer dans la communauté, Baden-Powell les en exclure. Il semble qu'il faille distinguer selon les cas : la place assignée, la dignité accordée varient en raison du degré d'impureté ou du degré d'ancienneté des métiers en question. Balayeurs et corroyeurs sont souvent forcés d'habiter hors des limites du village. Ailleurs les grainetiers, monnayeurs et tailleurs, tout en résidant à l'intérieur du village, n'ont pas leur place dans les fêtes : c'est que leurs métiers sont de nouveaux venus. Charpentiers, forgerons, potiers, presseurs d'huile sont, au contraire, incorporés dès longtemps [1]. Mais l'important, au point de vue économique, c'est que, tenus à distance ou reçus dans le cercle du village, ces artisans demeurent en effet comme ses fonctionnaires. Ils ne travaillent pas pour un marché où ils rencontreraient une concurrence et d'où ils retireraient, selon les circonstances, un prix plus ou moins élevé. Ils sont payés le plus souvent d'une certaine quantité de grains, selon un taux fixé par une coutume immémoriale. Il faut ajouter qu'une terre leur est ordinairement allouée. Ils restent cultivateurs en même temps qu'artisans, et ce cumul de fonctions leur permet de remédier, dans une certaine mesure, à la gêne qui résulte du nombre restreint de leurs clients-patrons. Par où l'on voit que ce qui continue de dominer ici, c'est le type de ce que les économistes modernes appellent « l'économie fermée » des petites communautés primitives. Un stade est dépassé sans doute [2] ; ce n'est plus à l'intérieur du groupe domestique – comme il arrive encore chez les tribus qui vivent sur les limites de l'hindouisme – que les diverses besognes sont réparties, c'est entre des groupes d'origines différentes. Mais c'est du moins pour l'ensemble qu'ils forment, et sans commerce proprement dit, que tous travaillent.

Un autre stade est franchi lorsqu'on se trouve en présence d'un certain nombre de membres d'un même métier concentrés en des

---

1 BAINES, *Report Cité*, p. 93 et suiv.
2 Cf. HUNTER, *Imperial Gazet.*, VI, p. 599.

villages qui fournissent leurs alentours : villages de potiers et de corroyeurs, de forgerons et même de menuisiers. Le phénomène se rencontre encore en Russie et ailleurs [1]. En France même, n'avions-nous pas, jusqu'à ces derniers temps, des villages dont tous les habitants étaient chaudronniers de père en fils ? Il semble que cette organisation ait été la règle en Inde. Le goût de l'exclusivisme faisait passer sur les difficultés que la distance devait opposer tant à l'achat qu'à la vente. La puissance d'une tradition qui paraissait adéquate à la tendance de l'esprit hindou à classer et à isoler devait faire échec, observe M. Fick [2], au souci de la commodité.

Les villes rassembleront différentes castes d'artisans, chacune parquée seulement dans son quartier ou dans sa rue. Les conditions sont alors réunies pour le développement du commerce.

Mais si l'on veut prévoir quelles limites ce développement rencontrera, il faut se rappeler comment sont nées et comment sont mortes la plupart de ces villes hindoues, dont la littérature nous décrit les splendeurs avec tant de complaisance. La plupart ne sont d'abord que des camps retranchés pour les despotes, grands et petits, qui prélèvent l'impôt sur ces populations incapables de se coaliser pour se défendre. Des camps qui deviennent des cours et qui, pour la gloire du prince et les besoins de sa suite, réclament un nombre croissant de boutiques et d'ateliers. Ici plus manifestement qu'ailleurs, c'est en effet pour le service des grands que les arts et métiers se concentrent et s'organisent. « Presque tous les capitaux mobiles des empires, écrit S. Maine [3], sont aspirés vers un centre temporaire, qui devient ainsi l'unique siège des arts décoratifs et des manufactures qui exigent une certaine délicatesse de main-d'œuvre. Quiconque prétendait appartenir à la classe supérieure des artisans prenait son métier ou ses outils et suivait le cortège royal. D'où la splendeur des capitales de l'Orient, conséquence de la multiplication des formes que prenait l'industrie, à mesure que la richesse affluait vers les cours. » De là devaient rayonner et là devaient converger les caravanes escortées ; là devaient prospérer et croître en importance sociale non pas seulement les castes d'artisans, mais ces castes de marchands, espèces de chambres de

---

1 SENART, *op. cit.*, p. 192 ; HEARN, *Argan Household*, p. 241.
2 FICK, *op. cit.*, p. 182.
3 *Études d'histoire du droit*, p. 157.

Célestin Bouglé

commerce avec lesquelles le prince était obligé de compter, et dont le chef était parfois un très grand personnage, qu'il importait de consulter, dit-on, avant de fixer le taux de l'impôt. Là devait être déployée l'activité admirée par l'Épopée, là devaient être appliquées les règles consacrées par les Codes [1].

Ces foyers brillants n'avaient que deux défauts. Non seulement ils étaient relativement rares, mais ils étaient ordinairement éphémères. Le pouvoir despotique qui les allumait manquait lui-même de stabilité. « Les capitales surgissent, resplendissent, s'éteignent : les marchés, les entrepôts, les ports de la ville sont déserts le lendemain, vides, oubliés » [2].

Les conditions continuaient donc de manquer pour la constitution de ce réseau urbain dont parle Ratzel, à la fois persistant et étendu, dont les voies de communication sont les fils, dont les villes marquent les nœuds, et qui est nécessaire pour l'organisation d'un commerce intérieur intense. Au vrai, demande M. Hunter, jusqu'à l'avènement de la civilisation anglaise, les Hindous ont-ils connu les villes véritables ? Les Hindous pour leur part n'ont été que des constructeurs de temples ; les Musulmans, de palais et de tombeaux ; les Mahrattes, de ports ; les Portugais, d'églises. Mais les grands *emporia* n'avaient pas été construits, qui sont indispensables à l'activité des échanges [3].

Il est remarquable en effet, à ce propos, que le droit commercial en Inde, quelque terrain qu'il ait reconquis sur le droit religieux, n'a jamais gagné l'indépendance, et *a fortiori* la prépondérance dont il jouit dans nos civilisations. On sait ce que celles-ci doivent, en particulier, au droit du marché. Au fur et à mesure que les habitudes nées à la faveur de cette espèce de trêve périodique sont généralisées et régularisées, c'est un droit nouveau qui se forme, à la fois international et individualiste, laïque et conventionnel, tenant moins de compte des croyances traditionnelles que des volontés personnelles. Et c'est précisément aux villes, gardiennes des marchés, que revient la mission de faire pénétrer l'esprit de ce droit jusqu'au fond des organismes nationaux [4].

1 HOPKINS, *India old a. new*, p. 203 et s. ; FICK, *Sociale Gliederung*, chap. IX et X.
2 S. LÉVI, *Le Népal*, I, p. 4.
3 *Loc. cit.*, p. 557.
4 HUVELIN, *Essai historique sur le droit des marchés et foires*, 1897 ; *L'histoire du droit commercial* (extr. de la *Revue de synthèse historique*), 1904.

Troisième partie

Rien de pareil, en Inde, à cette lente et sûre imprégnation. Non sans doute que l'Inde manque de lieux de rendez-vous pour l'échange des marchandises. Si c'est un fait digne d'attention que les marchés proprement dits ne soient pas nommés dans les Jâtakas, on devine que dans les fêtes religieuses par exemple, si nombreuses et si fameuses, les pèlerins étaient autant d'acheteurs [1]. Mais les règles auxquelles donnent lieu les transactions dans ces rassemblements ne prennent pas, dans la société hindoue, l'ascendant qu'elles ont pris ailleurs. Le commerce n'a pas assez de force pour donner le ton, pour substituer pleinement, dans l'évolution générale du droit, ses exigences propres à celles de la religion. Et cela encore nous prouve que, comparée à la vie rurale du plus grand nombre, la vie urbaine était resserrée, dans cette civilisation, entre des limites très étroites [2].

Au surplus, pour qu'une vie urbaine s'épanouisse et produise ses fruits normaux, il n'y faut pas seulement des pierres assemblées, des murs, des entrepôts, des marchés, il y faut encore et surtout un esprit municipal. Ce n'est pas la ville qui importe, c'est la *cité*.

Les villes n'impriment leur cachet à la civilisation tout entière que si elles forment d'abord des espèces de centres autonomes et capables de coordonner leurs activités : si, en un mot, leur population sait se donner l'unité nécessaire pour sauvegarder la bienfaisante indépendance. Mais c'est précisément à quoi s'oppose la caste, « le plus fort principe de désintégration auquel l'humanité ait jamais été soumise, et qui ne cesse pas, en Inde, de diviser le peuple contre lui-même » [3].

Par où l'on se rend compte que la caste double en quelque sorte les inconvénients de la ghilde. Les deux organes sont souvent appelés à jouer le même rôle, au point qu'on a pu les confondre. Comme la corporation de notre Moyen Âge, la caste n'est pas seulement une institution de secours mutuels – à sa manière, elle rend inutile, dit

1 Cf. Rhys DAVIDS, *Early Economics*, p. 874.
2 M. Abdullah YUSUF-ALI, dans le livre récent que nous signalions plus haut (*Life and Labour of the People of India*), insiste sur l'importance de ce fait que, tandis que les villages en Inde sont des unités distinctes et des centres de vie commune, les villes n'y furent le plus souvent que des « expressions géographiques, sans vie d'ensemble (p. 3) ».
3 SHERRING, *Hindu Tribes and Castes*, III, p. 218 ; cf. *Census of India*, 1901, *Central Provinces* (rapport de M. RUSSELL), p. 194.

Célestin Bouglé

M. Hunter, toute *poor law* –, elle n'est pas seulement un organe de contrôle, qui maintient les traditions techniques, elle apparaît aussi parfois comme un organe de défense, capable d'empêcher, s'il y a lieu, l'abaissement des rémunérations. Mais ces attributs économiques rendent-ils compte de son essence ? Ils ne sauraient expliquer ni la hiérarchie consacrée qui superpose les castes, ni même la répulsion mutuelle qui les oppose. Il faut ici faire entrer en ligne de compte, nous l'avons vu, la conspiration des instincts ethniques et des traditions religieuses. C'est la présence active de ces antipathies et de ces scrupules qui condamne la société hindoue au morcellement à l'infini.

C'est ce qu'on n'aurait pas constaté sans doute si la caste n'avait été autre chose qu'une ghilde. « L'institution aurait eu moins de tendance, remarque M. Senart, à se morceler, à se disloquer : l'agent qui l'aurait unifié d'abord en aurait maintenu la cohésion. » Le nombre excessif, comme la multiplication continuelle des castes « par fissiparité » serait un signe suffisant, selon M. Risley [1], de leur origine extra-professionnelle.

En raison même de ces caractères, de ces traditions et de ces instincts, la caste ne sera pas seulement – ce qui va de soi – plus foncièrement routinière que la ghilde et plus sévèrement hostile à toute innovation, mais encore et surtout elle sera plus fermée, plus repliée sur elle-même, plus exclusive. La corporation, comme elle laisse possibles les mélanges de sangs, admet des hors-venus à titre d'apprentis et permet des coalitions entre corporations différentes. La caste, répugnant aux contacts comme aux mélanges, n'est pas seulement plus hostile à l'adoption des membres nouveaux, elle empêche ou gêne les relations entre castes.

Là peut-être était le plus grave inconvénient du régime c'est cet esprit de division intransigeante qui devait rendre impossible, en Inde, toute organisation supérieure. Dans le Moyen Âge occidental les corporations, toutes distinctes qu'elles fussent, surent s'ordonner pour former comme les piliers de la commune. Et les communes devaient être, en même temps que des forteresses pour l'indépendance des bourgeois, des ports d'attache pour le grand commerce. Que l'on se rappelle les attributions non seulement politiques, mais économiques des conseils formés par les

1 *Census of India*, 1901, vol. I, p. 553 et suiv.

Troisième partie

représentants des différentes ghildes, et comment ces « économies municipales », en développant et en organisant leurs relations, devaient préparer des « économies nationales » bien vivantes [1], – et l'on comprendra tout ce que la civilisation hindoue a perdu, en laissant écraser sous la masse des castes les germes de la cité.

Le régime des castes est utile sans doute, pour dégager, par l'ordre même qu'il lui impose, une société de la barbarie. Mais il risque aussi de l'arrêter vite et pour longtemps, sur le chemin de la civilisation. Ses lustrations sont de celles qui pétrifient. Dans l'ordre économique aussi l'Inde nous donne le spectacle d'une sorte d'arrêt de développement.

Chapitre V

La littérature.

Dans quelle mesure, en Inde, les races se sont-elles spécialisées ? Quelles y sont les arêtes du droit ? En quels canaux y coule la vie économique ? Nous avons essayé de répondre à ces diverses questions. Nous avons ainsi commencé à dégager les caractères principaux de la civilisation hindoue ; et sur ces caractères mêmes nous avons relevé les empreintes, plus ou moins nettes selon les cas, du régime spécial qu'elle a supporté pendant des siècles, le régime des castes. Ne pourrions-nous maintenant discerner, jusque sur les produits les plus raffinés de cette civilisation, des marques analogues ? La littérature exprime l'état social, répète-t-on. Entre les formes sociales et les formes littéraires qui ont prédominé en Inde, il est vraisemblable que les rapports ne manquent pas. Il ne serait pas inutile de les mettre en lumière. Nos thèses sur les effets du régime en pourraient recevoir une dernière et frappante confirmation.

Malheureusement ici plus que jamais la tâche nous sera malaisée. Pour saisir les espèces d'effluves subtils qui montent des formes sociales aux formes littéraires, deux conditions, d'abord, semblent également nécessaires : une longue familiarité avec le détail même des œuvres, et une attention constante aux effets, directs

---

1 Cf. SCHMOLLER, *Principes d'économie politique*, liv. II, chap. II et III.

Célestin Bouglé

ou indirects, des relations des hommes entre eux. La première condition fait le plus souvent défaut au sociologue ; la deuxième aux spécialistes qu'il est obligé de suivre.

Il nous semble cependant que, même sur ce point, si l'on prend la peine de rassembler et de coordonner les remarques suggérées aux historiens de la littérature, il est possible de formuler, à titre provisoire, quelques explications sociologiques.

Il va sans dire, d'ailleurs, que ces explications ne sauraient avoir la prétention d'être exhaustives, à la fois uniques et totales. Quand il s'agit surtout de la « superstructure » d'une civilisation, il est trop clair que les formes sociales ne sont pas seules à l'œuvre. Des forces de toutes sortes concourent avec elles, dont l'action mêlée reste le plus souvent si mystérieuse que force est bien de réserver, ici plus qu'ailleurs, la marge de l'inexplicable.

N'est-ce pas au surplus ce que l'on fait lorsqu'on explique le caractère des littératures par le *génie* des peuples ? On répétera par exemple que les Aryens de l'Inde se distinguent de leurs frères de la Grèce par leur goût inné pour la démesure. Comparez le *Mahâbhârata* et le *Râmâyana* à *l'Iliade* et à *l'Odyssée*. Rapprochez les Upanishads des *Dialogues* de Platon. Vous reconnaîtrez au génie hindou l'imagination amplificatrice, non la raison ordonnatrice. Capable de raffiner les détails il vous apparaîtra incapable d'organiser les ensembles [1]. Qualités et défauts qui ne font que traduire les aptitudes de la race.

N'est-ce pas à des raisons du même genre que recourt M. Oldenberg [2] lorsque, pour expliquer l'évolution de la littérature hindoue il insiste sur l'effet des mélanges de sangs ? Petit à petit les conquérants aryens se laissent conquérir. La race noble se contamine de plus en plus. Le niveau intellectuel s'abaisse donc. Un je ne sais quoi d'efféminé et de morbide prend le dessus dans la littérature : c'est le tempérament indigène qui l'emporte.

Il est possible que cette chimie des principes ethniques ne soit pas restée sans influence. Mais qui ne voit, en tout cas, combien son opération reste obscure ? D'une manière plus générale, suspendre

---

1 Voir SENART, *Les castes dans l'Inde*, p. 256.
2 *Die Literatur des alten Indiens*, Stuttgart et Berlin, Cotta, 1903, p. 11, 132.

les produits d'une civilisation aux tendances natives d'une ou de plusieurs races, n'est-ce pas faire œuvre de classification bien plutôt que d'explication ? Avec les traits communs aux chefs-d'œuvre qu'un peuple admire on compose la physionomie de son « génie ». Mais pourquoi et comment la littérature de ce peuple a pris tel tour, c'est ce qui demeure, après, aussi mystérieux qu'avant [1].

On fournit sans doute un aliment plus substantiel à la curiosité si, au lieu de se contenter d'invoquer la race, on évoque le milieu. Ce n'est pas vainement qu'on rappelle, au début des histoires de la littérature hindoue, les aspects particuliers que revêtent en Inde le sol et le ciel, la flore et la faune. Dans cet immense triangle, des montagnes plus hautes et des fleuves plus larges qu'ailleurs ; une jungle exubérante où les serpents pullulent ; après des inondations qui emportent tout, des sécheresses plus terribles encore, une pareille nature ne doit-elle pas agir profondément sur la sensibilité de l'homme ? Elle l'obsédera par ses formes comme elle l'accablera par sa force. On se souvient de l'antithèse de Buckle : « En Occident l'homme domine la nature. En Orient il est écrasé par elle. » Nulle part plus qu'en Inde le spectacle des choses ne devait suggérer aux esprits, avec le sentiment de la puissance de la vie, le sentiment de l'impuissance de l'homme. Et c'est pourquoi toute la littérature hindoue devait traduire, en même temps que la dépression des volontés découragées, l'exaltation maladive des imaginations débridées.

De pareilles influences qui montent du sol ou descendent du ciel, ne sont certes pas négligeables. Mais il est trop clair aussi qu'elles n'expliquent pas tout ; et qu'à vouloir trop expliquer par elles on risque d'aboutir à des jeux d'analogies. Bornerons-nous notre ambition, demande M. Ouvré [2], à un raisonnement symboliste : « L'immensité du territoire indien se reflète dans la grandeur des poèmes hindous, le *Râmâyana* est long, parce que le Gange n'est point court, et apparemment les auditeurs du *Mahâbhârata* y tolèrent beaucoup de digressions et d'épisodes parce que dans la jungle pullulent les figuiers banians » ? Il est dangereux de demander, aux seules dispositions du milieu naturel où une civilisation se

1 C'est l'idée sur laquelle a souvent insisté M. LACOMBE, cf. *De l'histoire considérée comme science*, Paris, Hachette, 1894, chap. XVIII, et surtout *La Psychologie des Individus et des Sociétés chez Taine, historien des littératures*, Paris, F. Alcan, 1906.
2 OUVRÉ, *Les formes littéraires de la pensée grecque*, Paris, F. Alcan, 1900, p. 7.

Célestin Bouglé

développe, le secret de son orientation intellectuelle et morale. En suivant jusqu'au bout sa théorie, Buckle n'aboutissait-il pas à cette conclusion que l'Inde, où l'individu est écrasé par la nature, ne devait pas connaître ces déifications que suppose l'évhémérisme ? Or sir A. Lyall a pu montrer que ces déifications sont la règle plutôt que l'exception, et que l'évhémérisme ne se vérifie nulle part aussi nettement qu'en Inde [1].

Si donc, dans la littérature hindoue, il nous semble qu'en effet l'individu tient peu de place, nous nous garderons d'en accuser la seule pression de la nature.

Mais l'action des formes sociales est sans doute plus enveloppante, à la fois plus contraignante et plus insinuante que celle des formes naturelles. Les rapports que le poète, tout « créateur » qu'il soit, soutient avec les autres hommes lui ouvrent ou lui ferment telles perspectives. Qu'il s'en doute ou non, son imagination est comme aimantée par les demandes du public [2]. Son œuvre sert les visées, flatte les passions, caresse les instincts qui résultent, chez ses contemporains, de leur situation même. Ici aussi, par leur succès inégal, une sorte de sélection des essais littéraires s'accomplit. Ainsi s'explique l'adaptation des genres au milieu social.

Sans étudier ces harmonies à part, les historiens des diverses littératures en ont souvent noté des exemples. Nous sera-t-il possible d'en relever dans l'histoire littéraire de l'Inde ?

On l'a souvent répété, et nous en avons, plus d'une fois déjà, rencontré les preuves : l'Inde offre un magnifique exemple de ce que devient une civilisation quand elle demeure sous la coupe de la religion. La caste reste essentiellement une institution à racine religieuse, et tous les germes d'institutions laïques sont comme stérilisés par son ombre. Elle empêche la formation de ces centres de curiosité intellectuelle en même temps que d'activité politique qui devaient ailleurs organiser la résistance aux traditions primitives. Elle favorise de toutes les manières, par les divers scrupules qu'elle entretient, la mainmise du sacré sur le social.

De cet empire la littérature hindoue offrira une preuve éclatante. Il n'est pas exagéré de dire que la religion fournit leur

---

1 *Étude sur les mœurs religieuses et sociales de l'Extrême-Orient*, p. 90.

2 Voir à ce sujet les remarques de M. LANSON, L'histoire littéraire et la sociologie, dans la *Revue de métaphysique et de morale*, 1904, p. 266 sqq.

soubassement à presque tous les monuments littéraires de l'Inde. « Non seulement l'Inde possède la littérature sacrée la plus vaste, l'une des plus anciennes et des plus intéressantes qu'il nous soit donné de pénétrer ; mais le terme même de « littérature profane », tel que nous l'entendons, n'a point de sens pour elle et n'y trouve d'application que par voie de contraste » [1].

Non sans doute que toute la littérature ici se réduise à des hymnes mystiques ou à des commentaires théologiques, pas plus que toute la vie ne se ramène à la religion. En étudiant le système juridique et l'organisation économique, nous avons pu constater que la réalité hindoue déborde de toutes parts le cadre brahmanique. La masse n'est pas restée aussi « hypnotisée » qu'on l'a dit. Des caravanes bariolées sillonnaient l'immense péninsule. Des cours y déployaient leur luxe à l'envi. D'autres intérêts que les intérêts spirituels préoccupaient donc les Hindous. D'autres plaisirs les attiraient que ceux de la spéculation théologique. L'Inde n'ignorera en conséquence ni les contes populaires ni les poésies mondaines : elle aura une littérature de caravansérail, pourrait-on dire, et une littérature de cour. Un tempérament s'y révèle, nous rappelle-t-on, très différent du tempérament métaphysique qu'on prête à la nation hindoue : sensualité ardente et ironie sceptique, frivolité et gaillardise, une grande puissance de fantaisie unie à une grande finesse d'observation [2].

Il n'en reste pas moins que, pour une grande part, les monuments littéraires laissés par la civilisation hindoue sont bâtis sur des pierres dressées par la religion. Combien d'entre eux ne reposent-ils pas, directement ou indirectement, sur le Véda ? La première poésie, ici, est une invocation aux dieux, comme la première prose est une explication de la liturgie. Invocations et incantations, formules rituelles et recettes magiques, c'est presque tout le contenu des quatre Védas proprement dits. Les œuvres ultérieures ne se présentent guère que comme des commentaires de cette révélation initiale [3]. Les Brâhmanas, avec les Aranyakas qui les accompagnent, prétendent éclairer le sens du culte. Les Upanishads ressemblent

1 V. HENRY, *Les littératures de l'Inde,* Paris, 1904, p. 1.
2 Voir HOPKINS, The religions of India (dans le *Randbook of the history of religions,* de JASTROW), Boston et Londres, Ginn, 1898, p. 2.
3 Voir les remarques préliminaires de M. Lehmann, dans le *Manuel d'histoire des religions,* de CHANTEPIE DE LA SAUSSAIE, tract. franç., Paris, p. 317.

Célestin Bouglé

plutôt à des traités de philosophie : la spéculation s'y montre plus libre. Il n'est pas difficile cependant de prouver qu'elle se meut dans le plan de la tradition religieuse. Les Çastras ne sont que des applications diverses de cette même tradition : ils en veulent déduire des lois pour la conduite de la vie. Aux époques mêmes où la littérature tendra à devenir plus terrestre, ses attaches religieuses resteront longtemps visibles. Jusque dans l'érotisme, la tradition théologique ne perd pas ses droits...

Rien de plus naturel que ces persistances en Inde : le soin de mener la vie intellectuelle, de savoir et de méditer n'y est-il pas réservé traditionnellement à ceux-là qui, par droit de naissance, sont en relations intimes avec le monde sacré ? Les penseurs professionnels sont ici des prêtres. Il n'est pas étonnant qu'un régime qui faisait en principe, des travaux de la pensée, l'office propre des castes brahmaniques ait produit avant tout une littérature de caractère sacerdotal.

Où ce caractère est sans doute le plus apparent, c'est dans les Brâhmanas. Comme leur nom l'indique, les Brâhmanas sont réservés à la Science sacrée. D'habitude il leur est annexé un Aranyaka : « Livre de la forêt », c'est-à-dire livre à méditer dans la solitude. Brâhmana et Aranyaka se rattachent à un Véda, qu'ils supposent connu et qu'ils se proposent d'expliquer. Le but déclaré de cette littérature de commentaires est de faire comprendre aux officiants le sens des pratiques et formules nécessaires à la célébration du culte. Le Brâhmana se présente donc comme un manuel de technique théologique. Et la plupart de ses spéculations tournent autour de cette même idée du sacrifice où nous avons vu l'un des piliers du prestige brahmanique.

Le sacrifice qui assure la puissance des Brahmanes sera lui-même doté par les Brâhmanas de la toute-puissance. À les en croire, il crée le monde. Il contraint les dieux. Il devient dieu. Théories où il est permis de reconnaître un reflet de notions très primitives. L'acte religieux par excellence semble conçu ici sur le type du procédé magique. Il est une sorte d'opération mécanique qui, sans la moindre intervention morale, met les biens et les maux dans la main du sorcier. « Une religion aussi grossière, dit M. Sylvain Lévi [1], suppose un peuple de demi-sauvages, mais, ajoute-t-il,

1 S. LÉVI, *La doctrine du sacrifice dans les Brâhmanas* (Bibl. de l'École des Hautes

les sorciers, les magiciens ou les chamanes de ces tribus ont su analyser leur système, en démontrer les pièces, en étudier le jeu, en observer les principes, en fixer les lois : ils sont les véritables pères de la philosophie hindoue. » Sur ces rites dont l'accomplissement est devenu leur monopole, les Brahmanes méditent et dissertent à l'infini : un arbre immense sort de l'humble noyau, par la vertu de ces professionnels de la spéculation.

Et sans doute leur spéculation même plonge très bas ses racines. Ce ne sont pas seulement des rites, ce sont des mythes primitifs qu'on sent à la base des Brâhmanas. On y retrouve et l'histoire de l'œuf flottant d'où tout sort, et celle de l'homme qui se coupe en morceaux pour produire le monde, et celle des espèces animales engendrées par les métamorphoses d'un couple divin. Selon M. Lang, « il n'y a peut-être pas un mythe répandu dans les races inférieures qui n'ait sa contrepartie dans les Brâhmanas » [1]. Mais ici plus qu'ailleurs cette matière première est travaillée, étirée et raffinée. Nulle part sous les récits d'aventures ne se glissent tant d'équations théologiques. Nulle part on n'oppose tant d'abstractions, pour finalement les identifier. Prajâpati est encore, d'un certain point de vue, un homme démesuré, un grand être concret : mais il est en même temps la Force du sacrifice, que le Brahmane se plaît à suivre par sa dialectique dans les diverses formes qu'elle revêt.

Il va sans dire que cette dialectique opère souvent dans l'obscurité, mais il est permis de penser que l'obscurité ici serait plutôt recherchée qu'évitée. Nous nous trouvons en face d'une littérature d'initiés : on y sent, au lieu du désir d'être accessible à tous, la préoccupation de réserver un monopole à une race d'élite. Dans toutes les littératures sans doute, on pourrait retrouver à l'origine le goût des énigmes ; mais ici le jeu de mots sibyllins apparaît comme une tactique constante [2].

Que d'ailleurs la doctrine soit finalement inconsistante et reste, pour ainsi dire, à l'état fluide, ce n'est pas non plus pour nous étonner. Nous savons que les Brahmanes n'ont pas de conciles,

Études, XI), p. 10.

1 A. LANG, *Mythes, cultes et religions*, trad. MARILLIER, Paris, F. Alcan, 1896, p. 234. Sur le rapport des rites brahmaniques aux pratiques populaires, comp. HILLEBRANDT ; Ritual-Literatur, Vedische Opfer und Zauber (dans le *Grundriss* de BÜHLER, 1897), p. 2.

2 OLDENBERG, *Literatur,* p. 25.

Célestin Bouglé

et par conséquent pas de dogmes à proprement parler. Aucun organe ici n'est qualifié pour formuler et imposer une théologie arrêtée. Tous les Brahmanes sont également aptes à commenter la révélation du Véda. Il devait donc se former des écoles diverses. Des controverses s'y instituent. On y raffine sur les notions, mais aucune autorité n'intervient pour clore les débats. De ces libres discussions entre prêtres-nés, les Brâhmanas nous apportent sans doute l'écho : ils ne sont après tout que des « collections anonymes d'opinions individuelles, d'aphorismes indépendants et de libres propos greffés sur l'explication des rites » [1]. Si une certaine unité de tendance s'y découvre, elle s'explique par l'identité de situation des penseurs, qui engendre elle-même l'analogie des préoccupations : un trésor commun des clans sacerdotaux s'est ainsi peu à peu constitué. Dans les Brâhmanas nous ne sentons pas l'œuvre d'une Église, mais du moins celle d'une caste sacerdotale, ardente à cultiver ses facultés propres en même temps qu'à défendre, en les justifiant, ses privilèges.

Mais est-ce seulement à travers les Brâhmanas que ces tendances se révèlent ? À cet égard y a-t-il une distance infranchissable entre les Brâhmanas et les Védas ? Sur ceux-ci à leur tour nous pourrons relever, sinon l'empreinte nette de la caste elle-même, du moins des traces laissées par la pression des forces qui travaillent à la constituer.

Par leur contenu, nous avons vu que le recueil des poésies védiques ne nous révèle que très imparfaitement l'organisation sociale en vigueur au temps de leur composition [2]. Mais leur forme même, leurs caractères littéraires, leur ton général ne nous fournissent-ils pas, sur cette organisation, quelques indications précieuses ?

On s'est plu longtemps à opposer, à la littérature toute sacerdotale des âges postérieurs, la jeune poésie de l'âge védique. Remonter des Brâhmanas au Rig-Véda, c'est aussi remonter, semblait-on dire, en même temps que de la prose aux vers, de l'abstrait au concret, de la scolastique à la vie [3]. Nous verrons ici couler librement, à ciel ouvert, nombre de sentiments qui n'apparaîtront plus que rarement

1 S. LÉVI, *Doctr. du sacrif.*, p. 7.

2 Voir plus haut, p. 43.

3 WINTERNITZ (*Geschichte der indischen Literatur*, Leipzig, Amelang, 1904, vol. I, p. 64 sqq.) cite et discute les opinions des partisans de la « poésie spontanée » du Véda ; Cf. MACDONELL, *Sanskrit Literature*, Londres, Heinemann, 1900, p. 65.

Troisième partie

dans la littérature postérieure. Ici du moins le tempérament de la race n'a pas encore été débilité par le régime. Nombre d'auteurs se plaisent ainsi à sentir, dans les invocations à Indra, la fraîche nouveauté de la vigueur aryenne. Le mépris réservé à ces Dasyus « qui nous rétrécissaient la terre » décèlerait un allègre esprit de conquête [1].

Et sans doute ces races guerrières se montrent à nous le front levé vers le ciel. C'est même un de leurs grands griefs contre leurs ennemis que l'impiété barbare dont ceux-ci font preuve. Mais du moins cette première dévotion aryenne n'a rien d'affadissant. Elle n'écarte pas l'homme de l'action. Les Rishis védiques ne sont pas des emmurés. Et lorsqu'ils s'adressent aux dieux, ce n'est pas une tradition compliquée, ce sont des sentiments tout spontanés qui les inspirent. La nature elle-même parle dans ce lyrisme : exemple unique, comme disait Renouvier [2], de « primitivité intellectuelle ».

Mais, de cette première impression, il semble qu'une étude plus approfondie détourne aujourd'hui la majorité des spécialistes. On fait observer que dès l'époque védique l'œuvre de dévirilisation est commencée : dispersés dans les riches plaines de l'Inde, les envahisseurs se laissent amollir. Le climat sans doute déprime leur énergie. En même temps, on ne voit se produire aucun des phénomènes sociaux qui sont propres à tremper les caractères. On ne voit rien s'ébaucher qui ressemble à une vie nationale. Il semble que déjà le poids de la vie religieuse fasse pencher la balance, au grand dam de la vie politique. D'où, avec le rétrécissement de l'horizon, une espèce de mutilation des personnes [3]. Il est remarquable que les héros qui traversent les Védas sont moins des militants que des orants. Au lieu d'un Achille ou d'un Siegfried, c'est un Viçvâmitra, dont « les austérités sont les armes », qui tient la première place. Ajoutons que les guerriers, lorsqu'ils prient, ne s'adressent pas directement aux dieux, à la façon des héros d'Homère. Déjà, entre les dieux et les hommes, un corps d'intermédiaires est en train de se glisser. Dès les Védas se laissent entrevoir les préoccupations spéciales à ces intermédiaires, et à

1 Voir DUTT, *Ancient India*, I, p. 95.
2 *Introduction à la philosophie analytique de l'histoire*, Leroux, 1896, p. 304, 311 ; cf. DEUSSEN, *Allgemeine Geschichte der Philosophie mit besonderer Berücksichtigung der Religionen*, Leipzig, Brockhaus, 1894, I, p. 74.
3 OLDENBERG, *Literatur*, pp. 23, 51.

Célestin Bouglé

côté d'habitudes déjà professionnelles les soucis dictés par ce que M. Oldenberg appelle leur intérêt de classe.

En fait, le sacrifice, qui assurera à la caste brahmanique le plus clair de sa puissance, fournira aussi aux Rishis védiques la plupart de leurs thèmes.

Le Sama-Véda n'est qu'un « livre de mélodies », à l'usage des prêtres qui chantent pendant la célébration du culte. Le Yajur-Véda « livre des formules » contient les adjurations, bénédictions ou exorcismes, dont les servants accompagnent leurs manipulations. Dans le recueil du Rig-Véda c'est la poésie même qui apparaît comme « l'auxiliaire du sacrifice ». L'hymne n'est le plus souvent que le serviteur du rite. L'éloge du dieu n'est que le prologue de l'opération qui, en le comblant de dons, assure ses bienfaits aux hommes.

Comment dès lors les poèmes védiques pourraient-ils posséder la spontanéité qu'on leur a longtemps prêtée ? Volontiers on croyait entendre, dans les hymnes, un chef de tribu entouré des siens, laissant parler son cœur pour appeler l'aurore ou écarter l'orage. En réalité, nous sommes en présence d'un officiant qui opère pour le compte de quelque laïque généreux. Dans l'invocation qu'il adressera aux dieux, un écho pourra se retrouver sans doute des impressions que laissent, à des âmes encore aisément étonnées, les miracles renouvelés de la nature, les œuvres du soleil et du feu, de l'air et de l'eau. C'est ainsi que des éclairs de poésie vraie illumineront ces litanies. Elles n'en sont pas moins dictées par des sentiments tout autres que les adorations spontanées ou les frayeurs naïves. Le calcul y est plus sensible que l'effusion. L'essentiel aux yeux de l'officiant est que l'opération rituelle réussisse, et qu'elle lui rapporte. Les grandes lignes de la doctrine que les Brâhmanas préciseront sont esquissées déjà [1]. Le sacrifice n'est pas seulement une imitation des phénomènes naturels, il les produit. Et, sans doute, à la différence de l'opération proprement magique, il n'agit que par l'intermédiaire des dieux. Mais entre les hommes et les dieux, le sacrifice crée comme un contrat, et qui assure à l'orant une sorte de pouvoir de contrainte. En ce sens, qui sert les dieux leur commande. L'idée de la toute-puissance du prêtre apparaît

---

1 OLDENBERG, *La religion du Véda* (trad. franç.), p. 260 sqq.; S. LÉVI, *Doctr. du Sacrifice*, introd., p. 9.

ainsi dès les Védas, avec celle du grand danger que courraient les hommes à vouloir se passer de ses services, et à ne pas le rétribuer convenablement [1]. Bergaigne n'a-t-il pas montré que ce char radieux qui commence si poétiquement l'hymne à l'aurore signifie en réalité le salaire ? C'est à lui que les prêtres attribuent tous les effets du sacrifice ; il en constitue à leurs yeux l'élément essentiel [2]. C'est pourquoi M. Oldenberg pouvait parler du caractère intéressé de la poésie védique. Elle est traversée d'un double souci : attirer sur les hommes les bienfaits des dieux, et sur les prêtres les salaires des hommes.

Une poésie qui répond à de pareilles demandes doit naturellement comporter plus d'artifice que de laisser-aller. Les hymnes sentiront donc le métier. Les auteurs se vanteront de fabriquer un bel éloge « comme un habile charron fabrique un char ». Leur souci dominant est moins d'exprimer une émotion personnelle que de capter les dieux dans un filet bien tressé. La préoccupation technique l'emporte ici sur l'inspiration poétique. Et plus qu'à rendre des sentiments humains, en un langage accessible à tous, les prêtres poètes s'attacheront à raffiner les formules pour éblouir les seuls connaisseurs [3].

Ainsi s'expliquent sans doute les devinettes, les jeux de mots, les identifications paradoxales dont le Rig-Véda déjà fourmille. On sent quelque chose de plus, ici, que le plaisir que prennent tous les primitifs à se proposer des énigmes. Les équivoques merveilleuses sont entassées systématiquement. On utilise exprès, pour désigner les objets, les analogies les plus lointaines. Le désir est visible d'obscurcir plus que d'éclaircir, et de cacher au moment même où l'on montre.

Le Véda fera d'ailleurs lui-même la théorie de ce procédé : « Les dieux sont amis du mystère », « ce qui est clairement exprimé leur déplaît ». « Les choses sacrées ne doivent être dévoilées qu'à demi. » N'était-ce pas, en vertu de cette espèce d'anthropomorphisme professionnel dont on relève plus d'un signe, concevoir les dieux sur le type du prêtre [4] ? Le prêtre se complaît volontiers aux

1 OLDENBERG, *La religion du Véda*, p. 317, 337 ; Cf. MACDONELL, *Sanskrit Litterature*, p. 73.
2 BERGAIGNE, *La religion védique d'après les hymnes du Rig-Véda*, III, p. 319.
3 OLDENBERG, *Rel. du Véda*, p. 373 ; BERGAIGNE, *Religion védique*, III, p. 320.
4 OLDENBERG, *Literatur*, p. 37. C'est une des notions sur lesquelles insiste

Célestin Bouglé

formules énigmatiques : leur obscurité est pour son monopole comme une garantie de plus. Et c'est pourquoi, loin de simplifier les choses à plaisir – comme le faisaient les premiers traducteurs, entêtés de la naïveté du Véda – il faut respecter les complications bizarres qui s'y rencontrent. Sans doute étaient-elles plus ou moins voulues : l'ésotérisme servait la cause de ces familles sacerdotales, en train de se muer en castes.

En tout cas faut-il supposer, pour expliquer cette végétation d'hyperboles et de superlatifs, une atmosphère de serre chaude, où certaines qualités s'atrophient, pendant que d'autres s'y développent avec exubérance, un « milieu de surenchère mystique et verbale » où des virtuoses prennent plaisir à se surpasser par leurs raffinements. « La naissance d'une semblable poésie, dit M. Oldenberg, ne se conçoit qu'en des écoles organisées de techniciens du sacerdoce et du sacrifice, grands amateurs d'énigmes mystiques qu'à tour de rôle ils se posaient et résolvaient par jeu. » Ce que nous trouvons dans le Rig-Véda, disait déjà Bergaigne, ce sont des « spéculations liturgiques de familles de prêtres ». Et où Renouvier parlait de « primitivité » il parle de « byzantinisme ». On voit combien nous sommes loin des rêves de pureté première, d'innocence pastorale et d'effusions spontanées auxquels se laissait encore bercer Max Müller [1].

Et peut-être a-t-on répondu sur ce point à une exagération par une exagération inverse. Peut-être la thèse des « artificialistes » devra-t-elle être limitée à son tour [2]. Des remarques qu'elle a accumulées il restera sûrement assez pour justifier notre conclusion : les plus anciennes poésies de l'Inde sont l'œuvre caractéristique d'une classe sacerdotale, sinon formée, du moins en formation. Dès l'aurore védique, entre la nature et l'âme, on aperçoit déjà l'ombre du Brahmane qui s'interpose. Techniciens du sacrifice et professionnels de la spéculation commencent à monopoliser la vie intellectuelle.

Retrouverons-nous dans les Upanishads ces mêmes influences? Le nom d'Upanishad évoque, nous dit-on, d'après l'étymologie en

SCHRÖDER, *Indiens Literatur und Cultur in historischer Entwickelung*, p. 145.
1 S. LÉVI, *Revue critique*, 1892, p. 3.
2 Cf. contre la thèse de S. Lévi les protestations de V. HENRY, dans sa préf. à la trad. franç. de la *Religion du Véda*, d'OLDENBERG ; cf. HOPKINS, *Religions of India*, p. 17 sqq.

Troisième partie

vogue, l'image d'un cercle de disciples assis aux pieds du maître pour en recevoir un enseignement confidentiel. L'Upanishad veut être encore une leçon réservée [1]. Mais l'objet des leçons devient proprement philosophique. On discute à l'infini sur l'être et le non-être, le moi et le non-moi, les diverses facultés de l'âme et les éléments du monde. La spéculation qui n'apparaît dans les Brâhmanas que greffée sur la liturgie s'épanouit ici en pleine terre.

On a cru trouver dans cette libre spéculation la preuve que le cercle des philosophes s'élargissait bien au-delà du cercle des prêtres-nés, et que d'autres castes que la caste brahmanique prenaient une part prépondérante à la vie intellectuelle. Elle devait être singulièrement active dans ces cours où l'on voit s'instituer des espèces de tournois de la pensée, dont les prix, présents des rois, sont des vaches aux cornes d'or. Le Brâhmana des cent sentiers prête ce langage à une Brahmane, la sage Girga [2]. « Comme un fils de héros de Kâçi ou de Vidêha bande son arc débandé, et deux flèches mortelles à la main, se met en route, ainsi je suis venue vers toi armée de deux questions, qu'il te faut me résoudre. » Mais ce n'étaient pas seulement des femmes de race brahmanique, c'étaient des hommes d'autres castes qui prenaient part à ces discussions. Les Kshatriyas devaient y briller. Les Upanishads ont gardé le souvenir du roi Janaka, pour les arguments victorieux qu'il opposait à la dialectique des plus fameux Brahmanes. Bien plus, on relève ici les traces d'un enseignement « à rebrousse-poil » (pratiloman) : on voit des fils de prêtres accepter les leçons d'un fils de guerrier [3].

D'ailleurs, l'orientation même des idées révélerait, dit-on, l'existence, en dehors du brahmanisme, de centres d'attraction intellectuelle. Dans les Upanishads ne semble-t-il pas qu'on travaille systématiquement à réduire l'importance du sacrifice [4] ? Au-dessus de l'opération rituelle, on place l'effort intellectuel. C'est à la science qu'on demande l'accès du monde supérieur. Et cette science dissout tous les êtres particuliers, les dieux comme les hommes,

---

1 REGNAUD, *Matériaux pour servir à l'histoire de la philosophie de l'Inde*, I, p 9 ; cf. DEUSSEN, *Allgem. Geschichte*, I, 2ᵉ partie, p. 17.

2 Cf. OLDENBERG, *Le Bouddha*, trad. franç., p. 30.

3 REGNAUD, *Matériaux*, p. 63 ; cf. Max MÜLLER, *Histoire de l'ancienne littérature sanscrite*, p. 80 ; HOPKINS, *Religions of India*, p. 226 ; DUTT, *Ancient civilization of India*, I, p. 208.

4 DEUSSEN, *Altg. Gesch.*, 2ᵉ partie, p. 58.

Célestin Bouglé

dans la réalité ineffable de l'être unique. Sur les commentaires ritualistes la métaphysique panthéiste prend le dessus. Il est très possible en effet que dans les cercles supérieurs de la société on ne se soit pas contenté d'écouter les Brahmanes. On devait discuter avec eux. De nouvelles sources de pensée devaient s'ouvrir. Mais on se tromperait du tout au tout à croire que la philosophie des Upanishads est sortie toute armée du cerveau des Kshatriyas, pour combattre la tradition des Védas et des Brâhmanas. Il est trop clair que celle-ci continue toujours de fournir à celle-là ses tendances et ses méthodes. Les Hindous ont bien raison, dit M. Sylvain Lévi [1], de rattacher directement aux Brâhmanas les Upanishads : « Un développement naturel a tiré les uns des autres. » Le panthéisme qui s'épanouit dans les Upanishads est déjà en germe, nous l'avons vu, dans les « équations » des Brâhmanas. À répéter : « Ceci est cela » on est bien près de démontrer que tout est un. Un monde où tant d'identités se découvrent est bientôt réduit à l'unité. Le fait même, d'ailleurs, que tout gravite ici autour du sacrifice, devait favoriser la tendance moniste. On nous dit que Prajâpati, en se sacrifiant lui-même, produit toutes choses. La diversité des phénomènes nous est donc présentée comme l'émanation d'un être unique, qui est en même temps la substance universelle [2]. Les spéculations sur le sacrifice, comme elles ont peut-être suggéré à l'esprit hindou l'idée des transmigrations, semblables aux renaissances du feu sacré [3], l'inclinent à reconnaître comme un dogme fondamental l'existence d'un être unique.

Notons au surplus que dès les Védas, la même pente se révèle. Les tendances qui prennent corps dans les Upanishads s'y montrent déjà : tendance critique en même temps que tendance moniste. On en a souvent fait la remarque [4] : dans ces hymnes soi-disant spontanés, des réflexions quasi sceptiques se mêlent plus d'une fois à l'invocation poétique. Les fameuses stances sur la genèse de l'Être se terminent ainsi : « D'où cette création est venue - si elle est créée ou non créée - celui dont l'œil veille sur elle du plus haut du ciel - celui-là seul le sait, et encore le sait-il ? » Dans un autre hymne, cette question revient après chaque strophe : « Qui est ce

1 *Doctr. du sacrif.*, p. 10.
2 DEUSSEN, *Allg. Gesch.*, 1re part., p. 174.
3 S. LEVI, *ibid.*
4 Cf. par ex. DEUSSEN, *ibid.*, p. 97 ; OLDENBERG, *Le Bouddha*, p. 16.

Troisième partie

dieu, que nous l'honorions avec des sacrifices ? » Le chantre, ici, est déjà un philosophe. D'ailleurs, alors même que leur existence n'est pas mise en doute, jamais les dieux védiques ne revêtent, dans les hymnes, ces formes précises et rigides qui s'opposent à la dissolution panthéiste. Leurs traits restent estompés, comme leurs attributs sont mal différenciés. Le polythéisme védique ne connaît pas les divisions « départementales » des polythéismes classiques, où chaque force naturelle est du ressort d'un dieu. Peut-être cette organisation du monde idéal suppose-t-elle, dans la réalité, un degré d'organisation sociale auquel l'Inde ne devait pas s'élever. Toujours est-il que son ciel n'a rien d'une cité [1]. L'ordre lui manque. On ne peut même pas dire qu'aucun dieu soit souverain. Tous les dieux deviennent souverains à leur tour [2]. Au vrai, honorés par les mêmes superlatifs, ils s'empruntent aisément leurs attributs [3]. Ils s'accouplent, se mêlent, se fondent les uns dans les autres. Ils ne possèdent pas plus de réalité distincte que n'en possèdent les nuages.

D'ailleurs la faute en revient peut-être, pour une part, à la prépondérance du sacrifice. Faut-il s'étonner que les dieux ne soient que figures vagues et flottantes puisqu'ils ne sont guère ici que des intermédiaires, pour ne pas dire des accessoires par où s'exerce sur les choses la force du rite ? En tout cas c'est en cette force que s'absorbe toute réalité. Et il est aisé de remarquer que les Upanishads continuent de concevoir, sur le type de cette force, la réalité suprême.

Il n'y a qu'un être réel, nous disent les Upanishads : celui auquel ne convient aucune des qualités sensibles, et auquel seul convient la qualité d'être. Il n'est ni ceci ni cela, mais il est tout, et seul, il est. Comment les philosophes conçoivent-ils cette substance universelle ? Sur le type du moi, sans doute. Ils l'appellent alors l'Atman. Il est permis de voir dans cette notion du « souffle » essentiel

---

1 OLDENBERG, Véda, p. 29.

2 C'est pourquoi Max Müller disait qu'il ne fallait parler, à propos de la religion védique, ni de monothéisme, ni de polythéisme, mais d'*hénothéisme*, voir SCHRÖDER, Indiens Literatur, p 77.

3 DEUSSEN, *Allg. Geschichte*, 2ᵉ part. Théologie ; cf. Das System des Vedanta Leipzig, Brockhaus, 1883, 1ʳᵉ part. ; HOPKINS, *Religions of India*, chap. X ; MAUSS et HUBERT, Théorie générale de la magie, dans l'*Année, sociologique*, VII, p. 117.

Célestin Bouglé

une sorte de résidu spiritualisé de l'animisme primitif. Mais en même temps la réalité est présentée sous un autre aspect : sous l'aspect de cause plutôt que sous l'aspect de substance. Elle s'appelle alors Bráhman. Or qu'est-ce que le Bráhman sinon précisément ce pouvoir magique dont les sacrificateurs disposent ? Prière, formule, charme, rite, le Bráhman est essentiellement puissance créatrice [1]. Dans les mains de la spéculation métaphysique il devient le principe actif de l'univers. Mais la notion métaphysique garde la marque de son origine rituelle. « Il n'y a peut-être pas, dit justement à ce propos M. Oldenberg [2], un exemple plus caractéristique de ce qu'a de particulier la façon de penser des Indiens : cette idée, qui n'a pas son origine dans la contemplation du monde sensible, mais dans la méditation sur la puissance du texte des Védas et du métier de prêtre, on la voit par degrés se pousser vers les sommets, jusqu'à ce qu'enfin elle donne son nom à la conception la plus haute que l'esprit puisse embrasser. »

La philosophie qui s'élaborait autour de ce noyau devait exercer son attraction sur ceux-là mêmes qui cherchent le plus résolument à secouer, avec la servitude rituelle, la domination brahmanique. Nous avons vu que le bouddhisme n'échappe pas à cette règle [3]. S'il utilise pour sa propagande des contes populaires, il reste fidèle à des habitudes intellectuelles quasi scolastiques. Et sa dialectique suit la pente où la tradition brahmanique lançait l'esprit hindou. Sous la mainmise de cette tradition, tout converge, en Inde, vers le panthéisme.

Panthéisme très différent, on l'a bien des fois remarqué [4], de celui que l'Occident nous présente. Chez nous, d'une manière générale, le panthéisme est actif, et progressiste. Il dit oui à la vie. Il se réjouit de reconnaître, dans l'évolution, l'esprit qui monte. Il invite l'homme à faire effort pour aider à cette ascension. Là-bas au contraire il semble qu'on travaille à dissoudre l'esprit dans l'Océan de l'être. On détourne l'homme de l'effort appliqué à la vie. Ce qu'on lui fait redouter par-dessus tout, c'est de revivre.

Cet idéalisme nihiliste traduit-il, comme on l'indique quelquefois,

1 Voir p. 203, n. 3.
2 *Le Bouddha*, p. 27.
3 Voir plus haut, pp. 83-85.
4 Cf. par ex. REGNAUD, *Matériaux*, II, p. 202.

l'impression d'accablement que devaient laisser aux hommes non seulement la cruauté des fléaux naturels, mais la rigidité de l'organisation sociale ? Ce n'est pas invraisemblable. Mais par un autre encore de ses caractères l'organisation sociale est sans doute responsable de cette tendance. La soif de l'unité immobile et le dégoût des apparences éphémères ne devaient-ils pas naître, plus facilement qu'ailleurs, en des cercles d'hommes retirés en quelque sorte de la vie, supérieurs au mouvement du monde, et dont la méditation devait être le jeu en même temps que le métier ?

Si l'on veut mesurer ce qu'une pareille spécialisation de la vie intellectuelle a pu donner, et aussi ce qu'elle a pu enlever à la civilisation hindoue, il faut comparer l'Inde à la Grèce.

En Grèce aussi, sans doute, à l'origine de la pensée on retrouve des traditions sacerdotales. Au berceau de quelle grande civilisation manquent-elles ? L'historien des *Penseurs grecs* en fait la remarque [1] : « Les premiers pas de la recherche scientifique, pour autant que nous permettent de l'affirmer nos connaissances historiques, ne se sont jamais faits que dans les pays où une classe organisée de prêtres ou de savants réunissait à d'indispensables loisirs la non moins indispensable stabilité de la tradition. Mais, ajoute-t-il, là même les premiers pas ont souvent été les derniers parce que les doctrines scientifiques ainsi acquises s'y sont trop souvent cristallisées en dogmes immuables, en s'amalgamant avec les croyances religieuses... La lisière devient une chaîne. »

C'est précisément sur ce point que la Grèce se trouve jouir d'une situation privilégiée. C'est des Égyptiens ou des Babyloniens qu'elle reçoit ses premières leçons. Des collèges de prêtres étrangers lui fournissent son point de départ. Mais elle n'en trouve pas sur son propre sol pour lui fixer des points d'arrêt. Louis Ménard [2] a insisté sur cette heureuse lacune : non seulement les prêtres ne forment pas en Grèce un corps politique, une classe spéciale, mais ils ne possèdent à aucun degré le monopole de la culture. Aussi cette « cristallisation des croyances » qui est l'œuvre ordinaire des hiérarchies sacerdotales [3] ne pouvait-elle se produire en Grèce. Les mythes propagés par les poètes seront librement interprétés

---

1 GOMPERZ, *Les penseurs grecs,* trad. franç., I, p. 48.
2 *Du polythéisme hellénique*, Paris, Charpentier, 1863, liv. III.
3 MÉNARD, *ibid.,* p. XIV.

Célestin Bouglé

et critiqués par les philosophes [1]. Et au lieu de se laisser figer par la tradition, la raison humaine, multipliant les enquêtes en même temps que les théories scientifiques, se penchera librement sur la réalité.

Combien en Inde la situation devait être différente ! Ce n'est pas qu'ici non plus, nous l'avons vu, une Église se soit constituée pour modifier les traditions. La religion brahmanique reste, comme dit M. Barth, une religion du *Livre*. L'autorité des Védas n'est pas contestée. Ils portent en eux un principe divin qui produit tout [2]. Et il importe que le Brahmane communie par l'étude des textes sacrés avec ce principe : ce sera pour lui-même une seconde naissance. Mais du moins, déjà consacré par sa race, il est capable d'entrer en communication directe avec le monde sacré. Il garde le droit d'interpréter la révélation. Il ne trouve en face de lui aucun corps officiel de gardiens du Livre, dont les décisions fassent loi. Ainsi s'explique que l'Inde se soit montrée à la fois, comme disait V. Henry, si libre et si conservatrice.

Toutefois si ces penseurs-nés jouissent d'une certaine indépendance, cela tient précisément à ce qu'ils sont les représentants du sacré. C'est au maniement des forces surnaturelles qu'ils doivent leur prestige. C'est justement parce que leur royaume n'est pas de ce monde, pourrait-on dire, qu'ils y règnent sans conteste. Et par là le champ de leurs méditations se trouve comme rétréci par avance. Ils restent enfermés dans le cercle magique. Ils sont les prisonniers de leur noblesse intellectuelle. Appliquée aux réalités invisibles, leur réflexion se détournera naturellement des apparences. Ainsi spéculeront-ils à l'infini, sans faire une place suffisante à l'observation.

Pendant longtemps il a été de mode de louer l'apport scientifique de la civilisation hindoue. Si les Hindous n'ont pas observé la terre, ils ont du moins, disait-on, observé le ciel : leur astronomie a fait l'admiration des siècles. En réalité il semble bien que, même en cette matière, la contribution scientifique des Hindous se réduise à peu de chose [3]. Au vrai, c'est surtout dans les sciences formelles

1 Cf. DECHARME, *La critique des traditions religieuses chez les Grecs, des origines au temps de Plutarque*, Paris, Picard, 1904.
2 Cf. Lehmann, dans le *Manuel* de CHANTEPIE DE LA SAUSSAIE, trad. franç., p. 322.
3 BERNIER remarquait déjà (*Voyages*, nouv. édition, Amsterdam, 1710, II, p.

Troisième partie

que leur génie, sous l'influence du régime même qui gouverne leur vie intellectuelle, devait se développer. On rattachera aisément, par exemple, aux préoccupations brahmaniques, la science de la grammaire. C'est pour le Brahmane un devoir d'État que de bien parler le sanscrit. En outre les mots possèdent par eux-mêmes une sorte de caractère sacré. De la manière dont on les dispose ou dont on les prononce, le succès des opérations rituelles ne dépend-il pas ? Il n'était pas étonnant dès lors qu'on s'appliquât à la science des mots avec le soin minutieux dont témoigne la grammaire de Pânini [1].

D'une manière plus générale, la présence d'une tradition religieuse révérée devait donner à l'esprit hindou le goût de la littérature didactique. La classe privilégiée qui était dépositaire de cette tradition était « passionnément préoccupée d'en assurer la perpétuité par un enseignement minutieux. Aussi haut que nous pouvons remonter, des écoles très actives s'appliquent à la transmission et à l'étude des textes sacrés. Le génie naturellement délié des Hindous s'y assouplit à l'observation méticuleuse, aux classifications méthodiques. En en prenant l'habitude, il prit le goût de légiférer. Dans les sujets religieux, enseignements et manuels empruntaient à leur matière même quelque chose de son autorité. Il prêta en tout genre à l'activité didactique un prix infini. Appliqué à la littérature profane, il y porta ses aptitudes contractées dans le long commerce de la littérature sacrée » [2]. C'est pourquoi sans doute on voit dans la littérature hindoue – chose rare – des traités techniques antérieurs aux oeuvres d'art, la théorie antérieure à la pratique. La tradition religieuse contribuait ainsi à faire du formalisme, dans tous les genres, une des habitudes intellectuelles de l'Inde.

Mais, cette même tradition aidant sans doute, le sens de la réalité manque à l'Inde, et avec le goût de l'action le souci de l'observation.

150), en rappelant les singulières théories astronomiques des Brahmanes avec lesquels il causait : « Toutes ces grandes impertinences m'ont souvent fait dire en moi-même que si ce sont là les fameuses sciences de ces anciens Brahmanes des Indes, il faut qu'il y ait bien du monde trompé dans les idées qu'on en a conçues » ; cf. MILHAUD, *Leçons sur les origines de la science grecque,* Paris, F. Alcan, 1893, p. 144.
1 OLDENBERG, *Literatur,* pp. 139-145.
2 SENART, Le théâtre indien, dans la *Revue des Deux Mondes,* 13 mai 1891, p. 109.

Célestin Bouglé

Par là surtout s'explique la distance qui sépare, alors même qu'ils rencontrent des formules analogues, l'esprit hindou et l'esprit grec. Xénophane, qui tend lui aussi au panthéisme, tout poète qu'il reste, est un observateur. La soif de savoir le pousse de ville en ville. En même temps qu'il amasse des remarques sur les couches géologiques, il note les constitutions politiques. Dans le réquisitoire qu'il dresse contre l'anthropomorphisme et ses conséquences, il est permis de reconnaître l'accent d'un citoyen soucieux de l'avenir de sa patrie. La doctrine de Thalès reçoit peut-être quelque chose de la tradition religieuse, par l'intermédiaire des poètes : ils disaient déjà à leur manière que l'eau est le principe de toutes choses. Mais il est visible que, plus directement encore, c'est des faits observés que Thalès s'inspira. Ne le voit-on pas tirer de ses inductions un parti pratique, et monopoliser les pressoirs quand ses connaissances astronomiques et météorologiques lui ont fait prévoir une récolte d'olives surabondante ? En même temps il se mêle à la vie politique, et il cherche, dit-on, à organiser une fédération des cités ioniennes. Astronome et ingénieur, marchand et homme d'État, aucune forme d'expérience ne lui reste étrangère [1]. – L'Inde n'aura pas de pareilles histoires à raconter. Ses penseurs ne prêtent point l'oreille, eux, aux bruits des chantiers maritimes ou des places publiques. Ils restent enfermés dans leur caste, pour y dévider à l'infini le fil de leurs traditions précieuses.

Il va sans dire d'ailleurs qu'on se méprendrait étrangement à croire que l'âme hindoue se révèle tout entière dans les compositions du génie brahmanique. Cette littérature de professionnels et d'initiés cache plus de choses qu'elle n'en montre. En dépit de la spécialisation traditionnelle, les prêtres-nés ne sont pas seuls à penser. Il viendra forcément une heure où prose et poésie traduiront d'autres aspirations et d'autres habitudes que celles qui sont propres à la classe sacerdotale.

Et d'abord, pour la vie religieuse elle-même, il y a d'autres foyers que les écoles brahmaniques. Croire qu'elles imposent à la masse une foi toute faite, que seules elles auraient élaborée, c'est se tromper du tout au tout. En dehors de leurs traditions et de leurs spéculations, les croyances spontanées ne cessent de pulluler. Et autour de ces croyances les sectes se multiplient. Plus

---

1 Cf. GOMPERZ, *loc. cit.*, I, pp. 53, 170, 177.

Troisième partie

« populaires », elles ramèneront en quelque sorte sur la terre, pour leur rendre la forme personnelle, les dieux qui, sous l'effort de la philosophie brahmanique, s'évanouissaient en abstractions. D'autre part, elles ouvriront plus de crédit au sentiment, accessible à tous, qu'à la science, et à l'intuition qu'à la dialectique. Le jour où ces méthodes triomphent, c'est ce qu'on appelle l'hindouisme qui se substitue au brahmanisme [1].

Et, à vrai dire, ici comme presque partout en Inde, il est malaisé de trancher les périodes. Il importe toujours, quand il s'agit de la civilisation hindoue, de réserver la part du sous-jacent. Bien des forces n'émergent pas, qui pourtant supportent tout le reste. Aussi faudrait-il, la plupart du temps, parler de coexistence où l'on parle de succession [2]. Il est vraisemblable que de tout temps il y a eu, à côté des écoles brahmaniques, des sectes indépendantes. Mais c'est à partir d'une certaine époque seulement que les monuments littéraires portent la trace manifeste de leur activité.

Il faut en dire autant des sentiments et des idées qui ne se rattachent pas à la vie religieuse. Nous avons vu que les Kshatriyas se plaisaient parfois à suivre le Brahmane sur son propre terrain, et à le battre avec ses propres armes. Mais il est vraisemblable que la majorité d'entre eux éprouvaient d'autres besoins et recherchaient d'autres plaisirs que ceux de la spéculation. Se reposant de la bataille par la chasse, et de la chasse par le tournoi, ils menaient la grande vie féodale qui convient à la noblesse guerrière. Un jour viendra où les sentiments que cette vie entretient et les représentations qu'elle suggère se tailleront leur place dans le monde de la littérature.

Ces sources extra-brahmaniques d'idées et d'émotions, nous les sentirons couler à travers l'épopée, mais nous y admirerons en même temps, une fois de plus, l'art avec lequel le brahmanisme sait canaliser et détourner à son profit les forces mêmes qu'il ne crée pas.

La littérature épique apparaît presque partout comme la compagne et la servante des noblesses guerrières. Dans l'intervalle des razzias elles se font chanter, pour charmer leurs loisirs, les prouesses glorieuses. Une famille puissante a-t-elle réussi à

1 BARTH, *The Religions of India*, chap. V; cf. HOPKINS, *The Religions of India*, chap. XIV et XV.
2 HOPKINS, *ibid.*, p. 169.

Célestin Bouglé

imposer sa domination ? Les bardes exalteront les hauts faits de ses ancêtres. Et ainsi, en même temps que le goût des aventures, la poésie épique entretiendra le respect des races supérieures. Elle sera une « technique de la domination et de l'orgueil » en même temps qu'un amusement féodal [1].

Les préoccupations de cet ordre ne manquèrent pas sans doute à l'origine de l'épopée hindoue. Ici aussi, c'est par la chanson de gestes, répétée au foyer des maisons princières, que l'on dut commencer. Le récit qui met aux prises les fils de Pandu et les fils de Kuru garde comme un reflet des conflits de races et des luttes de clans dont l'Inde primitive fut le théâtre. Quelque remaniement que les premiers chants aient dû subir pour entrer dans le corps du grand *Mahâbhârata,* on y sent passer, en effet, le souffle rude d'une société belliqueuse, ardente au jeu comme à la guerre. On y voit des duels qui n'en finissent pas – prototypes lointains du duel d'Olivier et de Roland – et des batailles rangées qui mêlent des armées immenses « comme la mer et comme le Gange », des tournois qui rassemblent les tireurs à l'arc de toutes les contrées de l'Inde, et des scènes de jeu où les adversaires jouent finalement leur royaume, et jusqu'à leur femme. La grandeur épique a besoin, dit-on parfois, de quelque chose de démesuré dans l'action comme dans la passion ; il y faut n arrière-fond de violences, et comme un reste de sauvagerie héroïque. Sur plus d'un point, cette espèce d'héroïsme primitif affleure dans le *Râmâyana* comme dans le *Mahâbhârata.* On y sent la collaboration de races qui vivaient de la guerre [2].

Mais combien plus puissante, finalement, on y sentira l'action d'une classe qui vit de la religion ! Sous sa forme dernière, le *Mahâbhârata* ne devient-il pas, comme on l'a dit, une espèce d'Encyclopédie des sciences religieuses ? On y verse pêle-mêle spéculations et prescriptions. Des mains du barde féodal le récit épique est passé aux mains du Brahmane, à la fois prêtre, juriste et philosophe [3]. Dans l'épisode fameux de la Bhagavad-gîtâ Arjuna, au moment de se lancer dans la bataille, arrête son char ; et son

---

1 OUVRÉ, *Les formes littéraires de la pensée grecque,* p. 60.
2 HOPKINS (*Journal of Americ. oriental society,* vol. XII, p. 181, 190) a insisté sur ce caractère guerrier ; cf. dans le *Manuel* de CHANTEPIE DE LA SAUSSAIE les remarques de M. Lehmann, p. 316.
3 OLDENBERG, *Literatur,* p. 157; cf. BURNOUF, *Le Bhagavata Purana,* p. 15.

cocher, qui n'est autre que le dieu Krishna, lui révèle, en une longue suite de çlokas, les plus subtiles réflexions des métaphysiciens sur le néant des êtres. De toutes parts, ainsi, les traditions cultivées par les professionnels de la pensée entourent et cachent, de leur végétation exubérante, le rocher primitif. L'épopée n'est plus au service des souvenirs féodaux, mais de l'idéal brahmanique.

Et sans doute on y discerne un progrès de telles tendances « séculières ». Le *dharma*, a-t-on dit, prend le pas sur le *rita*. Le mouvement de la vie économique développe les règles qui ne se rattachent pas aux choses sacrées [1]. De même, il est visible que la morale « s'humanise ». Elle semble accorder moins au souci de la pureté rituelle, et plus aux sentiments de fraternité, de générosité, de pitié. Toutefois là même où ces vertus sont le plus hautement louées, la préoccupation est constante de faire respecter d'abord l'ensemble de scrupules qui assure la supériorité du Brahmane. Les péchés réputés les plus horribles restent toujours ceux qui risquent de porter atteinte à sa vie ou à sa dignité, et d'ébranler le régime des castes. Pas plus qu'on ne voit le *jus* se distinguer nettement du *fas,* on ne sent ici une franche laïcisation des préoccupations morales. Les devoirs religieux continuent de tout primer. Et ils consistent essentiellement à respecter la hiérarchie consacrée, dont le Brahmane est le gardien en même temps que le bénéficiaire.

On dira peut-être que si la religion recouvre l'épopée de son manteau, ce n'est pas du moins la pure religion tissée par le brahmanisme : des fils de toutes sortes et de toutes provenances se mêlent dans sa trame. Il est vrai. Et l'épopée porte assurément la marque de l'activité des sectes. Les vieilles divinités védiques passent à l'arrière-plan. C'est Vishnu, c'est Krishna qui occupent le devant de la scène. Mais ces changements n'ont rien qui doive nous surprendre. Ils ne sont pas la preuve que le brahmanisme ait renoncé à ses ambitions : mais qu'au contraire il continue à les servir, comme il l'a toujours fait, par la tolérance. Innovations des sectes ou traditions des races aborigènes, le Brahmane trouve moyen de tout admettre, et de tout s'assimiler [2]. C'est précisément dans la littérature épique que nous le voyons utiliser la théorie si

1 DAHLMANN, *Das Mahâbhârata als Epos. u. Rechtsbuch*, partie II, 2ᵉ section.
2 BARTH, *The Religions of India*, p. 169, 222 sqq. ; cf. CROOKE, *The popular Religion and Folklore of northern India,* Westminster, Constable, 1898, I, pp. 107, 110, 132.

Célestin Bouglé

commode des Avatâras. Il lui est facile de retrouver grâce à cette théorie, sous les dieux étrangers, les dieux familiers, sous les dieux nouveaux, les dieux anciens. Ainsi les Brahmanes peuvent-ils tenir plusieurs publics à la fois et, par un langage heureusement équivoque, parler à des foules de plus en plus nombreuses.

Si l'on veut juger de leur art d'utiliser, pour élargir le cercle de leur action, les forces nées en dehors, il faut se rappeler de quelle manière se sont construits les Purânas. Les Purânas sont des espèces de poèmes épiques spécialement destinés aux classes qui ne peuvent lire les Védas. Ce sont comme des romans d'aventures divines. Et il est vraisemblable que les légendes dont ils sont composés sortaient de l'imagination populaire elle-même. Mais la spéculation brahmanique, en s'appliquant à ces produits, les plia à ses fins. À ces légendiers elle incorpore, en les adaptant aux besoins des sectes, ses théories cosmogoniques, et emploie ces récits à établir la suprématie de la caste des Brahmanes [1].

C'est ainsi que dans la littérature même nous trouvons une preuve nouvelle de l'espèce d'opportunisme qu'a su montrer, pour conserver sa maîtrise, la caste des penseurs-nés de l'Inde.

Mais au fur et à mesure que la littérature s'éloigne de ses origines, la mainmise sacerdotale y sera sans doute moins apparente. Il n'en restera pas moins possible d'y reconnaître l'empreinte générale du régime qui divise la société hindoue et hiérarchise ses éléments.

Le théâtre en Inde est né, lui aussi, sous les auspices de la religion. Et il garde longtemps le souvenir de cette tutelle. Non seulement c'est au moment des solennités traditionnelles, par exemple à la fête du Printemps, que les représentations se multiplient. Mais les plus frivoles d'entre elles continuent de se placer sous le patronage des dieux. Dès l'époque védique on peut deviner, nous dit-on, les efforts des prêtres pour faire profiter leur culte du goût des Aryens pour la danse, le chant, les spectacles. L'hindouisme suivra la même tactique. Les personnages divinisés de l'épopée monteront sur la scène. Les aventures de Krishna, avatar de Vishnu, restent un des sujets favoris du drame. Çiva, héritier de Rudra, est reconnu comme le dieu tutélaire des professions théâtrales [2].

1 BURNOUF, *Le Bhagavata Purana*, introd. p. 35, LII ; cf. V. HENRY, *Les littératures de l'Inde*, p. 190.
2 Sylvain LÉVI, *Le théâtre indien*, Paris, Bouillon, 1890 ; Cf. SENART, Le théâtre

Mais quelle qu'ait été l'influence de la religion sur le développement du théâtre, elle n'en devait pas faire, comme en Grèce, une espèce d'institution publique, qui servît de centre à une vie nationale. Les représentations dramatiques n'ont jamais été en Inde que des *divertissements exceptionnels,* et le plus souvent elles gardent un caractère privé. La plupart des pièces qui nous ont été conservées étaient jouées sans doute dans la salle de concert de quelque rajah. Elles étaient réservées à un publie d'élite. Et plus encore que la tradition religieuse, c'est la constitution aristocratique de la société hindoue qu'elles traduisent de diverses façons.

Quelles différences séparent le drame grec et le drame hindou, on l'a noté souvent. On a utilisé, pour définir leur opposition, les formules d'Aristote. Tandis que le drame grec « imite une action » le nâtaka « imite un état ». « Fort de corps autant que d'intelligence », le Grec aime l'action jusqu'à la fièvre : la vie ne suffit pas à l'en rassasier. Les Indiens, comme tous les barbares de l'Orient méridional, ont la puissance et la vivacité subtile de l'esprit, sans la force du corps [1]. Effet du climat sans doute, cette espèce d'apathie qui se traduit jusque dans le caractère des productions théâtrales. Mais elle est peut-être aussi pour une part un effet du régime, s'il est vrai que la caste, limitant et enchaînant l'activité [2], tend à étouffer en l'homme le goût même de l'action.

En même temps qu'ils seront peu actifs, les personnages seront mal individualisés. « Ce ne sont pas des individus dont les passions, les goûts, le tempérament se développent librement au contact des incidents et de la vie : ce sont des types toujours semblables, placés dans des conditions à peu près identiques. » Dans la fixité de ces caractères conventionnels, il faut voir sans doute la preuve que les auteurs étaient moins préoccupés d'observer la réalité que d'obéir à une tradition. Nous avons déjà rappelé pourquoi, issue d'un noyau religieux, la littérature hindoue est essentiellement didactique. La pratique y est presque partout précédée par la théorie. L'art dramatique est, lui aussi, dominé par une poétique traditionnelle, fondée elle-même sur l'autorité d'un dieu et d'un saint, Bharata, maître des Apsaras. Le théâtre indien, nous dit-

indien, dans la *Revue des Deux Mondes,* 1er mai 1891.
1 S. LÉVI, *loc. cit.,* p. 474.
2 SENART, *loc. cit.,* p. 121.

Célestin Bouglé

on [1], offre le spectacle, unique peut-être, d'une théorie acceptée sans contestation et mise en œuvre avec un respect servile pendant une durée de quinze siècles. L'idéal des auteurs semble se réduire à nous présenter, en quelque situation définie d'avance, et conformément aux lois quasi sacrées des genres, les divers types classiques. Le traditionalisme foncier des Hindous expliquerait donc la physionomie conventionnelle de leur théâtre.

Il reste que la réalité elle-même, comme cloisonnée par les castes, laisse voir plutôt les qualités spécifiques que la variété des individus. L'individu ici « s'efface et disparaît dans l'espèce : le type triomphe de la variété » [2]. Dis-moi quelle est ta caste et je te dirai ta tournure d'esprit, tes habitudes, tes tendances. Un régime pareil est capable de déterminer avec les fonctions les genres de vie, avec les genres de vie les caractères. Il est naturel que sous cette pression les hommes se distinguent moins, sur la scène comme dans la vie, par leur tempérament personnel que par leur statut social.

Veut-on d'ailleurs une preuve quasi matérielle du soin pieux que le théâtre apporte à sauvegarder les distinctions de castes ? Ce n'est pas seulement par cent formules, à propos de tout et de rien, que le drame comme l'épopée prêche le respect du régime. Il lui rend hommage encore par la diversité même des langues qu'il fait parler à ses personnages. Il emploie à marquer les rangs la hiérarchie des dialectes. Les traités techniques définissent soigneusement celui qui convient à chaque condition. Le sanscrit est réservé aux gens de haute famille. Les autres parlent, selon leur situation, des prâcrits plus ou moins vulgaires [3].

Il faut dire d'ailleurs que les gens de condition inférieure ne tiennent dans le drame que des rôles secondaires : « le menu peuple compte aussi peu dans le drame que dans la vie ». L'intrigue s'enferme le plus souvent dans les palais. Les protagonistes sont des princes, seuls dignes de retenir, par le spectacle de leurs aventures amoureuses ou guerrières, l'attention de l'auditoire aristocratique assemblé dans les salles de concert.

Le caractère de cet auditoire n'explique-t-il pas, au surplus, non seulement le respect de la hiérarchie dont le théâtre témoigne, non

---

1 S. LÉVI, *ibid.*, p. 153.
2 *Ibid.*, p. 420.
3 SENART, *loc. cit.*, p. 89 ; S. LÉVI, *loc. cit.*, p. 423.

seulement la qualité des personnages et la nature des sujets, mais jusqu'au ton général des œuvres ? On a observé qu'elles sont, en un sens, aussi peu émouvantes, ou du moins aussi peu troublantes que possible. Elles paraissent éviter de parti pris non seulement tout ce qui pourrait souiller, mais tout ce qui pourrait surexciter. C'est sans doute qu'il leur faut avant tout respecter la pureté native et la noblesse morale de l'élite à qui elles s'adressent. Elles la transporteront donc doucement, par le moyen d'un prologue habile, dans le monde idéal des légendes, qui d'ailleurs lui sont familières. Elles ne lui suggéreront que des émotions qui soient à la hauteur de sa situation sociale [1].

Si ces diverses remarques sont exactes, il est permis de conclure que le théâtre hindou, lui aussi, porte l'empreinte de la caste. Les productions dramatiques dont le nâtaka se rapprochera le plus seront celles qui naîtront dans les milieux intellectuels façonnés pour les besoins d'une aristocratie. Un monde sépare le drame hindou de notre tragédie classique. Celle-ci enferme dans l'âme des héros le débat des idées. Chez celui-là au contraire il semble que la nature domine tout. Et c'est une des raisons sans doute pour lesquelles les romantiques, par opposition au théâtre classique, prônent le théâtre hindou. Il est possible pourtant de relever, entre l'un et l'autre, un certain nombre de traits communs. La tragédie de Corneille et de Racine, elle aussi destinée à une cour royale, séparée de la foule par le choix de ses sujets « s'est piquée de dignité et de noblesse ; elle s'est détournée de la vie réelle et a créé une société de convention avec des types invariables qu'Aristote eût sans doute refusé de reconnaître, mais que Bharata aurait volontiers adoptés » [2].

Comparez au contraire au théâtre hindou le théâtre grec. Là aussi l'émotion religieuse est à la source. Mais bientôt les affluents grossissent le fleuve et modifient son cours. L'énergie individuelle est exaltée. Les gloires nationales sont célébrées. Les questions sociales et morales sont discutées. C'est l'effervescence de la vie de la cité qui a débordé en quelque sorte sur la scène. Mais c'est précisément cette vie, nous l'avons vu, qui manque le plus à l'Inde. Son théâtre aussi révèle, à sa manière, tout ce dont elle a été privée

1 S. LÉVI, p. 417 sqq.
2 S. LÉvi, *ibid.*, p. 425.

Célestin Bouglé

par le seul fait que les clans aryens chez elle, au lieu de se fondre en cités, se sont figés en castes.

D'une manière plus générale, parce que le régime des castes contrarie aussi bien l'émancipation des individualités que la constitution des unités nationales il condamne à l'atrophie la plupart des genres qui devaient grandir dans les littératures occidentales. Comme il ne connaît ni l'éloquence combative des hommes publics, ni l'histoire, soucieuse de remémorer les grandes dates de la vie collective, il ignore presque totalement le lyrisme personnel, qui traduit les conflits ou les accords de l'homme avec lui-même.

C'est ainsi que la littérature à son tour nous rappelle les limitations de développement qui sont l'effet normal du régime des castes. Il paralyse bientôt, disions-nous, l'élan des civilisations qu'il aide à se dégager de la barbarie. Il ne peut faire autrement que de mutiler les esprits mêmes qu'il affine.

Troisième partie

ISBN : 978-1514212530

www.ingramcontent.com/pod-product-compliance
Lightning Source LLC
Chambersburg PA
CBHW071038290526
45795CB00004B/1207